国家"双一流"建设学科
辽宁大学应用经济学系列丛书
══ 青年学者系列 ══
总主编◎林木西

构建丝绸之路经济带自由贸易区网络的路径研究

Research on the Path of Constructing the Free Trade Area Network of Silk Road Economic Belt

包艳 崔日明 著

中国财经出版传媒集团
经济科学出版社
Economic Science Press

图书在版编目（CIP）数据

构建丝绸之路经济带自由贸易区网络的路径研究/包艳，崔日明著.—北京：经济科学出版社，2021.12
（辽宁大学应用经济学系列丛书.青年学者系列）
ISBN 978-7-5218-2272-4

Ⅰ.①构… Ⅱ.①包…②崔… Ⅲ.①丝绸之路-经济带-自由贸易区-研究 Ⅳ.①F125②F741.2

中国版本图书馆 CIP 数据核字（2020）第 267774 号

责任编辑：于 源 陈 晨
责任校对：刘 娅
责任印制：范 艳

构建丝绸之路经济带自由贸易区网络的路径研究
包 艳 崔日明 著
经济科学出版社出版、发行 新华书店经销
社址：北京市海淀区阜成路甲 28 号 邮编：100142
总编部电话：010-88191217 发行部电话：010-88191522
网址：www.esp.com.cn
电子邮箱：esp@esp.com.cn
天猫网店：经济科学出版社旗舰店
网址：http://jjkxcbs.tmall.com
北京季蜂印刷有限公司印装
710×1000 16 开 13.75 印张 210000 字
2021 年 12 月第 1 版 2021 年 12 月第 1 次印刷
ISBN 978-7-5218-2272-4 定价：62.00 元
（图书出现印装问题，本社负责调换。电话：010-88191510）
（版权所有 侵权必究 打击盗版 举报热线：010-88191661
QQ：2242791300 营销中心电话：010-88191537
电子邮箱：dbts@esp.com.cn）

总　序

本丛书为国家"双一流"建设学科"辽宁大学应用经济学"系列丛书，也是我主编的第三套系列丛书。前两套系列丛书出版后，总体看效果还可以：第一套是《国民经济学系列丛书》（2005年至今已出版13部），2011年被列入"十二五"国家重点出版物出版规划项目；第二套是《东北老工业基地全面振兴系列丛书》（共10部），在列入"十二五"国家重点出版物出版规划项目的同时，还被确定为2011年"十二五"规划400种精品项目（社科与人文科学155种），围绕这两套系列丛书取得了一系列成果，获得了一些奖项。

主编系列丛书从某种意义上说是"打造概念"。比如说第一套系列丛书也是全国第一套国民经济学系列丛书，主要为辽宁大学国民经济学国家重点学科"树立形象"；第二套则是在辽宁大学连续主持国家社会科学基金"八五"至"十一五"重大（点）项目，围绕东北（辽宁）老工业基地调整改造和全面振兴进行系统研究和滚动研究的基础上持续进行探索的结果，为促进我校区域经济学学科建设、服务地方经济社会发展做出贡献。在这一过程中，既出成果也带队伍、建平台、组团队，使得我校应用经济学学科建设不断跃上新台阶。

主编这套系列丛书旨在使辽宁大学应用经济学学科建设有一个更大的发展。辽宁大学应用经济学学科的历史说长不长、说短不短。早在1958年建校伊始，便设立了经济系、财税系、计统系等9个系，其中经济系由原东北财经学院的工业经济、农业经济、贸易经济三系合成，财税系和计统系即原东北财经学院的财信系、计统系。1959年院系调整，将经济系留在沈阳的辽宁大学，将财税系、计统系迁到大连组建辽宁财经学院（即现东北财经大学前身），将工业经济、农业经济、贸易经济三个专业的学生培养到毕业为止。由此形成了辽宁大学重点发展理论经济学（主要是政治经济学）、辽宁财经学院重点发展应用经济学的大体格局。实际上，后来辽宁大学也发展了应用经济学，东北财经大学也发展了理论经济学，发展得都不错。1978年，辽宁大学恢复招收工业经济本科生，1980年受人民银行总行委托、经教育部批准开始招收国际金融本科生，1984年辽宁大学在全国第一批成立了经济管理学院，增设计划统计、会计、保险、投资经济、国际贸易等本科专业。到20世纪90年代中期，辽宁大学已有西方经济学、世界经济、国民经济计划与管理、国际金融、工业经济5个二级学科博士点，当时在全国同类院校似不多见。1998年，建立国家重点教学基地"辽宁大学国家经济学基础人才培养基地"。2000年，获批建设第二批教育部人文社会科学重点研究基地"辽宁大学比较经济体制研究中心"（2010年经教育部社会科学司批准更名为"转型国家经济政治研究中心"）；同年，在理论经济学一级学科博士点评审中名列全国第一。2003年，在应用经济学一级学科博士点评审中并列全国第一。2010年，新增金融、应用统计、税务、国际商务、保险等全国首批应用经济学类专业学位硕士点；2011年，获全国第一批统计学一级学科博士点，从而实现经济学、统计学一级学科博士点"大满贯"。

在二级学科重点学科建设方面，1984年，外国经济思想史（即后来的西方经济学）和政治经济学被评为省级重点学科；1995年，西方经济学被评为省级重点学科，国民经济管理被确定为省级重点扶持学科；1997年，西方经济学、国际经济学、国民经济管理被评为省级重点学科和重点扶持学科；2002年、2007年国民经济学、世界经济连续两届被评为国家重点学科；2007年，金融学被评为国家重点学科。

在应用经济学一级学科重点学科建设方面，2017年9月被教育部、财政部、国家发展和改革委员会确定为国家"双一流"建设学科，成为东北地区唯一一个经济学科国家"双一流"建设学科。这是我校继

1997年成为"211"工程重点建设高校20年之后学科建设的又一次重大跨越,也是辽宁大学经济学科三代人共同努力的结果。此前,2008年被评为第一批一级学科省级重点学科,2009年被确定为辽宁省"提升高等学校核心竞争力特色学科建设工程"高水平重点学科,2014年被确定为辽宁省一流特色学科第一层次学科,2016年被辽宁省人民政府确定为省一流学科。

在"211"工程建设方面,在"九五"立项的重点学科建设项目是"国民经济学与城市发展"和"世界经济与金融","十五"立项的重点学科建设项目是"辽宁城市经济","211"工程三期立项的重点学科建设项目是"东北老工业基地全面振兴"和"金融可持续协调发展理论与政策",基本上是围绕国家重点学科和省级重点学科而展开的。

经过多年的积淀与发展,辽宁大学应用经济学、理论经济学、统计学"三箭齐发",国民经济学、世界经济、金融学国家重点学科"率先突破",由"万人计划"领军人才、长江学者特聘教授领衔,中青年学术骨干梯次跟进,形成了一大批高水平的学术成果,培养出一批又一批优秀人才,多次获得国家级教学和科研奖励,在服务东北老工业基地全面振兴等方面做出了积极贡献。

编写这套《辽宁大学应用经济学系列丛书》主要有三个目的:

一是促进应用经济学一流学科全面发展。以往辽宁大学应用经济学主要依托国民经济学和金融学国家重点学科和省级重点学科进行建设,取得了重要进展。这个"特色发展"的总体思路无疑是正确的。进入"十二五"时期,根据"双一流"建设需要,本学科确定了"区域经济学、产业经济学与东北振兴""世界经济、国际贸易学与东北亚合作""国民经济学与地方政府创新""金融学、财政学与区域发展""政治经济学与理论创新"五个学科方向。其目标是到2020年,努力将本学科建设成为立足于东北经济社会发展、为东北振兴和东北亚区域合作做出应有贡献的一流学科。因此,本套丛书旨在为实现这一目标提供更大的平台支持。

二是加快培养中青年骨干教师茁壮成长。目前,本学科已形成包括长江学者特聘教授、国家高层次人才特殊支持计划领军人才、全国先进工作者、"万人计划"教学名师、"万人计划"哲学社会科学领军人才、国务院学位委员会学科评议组成员、全国专业学位研究生教育指导委员会委员、文化名家暨"四个一批"人才、国家"百千万"人才工程入选者、国家级教学名师、全国模范教师、教育部新世纪优秀人才、教育部高等学校教学指导委员会主任委员和委员、国家社会科学基金重大项目首席专家等在内的学科团队。本丛书设学术、青年学者、教材、智库四个子系列，重点出版中青年教师的学术著作，带动他们尽快脱颖而出，力争早日担纲学科建设。

三是在新时代东北全面振兴、全方位振兴中做出更大贡献。面对新形势、新任务、新考验，我们力争提供更多具有原创性的科研成果、具有较大影响的教学改革成果、具有更高决策咨询价值的智库成果。丛书的部分成果为中国智库索引来源智库"辽宁大学东北振兴研究中心"和"辽宁省东北地区面向东北亚区域开放协同创新中心"及省级重点新型智库研究成果，部分成果为国家社会科学基金项目、国家自然科学基金项目、教育部人文社会科学研究项目和其他省部级重点科研项目阶段研究成果，部分成果为财政部"十三五"规划教材，这些为东北振兴提供了有力的理论支撑和智力支持。

这套系列丛书的出版，得到了辽宁大学党委书记周浩波、校长潘一山和中国财经出版传媒集团副总经理吕萍的大力支持。在丛书出版之际，谨向所有关心支持辽宁大学应用经济学建设与发展的各界朋友，向辛勤付出的学科团队成员表示衷心感谢！

林木西

2019年10月

前　言

截至 2020 年底，中国已经同 26 个国家和地区达成了 19 个自由贸易协定①，一个以自贸区网络为架构的开放型经济新格局正在形成。积极同沿线国家和地区共同商建自由贸易区是"一带一路"贸易畅通的重点合作内容之一，构筑立足周边、辐射"一带一路"、面向全球的高标准自由贸易区网络则是加快实施自由贸易区战略的总体要求。因此，研究丝绸之路经济带自由贸易区网络的构建路径对加快构建辐射"一带一路"自由贸易区网络及开放型经济新格局具有重要的理论意义和现实意义。

本书依据丝绸之路经济带建设重点之一的中国 – 中亚 – 西亚经济走廊、沿线国家地理区位优势、区域经济合作发展状况、前人关于丝绸之路经济带的内涵界定以及本书研究重点所在，选取中国、俄罗斯、中亚五国和外高加索三国作为研究对象；基于新区域主义理论的非传统收益及轮轴 – 辐条效应理论的研究，构建丝绸之路经济带自由贸易区网络已具备较为坚实的理论基础和现实基础；基于中国与丝绸之路经济带沿线国家间友好而稳定的政治关系、往来密切的经贸关系、较强的产业互补关系以及沿线各国的"丝路计划"、沿线各国对共建丝绸之路经济带的认同、不断增强的区域经济一体化发展诉求等现实研究视角，丝绸之路经济带自由贸易区网络构建的经济基础较为坚实。但丝绸之路经济带自

---

① 国家发展改革委一带一路建设促进中心：《共建一带一路坚定前行》，人民网，2021年2月5日，http://ccnews.people.com.cn/n1/2021/0205/c141677 – 32023555.html。

由贸易区网络的构建也将面临沿线国家经济发展水平差异较大、各国区域经济一体化建设层次较低、美欧日俄等大国"丝绸之路"的博弈、各国对丝绸之路经济带建设的疑虑以及复杂的安全局势等因素的阻碍。

本书在对丝绸之路经济带自由贸易区网络建设的理论基础、现实基础和约束条件进行研究的基础上，提出构建丝绸之路经济带自由贸易区网络的总体布局、构建路径和推进策略在《国务院关于加快实施自由贸易区战略的若干意见》和《推动共建丝绸之路经济带和21世纪海上丝绸之路的愿景与行动》指导下，按照先易后难、逐步推进的基本原则，"连横"与"合纵"并举的总体框架思路，以贸易投资便利化、道路畅通、次区域合作为先导的主要内容进行全方位的布局。在此基础上，对丝绸之路经济带自由贸易区网络的构建路径进行选择。近期，加快基础设施建设和对接，提升贸易投资便利化水平，推进次区域合作，以建立双边自由贸易区为突破，构建丝绸之路经济带自由贸易区网络"线"；中期，建立多边自由贸易区，构建丝绸之路经济带自由贸易区网络"面"；远期，将丝绸之路经济带自由贸易区网络"面"连接起来，形成自由贸易区"网"，将"小网"编织成"大网"，最终建立辐射整个丝绸之路经济带的自由贸易区网络。为加快推进丝绸之路经济带自由贸易区网络的构建，应进一步加强政治互信，协调与丝绸之路经济带沿线各国的竞合关系；充分发挥上合组织的平台作用，推进框架内相关自由贸易区建设；加快基础设施建设与对接，畅通道路；改善营商环境，降低贸易成本；提升贸易投资便利化水平，扩大贸易投资规模；推进次区域合作，加快贸易便利化制度性建设；加强国内自贸试验区建设，夯实贸易便利化基础。

目　录

第一章　导论 ·· 1
　第一节　研究背景与意义 ······························ 1
　第二节　国内外研究综述 ······························ 9
　第三节　研究内容及研究方法 ························· 19

**第二章　构建丝绸之路经济带自由贸易区
　　　　　网络的理论基础** ························· 25
　第一节　新区域主义理论——区域贸易协定的非传统收益 ······ 26
　第二节　新区域主义理论——轮轴-辐条理论 ·················· 29

**第三章　构建丝绸之路经济带自由贸易区
　　　　　网络的现实基础** ························· 33
　第一节　中国与丝绸之路经济带沿线国家间友好
　　　　　稳定的政治关系 ···························· 34
　第二节　中国与丝绸之路经济带沿线国家间密切的
　　　　　经贸往来 ································· 46
　第三节　中国与丝绸之路经济带沿线国家间较强的
　　　　　产业互补关系 ···························· 61
　第四节　丝绸之路经济带沿线国家的"丝路"计划 ·············· 73
　第五节　丝绸之路经济带沿线各国对丝绸之路经济带
　　　　　倡议的认同 ································· 79

第六节 丝绸之路经济带沿线各国强烈的区域经济
一体化诉求 ………………………………………… 121

第四章 构建丝绸之路经济带自由贸易区网络的约束条件 …… 134

第一节 丝绸之路经济带沿线各国经济发展水平差异较大…… 134
第二节 丝绸之路经济带沿线各国区域贸易协定建设
层次较低 …………………………………………… 135
第三节 美国、欧盟、日本、俄罗斯的"丝绸
之路"博弈 ………………………………………… 137
第四节 丝绸之路经济带沿线各国对丝绸之路经济带
建设的疑虑 ………………………………………… 147
第五节 丝绸之路经济带沿线各国复杂的地区安全局势……… 151

第五章 构建丝绸之路经济带自由贸易区网络的路径选择 …… 154

第一节 构建丝绸之路经济带自由贸易区
网络的总体布局 …………………………………… 154
第二节 构建丝绸之路经济带自由贸易区
网络的路径选择详述 ……………………………… 156

第六章 构建丝绸之路经济带自由贸易区网络的推进策略 …… 172

第一节 加强政治互信,协调与沿线各国的竞合关系 ……… 172
第二节 充分发挥上合组织的平台作用,推进框架内相关
自由贸易区建设 …………………………………… 174
第三节 加快基础设施建设与对接,提高运输便利化 ……… 176
第四节 改善营商环境,降低贸易成本 ……………………… 178
第五节 提升贸易投资便利化水平,扩大贸易投资规模……… 181

第六节　推进次区域合作，加快贸易便利化制度性建设……… 187

第七节　加强国内自贸试验区建设，夯实贸易便利化基础…… 188

第七章　结束语 …………………………………… 190

主要参考文献 ……………………………………………… 192

后记 ………………………………………………………… 204

第一章

导　　论

第一节　研究背景与意义

一、丝绸之路经济带建设的意义

"丝绸之路"形成于中国汉王朝时期，汉武帝曾两次派张骞出使西域，被誉为"凿空"，开辟出一条连接欧亚大陆的贸易之路。当时，这条因丝绸贸易而兴起的商路并没有被称为"丝绸之路"。我国《史记》、《汉书》以及南北朝史籍中将这条贸易之路称之为"西域中道"或"西域南道"或"河西道"等。直至1877年，德国地理学家和东方学家的费迪南·冯·李希霍芬在《中国——亲身旅行和据此所作研究的成果》一书中首次使用"丝绸之路"这一概念，用于定义自公元前114年至公元127年，中国与中亚、中国与印度间以丝绸贸易为媒介的这条西域交通道路。自此，"丝绸之路"这一名词被学术界和大众所接受并正式使用。1910年，德国东方学家阿尔伯特·赫尔曼在《中国与叙利亚之间的古代丝绸之路》中将"丝绸之路"的含义一直延长到叙利亚，确定了"丝绸之路"的基本内涵。1915年，阿尔伯特·赫尔曼在《从中国到罗马帝国的丝绸之路》中进一步指出,"丝绸之路"应当是中国经西域与希腊到达罗马社会的交通路线。① 在中国,"丝绸之路"一词被广泛使用则是在 20 世纪 80 年代以后,并逐渐成为固定称谓。

兴起于西汉的"丝绸之路"在唐代达到了顶峰。宋代以后,利用海洋运输的交通日益发达,中国经济重心开始南移,"丝绸之路"慢慢沉寂。伴随世界政治经济的发展变化,和平与发展成为人类社会共同应对的课题,重建欧亚大陆内部沉寂已久的地缘经济纽带获得广泛共识,"丝绸之路"再次出现在世界各国的视野内。1988 年,联合国教科文组织启动"综合研究丝绸之路——对话之路"项目,并围绕"丝绸之路"举办众多活动,重新激发了国际社会对"丝绸之路"的兴趣。俄罗斯、哈萨克斯坦、伊朗乃至日本、韩国和美国等国家都相继提出各自的"丝绸之路"计划。

中亚和外高加索各国在独立之后,希望能借助其独特的地缘优势,减少对俄罗斯的依赖,加快本国经济发展,相继提出复兴"丝绸之路"的倡议。但由于中亚五国和外高加索三国作为新独立的国家,其经济实力、国际影响力等条件的制约决定了其"丝绸之路"的复兴发展计划只能依赖于大国。格鲁吉亚的谢瓦尔德纳泽曾经表示,作为格鲁吉亚主要经济思想的"丝绸之路"只有 1% ~2% 取决于格鲁吉亚。② 美国、日本、欧盟具备了复兴"丝绸之路"的能力,并相继提出了复兴"丝绸之路"计划。但这些大国复兴"丝绸之路"的目的更多的是削弱俄罗斯和中国在中亚和外高加索地区的影响力,而地缘政治的出发点,不利于"丝绸之路"沿线国家的利益,并未得到相关国家的积极支持与参与,其"丝绸之路"复兴的计划也未能得到有效的落实和推进。同时,俄罗斯为保持和增强自身对于中亚和外高加索地区的影响力而加紧在苏联时期的区域内推进由其主导的区域经济一体化进程,而无意复兴"丝

---

① 李明伟:《丝绸之路研究百年历史回顾》,载《西北民族研究》2005 年第 2 期,第 90 ~ 106 页。
② 侯艾君:《"丝绸之路经济带":地缘构想的当代起源及其再认识》,载《俄罗斯学刊》2016 年第 4 期,第 54 ~ 61 页。

绸之路"。并且，俄罗斯在受到西方国家制裁的情况下，也无力承担"丝绸之路"的复兴。

在历史上，"古丝绸之路"将中国与沿线国家紧密地联系在一起。进入21世纪以来，中国经济快速发展，中国与"丝绸之路"沿线国家的政治关系友好而稳定，经贸合作越来越紧密，并且"双赢"是中国对外合作一直奉行的原则。

2013年9月7日，习近平主席在哈萨克斯坦纳扎尔巴耶夫大学作重要演讲时提出"为了使欧亚各国经济联系更加紧密、相互合作更加深入、发展空间更加广阔，我们可以用创新的合作模式，共同建设'丝绸之路经济带'，这是一项造福沿途各国人民的大事业。加强政策沟通、道路联通、贸易畅通、货币流通和民心相通，以点带面，从线到片，逐步形成区域大合作，"① 这是中国首次提出丝绸之路经济带的概念，立即引起国际社会和国内的广泛关注。丝绸之路经济带倡议是在继承"古丝绸之路"精神基础上形成的一个全新的经济发展区域，其东西两端分别是经济活跃的东亚经济圈和经济发达的欧洲经济圈，中间则是经济发展潜力巨大的广大腹地国家。自丝绸之路经济带倡议提出，中国就以钉钉子精神，一步一步推进丝绸之路经济带建设，以造福沿线各国人民。

2013年11月，丝绸之路经济带建设被列入《中共中央关于全面深化改革若干重大问题的决定》，"建立开发性金融机构，加快同周边国家和区域基础设施互联互通建设，推进丝绸之路经济带、海上丝绸之路建设，形成全方位开放新格局"。2013年12月，中央经济工作会议再次强调"推进丝绸之路经济带建设，抓紧制定战略规划，加强基础设施互联互通建设"②。2014年11月，中央财经领导小组第八次会议对丝绸之路经济带和21世纪海上丝绸之路的规划进行了专门研究，并发起建

---

① 杜尚泽、丁伟、黄文帝：《习近平在哈萨克斯坦纳扎尔巴耶夫大学发表重要演讲 弘扬人民友谊 共同建设"丝绸之路经济带"》，载《人民日报》2013年9月8日。
② 《中央经济工作会议在北京举行 提出明年经济工作六大任务》，新华网，2013年12月13日，http://www.xinhuanet.com//politics/2013-12/13/c_118553239.htm。

立亚洲基础设施投资银行和设立丝路基金。① 2015年3月，国家发展改革委、外交部、商务部联合发布《推动共建丝绸之路经济带和21世纪海上丝绸之路的愿景与行动》（以下简称《愿景与行动》），明确了"一带一路"的共建原则、框架思路、合作重点、合作机制等。2016年3月，《国民经济和社会发展第十三个五年规划纲要》正式发布，提出，以"一带一路"建设为统领，丰富对外开放内涵，提高对外开放水平，协同推进战略互信、投资经贸合作、人文交流，努力形成深度融合的互利合作格局，开创对外开放新局面。② 并且，为了能够更好地指导和协调推进"一带一路"建设，中国政府专门成立了推进"一带一路"建设工作领导小组。

丝绸之路经济带建设旨在传承丝绸之路精神，同沿线各国分享中国发展机遇，加强与沿线各国的务实合作，实现共同繁荣。2013年9月，习近平主席在上海合作组织成员国元首理事第十三次会议上提出，上海合作组织6个成员国和5个观察员国都位于"古丝绸之路"沿线，作为上海合作组织成员国和观察员国，有责任把丝绸之路精神传承下去，发扬光大。③ 2013年11月，李克强总理在上海合作组织成员国总理第十二次会议上明确强调上海合作组织成员国都在"丝绸之路经济带"上，各方深化务实合作，互联互通是基础。各方已就《上海合作组织成员国政府间国际道路运输便利化协定》基本达成一致，应抓紧解决技术层面的问题，力争尽快签署。④ 2014年2月索契冬奥会期间，习近平主席和普京总统就俄罗斯跨欧亚铁路与"丝绸之路经济带"和"海上丝绸之

---

① 《习近平主持召开中央财经领导小组第八次会议强调加快推进丝绸之路经济带和21世纪海上丝绸之路建设》，载《光明日报》2014年11月7日。
② 《中华人民共和国国民经济和社会发展第十三个五年规划纲要》，人民出版社2016年版。
③ 《习近平在上海合作组织成员国元首理事会第十三次会议上的讲话》，人民网，2013年9月13日，http://politics.people.com.cn/n/2013/0913/c70731-22918643.html。
④ 《李克强在上合组织成员国总理第十二次会议上的讲话（全文）》，中国政府网，2013年11月30日，http://www.gov.cn/ldhd/2013-11/30/content_2538911.htm。

路"的对接问题达成共识①。2014年3月,习近平主席在访问德国、法国、荷兰和比利时表示,要赋予古丝绸之路新的时代内涵,联动欧亚两大市场,造福沿途各国人民②。2014年9月,习近平主席在访问塔吉克斯坦时提出,丝绸之路经济带建设已经进入务实合作阶段。塔吉克斯坦是丝绸之路重要沿线国家。站在新的历史起点上,我们愿同塔方携手努力,以建设丝绸之路经济带为契机,推动两国合作向更深层次、更高水平跨越,更好地造福两国和两国人民③。2014年11月,习近平主席在亚太经合组织第二十二次领导人非正式会议上全面阐述丝绸之路经济带建设的合作重点——"互联互通"④。2015年3月5日,李克强总理在政府工作报告中指出,扎实推进"一带一路"建设。统筹国内区域开发开放与国际经济合作,共同打造陆上经济走廊和海上合作支点,推动互联互通、经贸合作、人文交流。构建沿线大通关合作机制,建设国际物流大通道。推进边境经济合作区、跨境经济合作区、境外经贸合作区建设。坚持共商共建共享,使"一带一路"成为和平友谊纽带、共同繁荣之路。⑤ 2016年6月23日,习近平主席在访问乌兹别克斯坦期间发表题为"携手共创丝绸之路新辉煌"的演讲,提出丝绸之路经济带建设要携手打造"绿色丝绸之路""健康丝绸之路""智力丝绸之路""和平丝绸之路"。⑥ 2017年1月17日,习近平主席在达沃斯世界经济论坛年会上宣布,中国将主办"一带一路"国际合作高峰论坛,为解

---

① 《两国元首共同对中俄关系发展作出战略规划 习近平会见俄罗斯总统普京 习近平代表中国政府和中国人民祝索契冬奥会取得成功》,载《人民日报》2014年2月7日1版。
② 《习近平参观德国杜伊斯堡港 德国政府副总理加布里尔陪同参观》,载《人民日报》2014年3月31日2版。
③ 《习近平在塔吉克斯坦媒体发表署名文章》,新华网,2014年9月10日,http://www.xinhuanet.com//politics/2014-09/10/c_1112430120.htm。
④ 《习近平:共建面向未来的亚太伙伴关系——在亚太经合组织第二十二次领导人非正式会议上的开幕辞(2014年11月11日,雁栖湖国际会议中心)》,人民网,2014年11月12日,http://gs.people.com.cn/n/2014/1112/c183343-22881373.html。
⑤ 《政府工作报告(全文)》,中国政府网,2016-03-17,http://www.gov.cn/guowuyuan/2016-03/17/content_5054901.htm。
⑥ 《习近平:携手共创丝绸之路新辉煌》,人民网,2016年6月23日,http://jhsjk.people.cn/article/28470783。

决当前世界和区域经济面临的问题寻找方案，为实现联动式发展注入新能量，让"一带一路"建设更好地造福各国人民。①

丝绸之路经济带建设不仅仅是中国兼顾地区平衡，大力开发西部地区的国内区域性规划，而且也是中国对外发展的重要组成部分。丝绸之路经济带建设依托"丝绸之路"的陆地通道，降低运输成本，显著提升与俄罗斯中亚、俄罗斯外高加索和欧洲的经贸往来，营造良好的周边政治、经济和安全环境，不断推进沿线各国区域合作水平，与沿线各国分享中国发展机遇，更好地造福沿线各国人民。

二、中国自由贸易区建设及战略演进

伴随着世界经济和政治格局的不断变动，越来越多的国家特别是大国为保证本国的经济发展以及经济和政治安全，已将区域经济一体化提到与世界贸易组织（WTO）同等重要甚至更加优先的地位。而作为区域经济一体化组织形式中最主要的、目前最常被大多数国家所采用的形式——自由贸易区（FTA），其内涵和外延在不断加深。通过构建自由贸易区不仅能将其成员的经济利益紧密联系在一起，而且也加强了成员间的政治和外交关系。因此，加快自由贸易协定尤其是"巨型"自由贸易协定的签署已成为大国开展对外经济合作与竞争的重要手段。

中国自由贸易区建设起步较晚，在进入 21 世纪以前，没有同任何经济体达成自由贸易协定。伴随着经济的快速发展和对外经济政策的调整，中国自由贸易区进程开始加速。1991 年，中国加入亚太经合组织（APEC），这是中国加入的第一个区域经济合作组织；同年，在第 24 届东盟外长会议上，中国开始了与东盟的对话；1997 年的亚洲金融危机促成"'10+3'框架"的形成。而这些区域经济合作却未形成制度性安排。2001 年 5 月 23 日，中国正式成为《亚太贸易协定》的成员，这

---

① 杜尚泽、吴刚：《习近平出席世界经济论坛 2017 年年会开幕式并发表主旨演讲》，载《人民日报》2017 年 1 月 18 日。

是中国第一次通过关税谈判从其他国家获得特别关税优惠，同时也是中国第一次根据协定给予其他国家低于"优惠税率"的关税优惠税率；2002年11月4日，中国与东盟签署《中国－东盟全面经济合作框架协议》，这是中国第一个正式缔结并付诸实施的自由贸易协定。2007年开始席卷美国、日本、欧洲等世界主要金融市场的次贷危机和由此所引发的世界经济危机使得世界各国的经济发展出现停滞甚至衰退，由此，各国贸易保护主义纷纷抬头。① 在这样的背景下，2007年10月，党的十七大报告明确提出"实施自由贸易区战略"；2012年11月，党的十八大报告再次提出要"加快实施自由贸易区战略"；2013年10月，习近平主席在周边外交工作座谈会上指出"要以周边为基础加快实施自由贸易区战略，扩大贸易、投资合作空间，构建区域经济一体化新格局"。② 十八届三中全会进一步要求"以周边为基础加快实施自由贸易区战略，形成面向全球的高标准自由贸易区网络"。2015年12月17日，国务院印发《关于加快实施自由贸易区战略的若干意见》指出，"要逐步构筑起立足周边、辐射'一带一路'、面向全球的高标准自由贸易网络"。这一系列的举措表明，国家高度重视自由贸易区的建设，加快实施自由贸易区建设已成为中国新一轮对外开放的重要内容，并为今后自由贸易区的建设指明了方向，即"立足周边、辐射'一带一路'、面向全球"。

三、丝绸之路经济带自由贸易区网络的构建意义

21世纪以来，区域经济一体化进程不断加速。欧盟成为拥有27个

---

① 包艳：《中国自由贸易区（FTA）战略演进进程研究》，载《辽宁工业大学学报（社会科学版）》2010年第6期，第20~22、25页。
② 《习近平在周边外交工作座谈会上发表重要讲话强调：为我国发展争取良好周边环境》，载《人民日报》2013年10月26日1版。

成员国的区域经济组织①，美国积极推进跨大西洋贸易与投资伙伴协议（TTIP）等巨型自由贸易协定的签署，俄罗斯则在"俄白哈"关税同盟的基础上，建立欧亚经济联盟，已拥有5个成员国。并且，欧亚经济联盟不断向外拓展，已与越南签署了自由贸易协定，与新加坡等国积极开展自由贸易协定谈判。在此期间，中国参与区域经济一体化的广度和深度也在不断加深，截至2019年12月1日，中国已与25个国家和地区签署17个自由贸易协定，涉及东盟、巴基斯坦、新加坡、秘鲁、新西兰、韩国、澳大利亚、瑞士、哥斯达黎加、智利、格鲁吉亚、冰岛、马尔代夫等国家和地区；与28个国家进行11个自由贸易协定谈判或升级谈判，包括：区域全面经济伙伴关系协定（RCEP）、中国-海合会、中国-挪威、中日韩、中国-斯里兰卡、中国-以色列、中国-新西兰自贸协定升级谈判、中国-毛里求斯、中国-摩尔多瓦、中国-巴拿马、中国-韩国自贸协定第二阶段谈判、中国-巴勒斯坦和中国-秘鲁自贸协定升级谈判等；正在研究的自由贸易区有8个，包括：中国-哥伦比亚、中国-斐济、中国-尼泊尔、中国-巴布亚新几内亚、中国-加拿大、中国-孟加拉国、中国-蒙古国和中国-瑞士自贸协定升级联合研究。②

与欧盟、美国、东盟的区域经济一体化发展相比，丝绸之路经济带沿线区域经济一体化发展进程较为缓慢，除了欧亚经济联盟以外，尚未形成有影响力的区域经济组织，并存在诸如缺少主导权、多边合作机制较弱、覆盖面窄等不足。丝绸之路经济带作为连接中国和欧洲最便捷的陆路通道，涉及沿线30多个国家，沿线大部分国家处在经济活跃的东亚经济圈和经济发达的欧洲经济圈之间的"塌陷地带"，经济发展水平较低，发展经济早已成为该区域国家和地区的普遍诉求。实现沿线各国和地区的协调发展则是丝绸之路经济带建设的主要目标。因此，丝绸之

---

① 2020年1月31日，英国正式脱离欧洲联盟组织（"脱欧"），欧盟的成员国数则降为27国。

② 笔者根据中华人民共和国商务部中国自由贸易区服务网数据整理所得。

路经济带自由贸易区网络的构建符合丝绸之路经济带沿线大部分国家发展经济的诉求，有助于降低中欧间货物运输成本，扩大沿线国家间的贸易规模，助力沿线国家和地区经济发展和区域经济一体化建设，提升沿线各国在国际经济与贸易新规则制定中的话语权。

第二节　国内外研究综述

一、国外关于丝绸之路经济带建设的研究

自 2013 年 9 月习近平主席提出丝绸之路经济带倡议之初，就得到了国外各界热切的关注与研究，这些研究主要集中在对丝绸之路经济带倡议提出背景、目的、影响的评判以及"一带一盟"的对接。

丝绸之路经济带发端于中国，覆盖以下地区：第一，与中国相邻或接近的中亚五国；第二，伊拉克、伊朗、叙利亚、约旦、土耳其、沙特阿拉伯及西亚其他国家；第三，高加索地区的格鲁吉亚、阿塞拜疆、亚美尼亚，以及东欧地区的乌克兰、白俄罗斯、摩尔多瓦；第四，俄罗斯。① 作为丝绸之路经济带建设核心区域的中亚地区拥有丰富的能源资源和广阔的工业产品市场，是连接欧亚大陆的交通枢纽。丝绸之路经济带的提出即是中国开发西部的需要，也是对美国"亚太再平衡"的回应（Ларин А.，2014），更是中国展示实力的软平衡计划（Lai - Ha Chan，2016）。鉴于中国新疆等边疆省份与沿线各国间的地缘关联，丝绸之路经济带将有利于促进中国新疆的经济发展和政治稳定（Camille Brugier，2014）。对于俄罗斯来说，中国丝绸之路经济带建设实现了"向西转"，给俄罗斯带更多机遇（Сергей Караганов，2015），俄罗斯

---

① 谢·卢贾宁、谢·萨佐诺夫：《丝绸之路经济带：2015 模式》，载《俄罗斯东欧中亚研究》2015 年第 4 期，第 13~18，101 页。

应将中国当作经济上的竞争对手，找到中俄之间新的合作机会及利益契合点（Арина Мордвинова，2015）。丝绸之路经济带将借助基础设施建设扩大与中亚各国间的互联互通（Rana，2014），有助于促进上合组织框架内的多边经济合作，有利于最大限度地集中资源，促进中亚各国的经济合作（Александр Лукин，2015）。中国在中亚地区的能源和基础设施投资建设将是长期持续的，这将与俄罗斯在该地区的一体化战略形成竞争（Yu Bin，2014）。欧亚经济联盟与"丝绸之路经济带"的对接合作也将是长期的。丝绸之路经济带建设在有利于"中国－欧洲走廊"俄罗斯段的现代化改造和集约经营的同时，将减少西伯利亚大铁路的运输份额，削弱俄罗斯对中亚的影响力（A. R. 拉林，B. A. 马特维耶夫，2016）。并且，中国丝绸之路经济带建设将在增加中国对沿线国家贸易额的同时，降低主要欧洲国家的出口额，形成"威胁"（Jonathan Holslag，2017）。中俄两国应在中亚划分责任区，俄罗斯主要负责维护中亚安全，而中国则应与俄罗斯一起开拓与中亚的经济合作（Владимир Скосырев，2015）。俄罗斯的政治家绝对不应该支持中国的"丝绸之路"，否则容易让中亚国家的公众舆论产生不再需要依赖俄罗斯的幻想（Александр Князев，2013）。俄罗斯将因为中国的竞争而失去中亚，并且被迫由此全面融入欧洲（Dr Zbigniew Brzezinski，2014）。

中国与欧亚经济联盟的合作将对原苏联区域范围内各国间的相互依赖关系产生深刻影响。① 作为中国丝绸之路经济带沿线重要国家之一的俄罗斯，拥有大量能源资源，但基础设施落后，俄罗斯将借助中国的投资来完成国内基础设施建设，在中俄的投资者与接受者的角色中充满各种挑战（Mia M. Bennett，2016）。而中亚对中国贸易和投资的依赖程度不度加深，中俄两国在中亚地区影响力的争夺将更加紧张，"一带一盟"对接的实现仍需要包含更多信息的具体路线图，即使在中国尊重俄罗斯在中亚的利益及影响力背景下，俄罗斯是否真正愿意接受中国在中

---

① Popeseu N, Eurasian Union: the Real, the Imaginary and the Likely. *Chaillot Paper*, No. 132, September 2014, pp. 5 – 45.

亚的经济影响仍是对接的关键（Alexander Libman，2016），由俄主导的欧亚经济联盟应该采取必要的措施以抵消中国在中亚地区的影响。① 但是，"一带一盟"对接是俄罗斯的必然选择，在二者的对接与合作的推动下，欧亚地区的基础设施状况将得到极大的改善，获得巨大的发展潜力和投资吸引力，促进整体经济的发展，维护该地区的安全与稳定（谢尔盖·卡拉加夫、季莫费·博尔达切夫等，2015），将为欧亚经济联盟内部的经济发展提供有利契机，② 将有利于俄罗斯的产业发展和交通基础设施建设。③ 一旦，"一带一盟"对接成功，中俄两国在中亚地区的潜在矛盾将得到缓解，俄罗斯的运输和物流服务将得到快速发展，欧亚地区有成为具有国际经济发展中心的可能（I. Makarov，A. Sokolova，2016）。"一带一盟"对接有利于俄罗斯基础设施的改造，（A. R. 拉林，B. A. 马特维耶夫，2016），上海合作组织是"一带一盟"对接的最佳平台，寻找中国与中亚各国利益平衡点则是中国 - 中亚自贸启动和谈判要解决的首要问题（E. M. 库兹米娜，2016）。"一带一盟"对接前景复杂，要理顺中国与俄罗斯、中亚国家和美国的关系，使"一带"与"一盟"互补而非竞争（К. Л. 瑟拉耶什金，2016）。"一带一盟"对接应主要以双边形式进行，俄罗斯应顺应新的现实，抓住获得最大利益的机会，以减少损失。④

---

① Yesdauletova A. and Yesdauletov A, The Eurasian Union：Dynamics and Dificulties of the Post—soviet Integration. *Trames*，No. 1，January 2014，pp. 3 – 17.

② Bordachev T. V. and Skriba A. , Kazakova A. V, Conjunction of the EAEU and Silk Road Economic Beh, *Asia—Pacific News Brief*：*New context and economic cooperation opportunities in the Asia—Pacific region and Eurasia*. ISS. 1 (4)：RSPP，2016，pp. 34 – 38.

③ MaKapos M. A. and COKO ~ OBa A. K. The Eurasian Economic Union and the Silk Road Economic Beh：Opportunities for Russia. *International Organisations Research Journal*，No. 2，February 2016，pp. 40 – 57.

④ Александр Ларин и Владимир Матвеев. *Россия на новом шелковом пути*. Независимая газета，2015 – 03 – 16.

二、国内关于丝绸之路经济带建设的研究

与国外研究相比，国内学术界关于丝绸之路经济带建设的研究成果要丰富得多。2013年中国知网数据库CSSCI来源期刊中以"丝绸之路经济带"为篇名的论文仅为9篇；2014年为104篇；2015年为188篇；2016年11月前为151篇；2018年12月31日前为2310篇。国内具有代表性的相关研究主要集中在以下几个方面：

（一）关于丝绸之路经济带建设意义的研究

丝绸之路经济带建设是在中国对外开放进入全新时期、21世纪新地区主义浪潮、欧亚地区的大国竞争与合作的背景下提出的。美国经历从"重返亚太"到"亚太再平衡"之后，实质上已经覆盖到大部分东盟国家和太平洋国家。此时，拓展中国在欧亚地区的经济影响力，实现区域经济的制度性合作，要以此实现对外开放的全局性平衡（王志远，2015）。丝绸之路经济带建设对于加强区域经济合作、促进世界经济发展、推动经济重心西移、优化城市和人口布局等具有重大意义。狭义丝绸之路经济带这一区域经济合作组织建成之后，将成为世界范围内面积最大、覆盖人口最多、经济总量位居第三的区域经济合作组织，并且其经济总量有很大的增长空间。更为重要的是，可以熨平丝绸之路经济带的凹陷区域，有助于形成世界经济新的增长极（白永秀和王颂吉，2014）。以丝绸之路经济带为依托，进一步加强中国与中亚国家的经济合作，同时扩大中国与俄罗斯及欧洲国家的贸易规模，以实现中国东部和西部对外开放协调发展的目标，形成东西两翼相互补充、相互支撑的布局（王志远，2014），同时，丝绸之路经济带能够为欧亚地区国家参与广泛的区域经济合作提供了一个新契机和重要平台（刘华芹和李钢，2014）。《"丝绸之路经济带"：概念界定与经济社会综述》课题组（2014）认为积极推进"丝绸之经济带"建设，加快拓展中国通向中亚和欧洲的陆路通道，有利于营造良好的政治经济环境，形成全方位的对

外开放新格局，保障能源安全，促进产业结构调整和转移。作为东亚与欧洲"中间广大腹地国家"共同谋求发展的宏大规划，"一带一路"倡议凸显出中国更加重视与广大发展中国家携手共进谋发展的清晰指向，传递出做长发展中国家经济增长"短板"以培育全球经济新增长点的新思路，体现了开放国策、外交战略、结构调整、促进增长目标之间的良性互动关系。通过共建"一带一路"，中国将有机会向世人展示，中国是广大发展中国家可靠得力的合作发展伙伴（卢锋和李昕等，2015）。

（二）关于丝绸之路经济带内涵界定的研究

目前，学术界关于丝绸之路经济带内涵的界定主要包括以下几种具有代表性的划分。

一是按空间范围的划分。何茂春和张冀兵（2013）按空间延伸将丝绸之路经济带划分为东亚段、中亚段、西亚段、中东欧段和西欧段。白永秀和王颂吉（2014）按照空间范围将丝绸之路经济带分为核心区、扩展区和辐射区三个层次。其中，作为建设丝绸之路经济带主体和基础的核心区包括中国、俄罗斯和中亚五国（哈萨克斯坦、吉尔吉斯斯坦、塔吉克斯坦、乌兹别克斯坦和土库曼斯坦）；扩展区包括南亚、西亚、东亚和东南亚的相关国家，即印度、巴基斯坦、伊朗、阿富汗、蒙古国、白俄罗斯、亚美尼亚、乌克兰、摩尔多瓦9个国家；辐射区则包括西亚、欧盟等国家和地区，并且可连通日本、韩国等东亚国家。在此基础上，基于合作基础和地缘政治等因素，将丝绸之路经济分为狭义和广义。其中，狭义的丝绸之路经济带包括核心区和扩展区，是丝绸之路经济带建设的主体和重点；广义的丝绸之路经济带包括核心区、扩展区和辐射区，是丝绸之路经济带建设的发展目标和理想状态。王习农和陈涛（2014）认为，静态地看，丝绸之路经济带包括四段，第一段为起始段，包括中国新疆以东各省区市和东亚，为丝绸之路经济带的始发区；第二段为中心段，包括中国新疆、中亚各国和俄罗斯，为丝绸之路经济带的核心区；第三段为过渡段，包括西亚、南亚和欧洲各地区，为丝绸之路经济带的拓展区；第四段为外围段，包括北部非洲，为丝绸之路经济带的延伸区。卫玲和戴江伟（2014）认为从空间范围来界定，广义的丝绸之路经济带连接着西太平洋和波罗的海及地中海，主要包括中国、中亚五国、伊朗、外高加索三国、俄罗斯、土耳其、乌克兰及波兰等国；狭义的丝绸之路经济带仅包括中国和中亚五国的部分区域。王志远（2015）则依据丝绸之路经济带在空间延伸上所发挥的作用不同，将丝绸之路经济带划分为三个区域层次：核心区域、互惠区域、辐射区域。核心区域为俄罗斯和中亚国家；互惠区域囊括了西亚、南亚国家；辐射区域则是除俄罗斯之外的欧洲国家及毗邻西亚的北非国家。

二是根据地域特征的划分。胡鞍钢、马伟和鄢一龙（2014）以中国作为丝绸之路经济带的东端起点，向西一带划分为功能有所差异的三大层段：第一，作为核心区的中亚经济带，包括哈萨克斯坦、吉尔吉斯斯坦、塔吉克斯坦、乌兹别克斯坦和土库曼斯坦；第二，作为重要区的环中亚经济带，涵盖中亚、俄罗斯、南亚和西亚，包括俄罗斯、阿富汗、印度、巴基斯坦、伊朗、阿塞拜疆、亚美尼亚、格鲁吉亚、土耳其、沙特、伊拉克等以及上述中亚地区；第三，作为拓展区的亚欧经济带，涵盖环中亚地区、欧洲和北非，包括欧洲德国、法国、英国、意大利、乌克兰等地区，北非埃及、利比亚、阿尔及利亚等地区，以及上述环中亚地区。《"丝绸之路经济带"：概念界定与经济社会综述》课题组（2014）以中国为出发点，按照由近及远、逐步扩大的推进思路，将丝绸之路经济带的建设划分为中心区域、扩展区域和辐射区域三个层次。其中，作为丝绸之路经济带建设核心的中心区域包括中国和中亚5国；作为丝绸之路经济带建设重心的扩展区域是在中心区域的基础上向西亚、南亚、中东欧拓展，涵盖了俄罗斯、格鲁吉亚、阿塞拜疆、亚美尼亚、白俄罗斯、沙特阿拉伯、土耳其、乌克兰、印度、巴基斯坦、孟加拉国、阿富汗、缅甸、伊朗和伊拉克等亚欧15国作为丝绸之路经济带设最终目标的辐射区域向西延伸至欧洲大部及北非部分国家，包括了欧盟28国[①]和北非的利比亚、埃及和阿尔及利亚。高潮（2016）认为丝绸之路经济延展的欧亚大陆包含四大区域，即中亚、南亚、西亚和中东欧国家。在四大区域中，中亚地区为核心区、南亚地区为紧密区、西亚地区为延伸区、中东欧地区为拓展区。世界前十大经济体，除美国、日本和巴西之外都在这条经济带上。马远和徐俐俐（2016）确定中国为起点、中亚五国为核心区、环中亚11国（俄罗斯、阿富汗、印度、巴基斯坦、伊朗、阿塞拜疆、亚美尼亚、格鲁吉亚、土耳其、沙特阿拉伯、伊拉克）为重点区、北非3国（埃及、利比亚、阿尔及利亚）和欧洲5国（英国、法国、德国、意大利、乌克兰）为拓展区等25国为丝绸之路经济带沿线国家。

　　三是从其他角度的划分。郭爱君和毛锦凰（2014）从互联互通和贸易往来视角认为，国家层面的丝绸之路经济带主要包括中国和中亚五国，地域层面的丝绸之路经济带主要是新亚欧大陆桥中国-中亚段沿线地区。贺艳（2015）在其研究中选取丝绸之路经济带核心区域的14个国家作为研究对象，包括中亚五国、俄罗斯、白俄罗斯、印度、巴基斯坦、阿富汗、摩尔多瓦、乌克兰、亚美尼亚和中国。高志刚和贾晓佳（2017）将中国和中亚五国界定为丝绸之路经济带建设的核心区域。李向阳（2017）以发展导向为主线认为"一带一路"是以古丝绸之路为纽带，以互联互通为前提，以多元化合作机制、义利观为基本原则，以命运共同体为最终目标的发展导向型区域经济合作机制。

（三）关于丝绸之路经济带贸易关系的研究

　　马莉莉（2015）指出丝绸之路经济带沿线各国的出口比较优势呈现梯级分布态势，双边贸易强度差异显著，需要提升产品竞争力效应以促进贸易增长；共同边界、两国GDP、WTO贸易安排等因素对双边贸易流量有正向促进作用；两国人均GDP差额与空间距离等对贸易流量有显著阻碍作用；中国与俄罗斯、哈萨克斯坦、吉尔吉斯斯坦、乌兹别

[①] 包括2020年"脱欧"的英国。

克斯坦的贸易发展属于潜力巨大型，塔吉克斯坦属于潜力开拓型，土库曼斯坦属于潜力再造型。龚新蜀、乔姗姗和胡志高（2016）研究表明中国与丝绸之路经济带沿线各国的贸易竞争性和互补性差异较大，贸易效率空间分布不均；与丝绸之路经济带核心区（中亚五国）贸易潜力较大，拓展区（乌克兰、意大利、德国、法国、英国）次之，重要区（俄罗斯、印度、巴基斯坦、伊朗、沙特阿拉伯、土耳其）潜力较小。王亮和吴浜源等（2016）从"自然贸易伙伴"假说出发，认为中国与丝绸之路经济带沿线大多数国家的贸易关系较为松散，机械和运输设备、原材料分类制成品以及杂项制品行业的互补性较强；通信、交通、互联网基础设施水平的提升以及经济制度环境的改善有利于减小贸易效率损失。高新才和王一婕（2016）对中国与中亚国家的贸易互补性的研究发现，总体贸易互补程度较低，互补产业结构较为单一，初级分工阶段的产业间具有互补关系，高级分工阶段的产业间缺乏互补关系。因此应强化比较优势产业间的互补，深化产业分工，拓展产业内互补，增强双方贸易互补性。冯颂妹和周新生（2016）通过对中国与中亚五国的贸易强度指数计算分析得出，中国对中亚各国和中亚各国对中国的贸易强度指数都比较低，中国与中亚国家间存在巨大的贸易合作潜力和空间。

（四）关于丝绸之路经济带贸易制度化建设的研究

目前，对于丝绸之路经济带贸易制度化建设的研究主要集中在丝绸之路经济带框架下区域经济一体化研究。

一是关于上合组织和中国-中亚自由贸易区的研究。张猛和丁振辉（2013）认为上海合作组织自由贸易区的建立符合所有成员国的共同利益，尤其对中国而言，不仅有利于开拓新兴市场和稳定大宗商品供给，还有利于加强区域经济合作和地区影响力。从区域内贸易占各国的比重、密集度指数所反映的贸易关系和各国之间的贸易互补性来看，上海合作组织已具备建立自由贸易区的基本条件。王志远（2015）提出在丝绸之路经济带框架内，中国-中亚的区域一体化合作的最优路径应是在不挑战俄罗斯影响力与地位的条件下，采取"N+1"模式，即类似于中国与东盟国家间的"10+1"的合作。王习农（2012）指出中国和中亚国家已具备建立自由贸易区现实的基础和条件，应充分发挥中国－亚欧博览会和上海合作组织的平台作用，以首先建立中国－哈萨克斯坦自由贸易区为突破口，加快研究、规划和设计以推进中国－中亚自由贸易区的建立。李海莲（2016）认为在丝绸之路经济带倡议下深化中国与中西亚国家间的贸易安全与便利化合作具有重要意义。中国与中西亚国家间已具有进一步深化贸易安全与便利化合作的实践基础和经济基础，但仍面临内部制度不规范、文化观念落后、不稳定的国际外部环境、贸易便利化水平有待提高等现实挑战。中国与中西亚国家应契合地缘经济发展的需要，通过搭建多边合作平台、加强信息沟通、完善基础设施、深化海关合作、推动中国－欧亚经济联盟自由贸易区建立等路径应对挑战。

二是关于"一带一盟"对接的研究。赵会荣（2015）认为俄罗斯是丝绸之路经济带建设的重要因素，但不是必要条件。俄罗斯对丝绸之路经济带建设的支持为双方共建丝绸之路经济带提供了前提。中俄两国应加强沟通和合作，充分发挥上合组织平台的作用，促进"一带一盟"的对接。秦放鸣和冀晓刚（2015）指出中国倡议的丝绸之路经济带和俄罗斯主导的欧亚经济联盟对改变中亚地区政治经济格局具有重要意义。丝绸之路经济带与欧亚经济联盟在区域开发与合作模式、受益主体、项目推进方式上存在差异，而具有地域上的重叠、经济目标的一致、共同任务的契合等共性。刘清才和支继超（2016）认为中国丝绸之路经济带与俄罗斯主导的欧亚经济联盟的对接合作将成为欧亚区域经济发展的合力和引擎。在开放包容、市场主导、平等互利和合作共赢的对接合作原则下，以基础设施建设、贸易投资便利化、发展互联互通和加强产能和金融合作为优先合作领域，建立多主体、多层次合作机制，积极开展对话与合作，充分发挥上海合作组织的平台作用，加快"一带一盟"的对接合作。李新（2016）认为"一带一盟"对接路线图包括贸易投资便利化、商品和资本、技术和服务自由流动等软环境的对接和实现基础设施互联互通、推进产能合作、推进六大经济走廊建设等硬环境的对接。项义军和张金萍（2016）指出"一带一盟"对接将深化中俄双方经贸合作，为区域经济合作提供跨国"战略对接"的范例，具有重要的现实价值。而对等发展是中俄两国"战略对接"和长久合作的基础。雷建锋（2017）认为对接"一带一盟"对于中俄发展两国经济关系、巩固两国政治关系具有重要意义，而对接实现的物质保证需要相关国家的基础设施合作，建立中国－欧亚经济联盟自由贸易区是重要的经济基础。展妍男（2017）指出"一带"与"一盟"在战略定位、开放程度、合作模式、政治内涵等方面均存在深层次的差异，但这种差异具有兼容与互补，"一带一盟"对接具有可能和空间。王海滨（2017）提出"一带一盟"对接的战略前景光明，各方应在对接方针的指导下，找到战略利益汇合点。向洁、何伦志和闫海龙（2017）针对"一带一盟"对接的合作基础、困境提出了以上海合作组织为平台，"内外齐联""双多并进"的对接合作模式。

三是关于丝绸之路经济带自由贸易区的研究。贺艳（2015）从贸易制度化建设角度对建设丝绸之路经济带自由贸易协定问题进行初步探讨，认为丝绸之路经济带各国间的贸易制度化联系仍很有限，在明确建设丝绸之路经济带自由贸易协定的必要性、面临的困难和长期性基础上，提出近期应提升区域内国家的贸易便利化，推动双边 FTA 的建立；中期应推进上海合作组织自由贸易协定（FTA）的建立；长期应建立丝绸之路经济带 FTA。高志刚、王彦芳和刘伟（2017）运用 SMART 软件模拟在减税和零关税情形下，中国与欧亚经济联盟建立自由贸易区的经济效应：贸易自由化程度越深，贸易转移效应越明显，各国福利效应显著改善，其中俄罗斯福利效应居首。赵传君和肖文辉（2017）认为"一带一盟"对接的愿景只有建立以中俄共同主导的"大欧亚自贸区"才能实现，以"大欧亚自贸区"为基础，把丝绸之路经济带打造成区域经济共同体。王彦芳和陈淑梅（2017）提出中国与欧亚经济联盟国家间贸易往来的基础良好、优势互补、潜力巨大，建立中国－欧亚经济联盟自由贸易区将有促进各国经济增长、改善各国福利状况及扩大贸易规模。赵传君和张肖平（2017）提出"一带一盟"对接的最有效方式是建立"大欧亚自贸区"：首先，建立中国欧亚经济联盟自由贸易区，在此基础上，吸纳上海合作组织其他成员国以及联系国，最后，再吸纳其他欧亚国家加入，建立"大欧亚自贸区"。彭羽和沈玉良（2017）提出应根据"一带一路"沿线国家现有的经济发展阶段以及规则水平，加快与沿线国家间不同层次水平的自由贸易网络构建。以双边的全球价值链联系作为优先选择自由贸易协定伙伴国的重要依据，形成覆盖"一带一路"沿线区域支点国家的FTA网络。

从已有的文献来看，国内外学者对于丝绸之路经济带的研究主要集中在对丝绸之路经济带的建设意义、内涵界定、贸易关系和丝绸之路经济带框架下的贸易制度化建设的研究。而关于丝绸之路经济带自由贸易区网络建设的研究则甚是少见。仅有贺艳（2015）从贸易制度化建设角度对建设丝绸之路经济带自由贸易协定的必要性、面临的困难和长期性以及现实可行路径进行了初步探讨，但对于丝绸之路经济带贸易制度化建设路径的探讨，也仅限于路径框架的整体设计，并未给出具体的建设方案。因此，对于丝绸之路经济带自由贸易区网络建设的理论和实践研究则亟待加强，这是丝绸之路经济带建设进程中应当给予高度关注、亟待解决的理论与实践的重要问题；更加具体设计、规划以及找到切实可行的丝绸之路经济带自由贸易区网络的构建路径对于丝绸之路经济带的建设及中国自由贸易区战略目标的实现则具有重要的理论意义和现实意义。

第三节 研究内容及研究方法

一、研究对象的界定

"丝绸之路"是历史上形成的一条商业、贸易、文化的交流之路，丝绸之路经济带是一个全新的、升级版的"丝绸之路"经济发展区域，东边是亚太经济圈、西边是欧洲经济圈的丝绸之路经济带被认为是"世界上最长、最具有发展潜力的国际经济大走廊"。习近平主席在纳扎尔巴耶夫大学的演讲中提出，"打通从太平洋到波罗的海的运输大通道，逐步形成连接东亚、西亚、南亚的交通运输网络"[①]。2015年3月发布的《推动共建丝绸之路经济带和21世纪海上丝绸之路的愿景与行动愿景与行动》和2017年5月发布的《共建"一带一路"：理念、实践与中国的贡献》给出了丝绸之路经济带建设的顶层框架构建，提出丝绸之路经济带重点畅通中国经中亚、西亚至波斯湾、地中海；中国经中亚、俄罗斯至欧洲（波罗的海）；中国至东南亚、南亚、印度洋；依托国际大通道，共同打造中国-中亚-西亚、新亚欧大陆桥、中国-中南半岛、中蒙俄等国际经济合作走廊。即丝绸之路经济带建设的三大走向和四大国际经济合作走廊。[②] 丝绸之路经济带建设顶层框架中的三大方向和四大国际经济合作走廊涉及的国家和地区多达数十个。而作为一个开放和包容的区域经济发展战略，丝绸之路经济带建设更是欢迎世界各国和国际、地区组织的积极参与。

到目前为止，尚未有关于丝绸之路经济带所涵盖范畴的明确界定。因此，本书立足于丝绸之路经济带的建设重点中的中国-中亚-西亚经济走廊、根据沿线国家的地理区位优势、区域经济合作发展状况、前人关于丝绸之路经济带范围的界定以及本书研究的重点所在，拟选取丝绸之路经济带沿线10个国家作为研究对象，分别是中国、俄罗斯、地处欧亚大陆"心脏地带"的中亚五国（哈萨克斯坦、吉尔吉斯斯坦、塔吉克斯坦、土库曼斯坦、乌兹别克斯坦）以及欧亚"大十字路口"的

---

① 《习近平在哈萨克斯坦纳扎尔巴耶夫大学发表重要演讲》，载《人民日报》2013年9月8日1版。
② 国家发展改革委、外交部、商务部：《授权发布：推动共建丝绸之路经济带和21世纪海上丝绸之路的愿景与行动》，新华网，2015年3月28日，http：//www.xinhuanet.com/world/2015-03/28/c_1114793986.htm；推进"一带一路"建设工作领导小组办公室：《〈授权发布〉共建"一带一路"：理念、实践与中国的贡献》，新华社，2017年5月10日，http：//www.xinhuanet.com//politics/2017-05/10/c_1120951928.htm。

外高加索三国（格鲁吉亚、阿塞拜疆、亚美尼亚）。

二、研究的思路

本书将在非传统收益理论和轮轴-辐条理论等"新地区主义"理论视角下对构建丝绸之路经济带自由贸易区网络的理论基础进行研究，从政治关系、经贸往来、丝路建设、建设认同、各国区域经济一体化诉求、产业关系等方面对构建丝绸之路经济带自由贸易区网络的现实基础逐一展开分析；从各国经济发展水平差异、区域经济一体化建设层次、区域内各国"丝绸之路"的博弈和竞争、各国对丝绸之路经济带建设的疑虑、地区安全局势等角度对构建丝绸之路经济带自由贸易区网络的约束条件进行深入剖析。在此基础上，提出构建丝绸之路经济带自由贸易区网络的推进策略战略布局构建路径。

本书共由七部分组成：

第一部分：导论。本章将对选题背景进行阐述，对国内外相关研究文献加以述评，对研究对象加以界定，并对本书的研究思路、结构安排、研究方法、研究重点及难点加以说明。

第二部分：构建丝绸之路经济带自由贸易区网络的理论基础。本章将从保持国内政策的连贯性、发信号、提供保险、增强讨价还价能力、发挥协调一致机制、轮轴-辐条等新区域主义理论视角对构建丝绸之路经济带自由贸易区网络的理论基础进行研究。

第三部分：构建丝绸之路经济带自由贸易区网络的现实基础。本章将分别从中国与丝绸之路经济带沿线各国间的政治关系、经贸往来、产业互补以及沿线各国的"丝路"计划、对丝绸之路经济带倡议的认同程度和区域经济一体化发展诉求等方面对构建丝绸之路经济带自由贸易区网络的现实基础进行研究。其中，运用贸易密集度指数对中国与丝绸之路经济带沿线国家间贸易关系的紧密程度、运用显性比较优势指数对中国与丝绸之路经济带沿线国家间产业互补情况进行计算，以更加直观的数据结果来分析构建丝绸之路经济带自由贸易区网络的经济基础。

第四部分：构建丝绸之路经济带自由贸易区网络的约束条件。本章对阻碍丝绸之路经济带自由贸易区网络构建的因素逐一进行剖析，这些阻碍因素主要包括丝绸之路经济带各国间经济发展水平差异较大，各国区域经济一体化建设层次较低，美国、欧盟、日本及俄罗斯等国的"丝绸之路"博弈，沿线国家对丝绸之路经济带倡议的疑虑以及丝绸之路经济带沿线的地区安全局势等。

第五部分：构建丝绸之路经济带自由贸易区网络的路径选择。本章将在确定构建丝绸之路经济带自由贸易区网络总体布局的基础上，对丝绸之路经济带自由贸易区网络的构建路径进行研究，划分为近期路径、中期路径和远期路径。在近期，以加快基础设施建设和对接、提升贸易投资的便利化和自由化水平、扩大次区域经济合作为基础，以建立双边自由贸易区为突破，构建丝绸之路经济带自由贸易区网络"线"；在中期，以丝绸之路经济带自由贸易区网络"线"为基础，建立多边自由贸易区，构建丝绸之路经济带自由贸易区网络"面"；在远期，将丝绸之路经济带自由贸易区网络"面"连接起来，形成自由贸易区"网"，将"小网"编织成"大网"，最终建成辐射整个丝绸之路经济带的自由贸易区网络。

第六部分：构建丝绸之路经济带自由贸易区网络的推进策略。本章将在对构建丝绸之路经济带自由贸易区网络的理论基础、现实基础、约束条件、路径选择进行探讨的基础上，提出要从加强政治互信，协调与丝绸之路经济带沿线各国的竞合关系；充分发挥上合组织的平台作用，推进框架内相关自由贸易区建设；加快基础设施建设与对接，提高运输便利化；改善营商环境，降低贸易成本；提升贸易投资便利化水平，扩大贸易投资规模；推进次区域合作，加快贸易便利化制度性建设；加强丝绸之路经济带国内自贸试验区建设，夯实贸易便利化基础等构建丝绸之路经济带自由贸易区网络的推进策略。

第七部分：结束语。本部分将进一步阐述丝绸之路经济带自由贸易区网络构建的重要意义，对丝绸之路经济带自由贸易区网络构建取得的成效进行总结。

三、研究的重点及难点

（一）研究的重点

（1）丝绸之路经济带自由贸易区网络的构建是否具备了坚实的基础，又存在哪些阻碍，这将直接影响到丝绸之路经济带自由贸易区网络的建设可行性。因此，对构建丝绸之路经济带自由贸易区网络的理论基础、现实基础和约束条件的研究是本书研究的重点之一。

（2）通过怎样的路径来构建丝绸之路经济带自由贸易区网络，将会直接影响到丝绸之路经济带自由贸易区网络的建设进程。因此，对构建丝绸之路经济带自由贸易区网络路径选择的研究是本书研究的重点之二。

（3）通过哪些具体措施构建丝绸之路经济带自由贸易区网络，将会直接影响到丝绸之路经济带自由贸易区网络的构建速度。因此，对构建丝绸之路经济带自由贸易区网络的推进策略的研究是本书研究的重点之三。

（二）研究的难点

（1）丝绸之路经济带沿线国家众多，各国经济发展水平差异较大，进而利益诉求差别较大。并且，在该地区不仅有世界各大国的利益博弈，还有各种不安全因素的存在。因此，确定一条切实可行的丝绸之路经济带自由贸易区网络的构建路径是本书研究的难点之一。

（2）丝绸之路经济带自由贸易区网络建设应以优先建立双边自由贸易区为突破口，而丝绸之路经济带沿线众多国家的经济发展水平、与中国间的政治和经贸的紧密关系、对丝绸之路经济的支持与参与程度、区域经济一体化诉求等的不同，这些因素使得中国选择和确定优先与之建立双边自由贸易区的"节点"国家变得难上加难。因此，如何选择"节点"国家以优先建立丝绸之经济带沿线双边自由贸易区是本书研究的难点之二。

(3) 丝绸之路经济带自由贸易区网络建设拥有坚实的理论基础和现实基础，但同时也面临着诸多约束条件，直接影响丝绸之路经济带自由贸易区网络建设进程。因此，制定加快丝绸之路经济带自由贸易区网络建设的推进策略是本书研究的难点之三。

四、研究方法

(1) 理论分析与实际分析相结合的方法。运用新区域主义理论对丝绸之路经济带自由贸易区网络建设的理论与丝绸之路经济带沿线国家区域经济一体化发展诉求不断增强的实际进行分析。

(2) 定性分析和定量分析相结合的方法。本书在对构建丝绸之路自由贸易区网络的现实基础、约束条件进行定性分析的同时，运用贸易密集度指数、显性比较优势指数等指标对中国与丝绸之路经济带沿线国家的贸易关系和产业关系进行定量研究。

五、创新之处

目前，国内外对丝绸之路经济带的研究主要集中在丝绸之路经济带的内涵界定、建设意义、贸易关系和丝绸之路经济带框架下贸易制度化建设的研究，而对于丝绸之路经济带自由贸易区网络建设的研究甚是少见。因此，本书的创新之处体现在以下两个方面。

(1) 研究视角的创新。本书基于新区域主义理论视角对构建丝绸之路经济带自由贸易区网络的理论基础进行研究，使其更加符合丝绸之路经济带沿线国家，尤其是经济发展较为落后的中亚和外高加索国家自由贸易区构建诉求不断增强的现实。

(2) 研究内容的创新。本书对构建丝绸之路经济带自由贸易区网络的路径进行研究，使得对丝绸之路经济带建设的研究以及"要逐步构筑起立足周边、辐射'一带一路'、面向全球的高标准自由贸易区网络"的中国自由贸易区建设目标的研究更加系统和丰富，更具有现实意义。

第二章

构建丝绸之路经济带自由贸易区网络的理论基础

传统的区域经济一体化理论认为，国家间缔结区域贸易协定的主要动因是通过消减或消除成员国间的关税及非关税壁垒等以推动贸易自由化，改善成员国社会福利。而20世纪80年代末90年代初，新一轮区域经济一体化兴起，越来越多的区域贸易协定的缔结动因已不单纯或完全不是出于获取贸易自由化的经济因素，许多国家即使在传统区域经济一体化收益不明显情况下，仍然积极参与自由贸易区的建立。如，奥地利、芬兰、瑞典加入欧盟时，因为欧洲经济区协议的存在，他们与欧盟原成员国间的经济贸易关系并未发生实质性变化，也未因此而获得更多的贸易自由化利益。[①] 这是传统自由贸易区理论所无法解释的。针对这一现实，学者们开始从非传统收益角度对区域贸易协定缔结的原因进行解释，提出以非传统收益和轮轴－辐条效应为核心的新区域主义理论，更加符合目前区域经济一体化发展的现实。

---

① 张煜：《新地区主义》，载《经济学动态》1999年第7期，第55～58页。

第一节 新区域主义理论——区域贸易协定的非传统收益

非传统收益理论的核心来自费尔南德斯和波特斯(Fernandez and Portes)。费尔南德斯和波特斯(1998)提出,一个国家或地区加入区域贸易协定不仅可能获得规模经济、贸易条件改善、贸易创造等传统经济收益,还可能获得"保持政策连贯性、发出信号、提供保险、增强讨价还价能力、发挥协调一致机制"等区域贸易协定的非传统收益。①

一、保持国内政策的连贯性

在面临国内经济衰退,或是遭受外部经济波动冲击时,为了稳定经济,政府会做出改变已有政策的决定,即使这是一项能够提高一国福利水平的国内改革或贸易自由化的政策,进而造成国内政策的不连贯,导致政府可信度的下降。在这样的情况下,区域贸易协定将能为该国带来保持国内政策连贯性的非传统收益。

区域贸易协定作为一种外部约束,通过激励机制和惩罚机制来约束政府行为,以保证时间上的连续性,保持成员国国内政策的连贯性,提高政策的可信度。如果区域贸易协定成员国改变其国内政策而违反了成员间共同制定的规则,就会受到惩罚而遭受巨大损失。因此,一国加入区域贸易协定,不仅会对现任政府的政策选择,而且还会对后任政府的政策选择形成约束,以保持其国内政策的稳定性和连贯性,提高政府的可信度,进而吸引更多的外部投资。

---

① Raquel Fernandez and Jonathan Portes, Returns to Regionalism: An Analysis of Non-Traditional Gains from Regional Trade Agreements. *The World Bank Economic Review*, Vol. 8. No. 2, February 1998. pp. 197–220.

丝绸之路经济带沿线的俄罗斯、中亚五国和外高加索三国均属于转型经济体，其国内经济体制改革相对滞后，政策的制定与实施存在诸多不确定性。因此，这些国家需要借助外力以加快国内经济体制改革，避免国内改革政策的逆转，增强政策的可预见性。构建丝绸之路经济带自由贸易区网络将会对成员国的国内经济体制改革产生有效约束，以保持成员国国内政策的连贯性和稳定性，提高政府的可信度，进而吸引更多的外部投资，加速本国的经济增长。

二、发信号

区域贸易协定的另一个潜在收益是信号效应。对于信号效应来说，签署区域贸易协定的重点并不在于协定条款的内容，而在于在不确定情况下签署区域贸易协定这一事实。通过签署区域贸易协定这一事实来向外部环境世界发出多种信号。如在信息不对称的情况下，潜在的投资者尤其关注某国的贸易政策是自由主义贸易政策还是保护主义贸易政策、该国某些产业的竞争力情况以及国家间政治外交关系，而签署区域贸易协定可以向外界发出该国贸易政策立场是自由主义的、某些产业具有较高的竞争力、国家间政治外交关系较为稳定等信号，消除信息不对称情况下的各种疑虑，吸引更多的投资。

丝绸之路经济带自由贸易区网络的建立将向全世界发出参与国愿意开放市场、各国间良好的政治外交关系等强烈信号，进而能够吸引更多的投资，加快各参与国的经济发展，提升各参与国在世界经济中的地位，实现丝绸之路经济带经济沿线国家共建共赢的意愿。

三、提供保险

经济发展水平差异较大国家所参与的区域贸易协定中，经济发展较为落后的国家将获得了进入大国市场的保证，以避免或减少在贸易伙伴国实行贸易保护时或世界贸易战中遭受损失。如美国、加拿大进行自由贸易区谈判时，加拿大的政策目标是希望通过美加自由贸易协定的签订，消除美国针对加拿大出口商品所实施的保障措施，以及消除针对加拿大的反倾销税和反补贴税。在现实中这种政策也确实发挥了功效，2002年美国对钢铁进口征收附加税，但是由于加拿大和墨西哥与美国之间有北美自由贸易协定的保障，两国得以豁免。①

对于中亚五国和外高加索三国来说，其经济总量较小，对俄罗斯的依赖程度过高，俄罗斯经济的衰退直接导致中亚五国和外高加索三国出口锐减。与俄罗斯的经济发展状况相比较而言，中国经济发展较为稳定，市场容量较大。因此，一旦中亚五国和外高加索三国与中国缔结自由贸易协定，将获得稳定的市场准入。同样，中国和俄罗斯的经济对于欧美等国市场的依赖程度也较高。因此，中国和丝绸之路经济带沿线各国构建丝绸之路经济带自由贸易区网络，将有利于提高抵抗外部经济波动的能力和自身经济发展的稳定性。

四、增强讨价还价能力

区域贸易协定具有增强参与国讨价还价的能力。区域贸易协定的各参与国通过区域贸易协定可以增强其在区域外多边贸易谈判中的讨价还价能力，进而获得制定国际经济规则的平等权。

在国际贸易领域，一国对国际经济规则的影响力取决于该国能够向世界提供多大的出口市场。一国进口的规模越大，它对规则的影响力也就越大。而自由贸易区最直接的影响就是无形中扩大了一国的市场规模。尽管自由贸易区的成员国之间没有统一的对外贸易政策，但区域贸易组织将增强其各参与国对区域外国家的讨价还价能力，也可以通过区域贸易组织在国际经济规则制定进程中实现其要求和意愿。

---

① 郑玲丽：《区域贸易协定及其新近发展的多维解析》，载《世界贸易组织动态与研究》2007年第3期，第31~36页。

五、发挥协调一致机制

关于贸易自由化的收益一直存在争议。贸易自由化的损失是显著的、即时的、立竿见影的，而贸易自由化的收益却是不确定的、分散的、需要长时间才能体现出来的。这些因素导致反对贸易自由化的人的行动更为协调一致，而支持贸易自由化的人的行动更难以协调。而区域贸易协定使得贸易自由化带来的收益更加显而易见，更能把从自由贸易中受益的人组织起来，发挥协调一致的机制，减少贸易自由化损失所带来的负面影响。

丝绸之路经济带自由贸易区网络的建立必然会使参与国中一部分人的利益受到损害，但同时也将为支持自由贸易的群体提供一个平台，协调一致地促进参与国自由贸易政策的发展，获取贸易自由化水平提升所带来的长期收益。

第二节 新区域主义理论——轮轴-辐条理论

在第二次区域主义浪潮中，世界各国均加快其区域贸易协定的签署。针对这一现象，新区域主义理论从另外一个角度对其形成的原因给予了解释，即轮轴-辐条（Hub-and-Spoke）理论。如果一个国家与多个国家分别签订区域贸易协定，就会形成轮轴-辐条结构，该国为"轮轴"国，其他国家由于彼此间没有签署区域贸易协定而成为"辐条"国，并由此产生轮轴-辐条效应，其主要观点有：

一、"轮轴"国比"辐条"国获取更多的收益

在"轮轴-辐条"结构中，"轮轴"国将受益于其"轮轴"地位，将在贸易和投资两个方面比"辐条"国获取更多的收益。在贸易方面，

通过区域贸易协定，"轮轴"国的产品可以进入所有"辐条"国市场，而受原产地规则的限制，没有签署区域贸易协定的"辐条"国的产品则无法相互进入。在投资方面，相对于"辐条"国来说，"轮轴"国的对外开放程度更高，优惠待遇条款等更全面，更能吸引较多的外部资本。"轮轴"国除了在贸易和投资方面比"辐条"国获取更多的收益以外，还能获得其他特殊收益。

（一）大国"轮轴"国的国际经济规则制定主导权

与小国相比，大国具有更强的经济实力和影响力，因此，大国更容易成为"轮轴"国。目前，欧盟的成员国和美国均已成为"轮轴"国。大国参与区域经济合作的动因之一是为了获取制定国际经济规则的主导权。在国际贸易领域，一国对国际经济规则的影响力取决于该国能够向世界提供多大的进出口市场。大国一旦成为"轮轴"国，就意味着其市场规模的进一步扩大，就可能成为与其他大国进行贸易谈判的筹码，进而获取制定国际经济规则的主导权，并最终将其区域内的贸易自由化规则转化为多边贸易规则，如此良性循环，使得该大国及区域贸易协定的各参与国获取越来越多的贸易、投资、国际经济规则制定主导权等收益。

（二）小国"轮轴"国的讨价还价能力

与大国相比，无论是在经济实力还是影响力上，小国均处于劣势，参与区域经济合作的谈判交易能力也较弱，这就决定了小国难以成为"轮轴"国。但这并不意味着小国一定不能成为"轮轴"国。墨西哥、新加坡和智利成为区域经济合作中"轮轴"国的事实正好验证了这一点。

当处于劣势的各小国间纷纷达成区域贸易协定，形成区域经济合作集团，通过联合的力量能够获取更多的收益，提高在国际谈判中讨价还价的能力。如东盟，当东盟与其他国家签署区域贸易协定时，东盟10国就成为"轮轴"国，通过联合力量，东盟在东亚经济一体化进程中已获取更多的话语权,并将可能进一步获取东亚经济一体化的主导权。

拥有特殊地理优势和丰富能源资源的中亚地区和外高加索地区,早已成为各世界大国博弈的舞台。并且,随着世界区域经济一体化的快速发展,中亚五国和外高加索三国的区域经济一体化诉求也随之不断增强。其中,尤以哈萨克斯坦和格鲁吉亚为最。截至2016年12月,哈萨克斯坦和格鲁吉亚签署并生效的自由贸易协定分别达到了10个和9个,其区域贸易协定层次也不断提升,哈萨克斯坦是欧亚经济联盟的原始成员国,而格鲁吉亚则与欧盟签署了联系国协定。哈萨克斯坦和格鲁吉亚作为欧亚大陆的小国已具备成为"轮轴"国的地缘政治和地缘经济条件。但从目前哈萨克斯坦和格鲁吉亚的区域贸易协定签署情况来看,两国区域贸易协定伙伴仍以独联体国家为主,区域贸易协定覆盖范围过于狭小,伙伴国则以小国居多,极大地限制了其"轮轴"国地位的形成。而丝绸之路经济带自由贸易区网络的构建将为想成为"轮轴"国的中亚五国和外高加索三国提供契机和平台,与中国及丝绸之路经济带沿线众多国家签署区域贸易协定,将不断提升其在欧亚大陆区域贸易协定网络中的地位,为其成为小国"轮轴"国奠定坚实基础。

二、轮轴-辐条结构的自我强化

一国一旦成为"轮轴"国,就会具有"自我强化"(self-reinforcing process)的功能,进一步巩固其"轮轴"国地位。[1]"轮轴"国在享受"轮轴"国地位所带来的收益的同时,会不断加快与其他国家签署区域贸易协定,以维护和增强其"轮轴"国地位。并且,由于"轮轴"国市场容量有限,"轮轴-辐条"体系外的国家在"轮轴"国市场上处于更加不利的地位,先加入的"辐条"国获取的收益大于后加入的"辐条"国所获取的收益。因此,"轮轴-辐条"体系外的国家都急于加入

---

[1] Gordon H. Hanson, Market Potential, Increasing Returns, and Geographic Concentration. *NBER Working Paper*, No. 6429, 1998, pp. 1–34.

该体系充当新的"辐条",使得"轮轴-辐条"结构具有了内在的、自我扩张的动力。① 如俄罗斯在独联体框架内积极推动区域经济一体化,已初步形成以俄罗斯为"轮轴"国的"轮轴-辐条"体系。俄罗斯主导的欧亚经济联盟于2015年1月1日正式生效,现已拥有5个成员国,在此基础上,俄罗斯也在积极推动欧亚经济联盟与区域外国家签署自由贸易协定,以不断扩展其"辐条"。并且,越来越多的国家也争相想加入欧亚经济联盟以获取更多的该"轮轴-辐条"体系内的收益。2015年5月29日,越南与欧亚经济联盟正式签署了自由贸易协定,作为由俄罗斯主导的欧亚经济联盟与第三方签署的首个自由贸易区协定已于2016年10月5日正式生效。并且,塞尔维亚、以色列、伊朗、印度、埃及和新加坡等国也都积极筹备和开展与欧亚经济联盟的自由贸易区谈判。构建丝绸之路经济带自由贸易区网络将有利于沿线各国自我区域贸易协定网络的建设,符合沿线各国加快区域贸易协定进程的强烈诉求。

---

① 东艳:《区域经济一体化新模式——"轮轴-辐条"双边主义的理论与实证分析》,载《财经研究》2006年第9期,第4~18页。

第三章

构建丝绸之路经济带自由贸易区网络的现实基础

目前，中国已与俄罗斯、哈萨克斯坦、乌兹别克斯坦、塔吉克斯坦、吉尔吉斯斯坦以及土库曼斯坦建立了不同层次的伙伴关系。友好而稳定的政治关系为中国与丝绸之路经济带沿线国家间的经贸合作创造了有利的外部条件，而丝绸之路经济带倡议的提出又为彼此间的经贸合作提供了新的发展机遇。中国与丝绸之路经济带沿线国家间的货物贸易快速增长、贸易关系越来越紧密、相互投资稳步推进、经贸合作的法律基础不断巩固；产业结构呈现出较为明显的梯形结构，产业间具有非常强的互补关系，尤其在油气生产和消费关系中则呈现出绝对的互补关系。作为丝绸之路经济带重要国家的俄罗斯、中亚五国和外高加索三国相继提出各自的"丝路"计划。伴随着共建丝绸之路经济带倡议扎实推进，成效显著，已经得到了实实在在好处的沿线各国对丝绸之路经济带建设的认同感和参与度不断增强。并且，构建丝绸之路经济带自由贸易区网络与丝绸之路经济带沿线国家区域经济一体化诉求完全契合。丝绸之路经济带自由贸易区网络构建已具备夯实的现实基础。

第一节 中国与丝绸之路经济带沿线国家间友好稳定的政治关系

一直以来，中国与丝绸之路经济带沿线国家保持着友好而稳定的政治关系。目前，中国先后与俄罗斯、哈萨克斯坦、乌兹别克斯坦、塔吉克斯坦、吉尔吉斯斯坦以及土库曼斯坦建立了不同层次的伙伴关系，如表3-1所示。

表3-1　　　　中国与丝绸之路经济带沿线国家的伙伴关系

国家	伙伴关系	时间
俄罗斯	新时代全面战略协作伙伴关系	2019年
哈萨克斯坦	永久全面战略伙伴关系	2019年
乌兹别克斯坦	全面战略伙伴关系	2016年
塔吉克斯坦	全面战略伙伴关系	2017年
吉尔吉斯斯坦	全面战略伙伴关系	2018年
土库曼斯坦	战略伙伴关系	2013年

资料来源：根据外交部网站相关数据资料整理得出。

一、中国与俄罗斯的政治关系

俄罗斯横跨欧亚大陆，国土面积1709.82万平方公里，国土面积居世界第一位，邻国西北面有挪威、芬兰，西面有爱沙尼亚、拉脱维亚、立陶宛、波兰、白俄罗斯，西南面是乌克兰，南面有格鲁吉亚、阿塞拜疆、哈萨克斯坦，东南面有中国、蒙古国和朝鲜。东面与日本和美国隔海相望。俄罗斯自然资源十分丰富，种类多，储量大，自给程度高。森林覆盖面积1126万平方公里，占国土面积65.8%，居世界第一位；木材蓄积量居世界第一位。天然气已探明蕴藏量占世界探明储量的25%，居世界第一位；石油探明储量占世界探明储量的9%；煤蕴藏量居世界第五位。铁、镍、锡蕴藏量居世界第一位；黄金储量居世界第三位；铀蕴藏量居世界第七位。①

自中俄两国建交以来，政治互信不断加深。1992年12月，俄罗斯总统叶利钦访华期间，两国签署了《关于中华人民共和国和俄罗斯联邦相互关系基础的联合声明》，发展"睦邻友好伙伴关系"。1994年9月，中国国家主席江泽民访问俄罗斯，中俄双方签署了第二个《中俄联合声明》，宣布两国建立"面向二十一世纪的建设性伙伴关系"②。1996年4月25日，中俄关系又上升为"面向21世纪的战略协作伙伴"。2001年7月16日，中俄两国签署了《中华人民共和国和俄罗斯联邦睦邻友好合作条约》，为中俄关系的全面发展奠定了牢固的法律基础，确定长期发展睦邻友好与平等信任的战略协作伙伴关系。而2004年10月14日中俄双方签署的《中华人民共和国和俄罗斯联邦关于中俄国界东段的补充协定》彻底解决了长达4300多公里的中俄边界问题。2014年5月20日，中俄签署《中华人民共和国与俄罗斯联邦关于全面战略协作伙伴关系新阶段的联合声明》，中俄关系提升至全面战略协作伙伴关系新阶段。2015年5月8日，中俄签署《中华人民共和国和俄罗斯联邦关于深化全面战略协作伙伴关系、倡导合作共赢的联合声明》；2017年7月4日，中俄签署《中华人民共和国和俄罗斯联邦关于进一步深化全面战略协作伙伴关系的联合声明》；2019年6月5日，中俄签署《中华人民共和国与俄罗斯联邦关于发展新时代全面战略协作伙伴关系新阶段的联合声明》，在中俄双方共同努力下，中俄关系不断深化，已提升至全面战略协作伙伴关系新阶段。

---

① 《俄罗斯国家概况》，中华人民共和国外交部网站，2020年11月28日，https://www.fmprc.gov.cn/web/gjhdq_676201/gj_676203/oz_678770/1206_679110/1206x0_679112/。

② 《背景资料：中俄关系大事记》，新华网，2014年10月12日，http://www.xinhuanet.com/world/2014-10/12/c_1112791826.htm。

二、中国与中亚五国的政治关系

自中亚五国独立以来,中国同中亚五国保持良好而稳定的政治关系,2013年,中国与中亚五国均建立了战略伙伴关系。战略伙伴关系的建立说明中国与中亚五国间的友好合作具有长期性和全局性。

(一) 中国与哈萨克斯坦

哈萨克斯坦位于亚洲中部,国土面积272.49万平方公里,北邻俄罗斯,南与乌兹别克斯坦、土库曼斯坦、吉尔吉斯斯坦接壤,西濒里海,东接中国。哈萨克斯坦石油资源和矿产资源丰富,已经探明石油储量近140亿吨(陆上和里海地区),已经探明的矿藏90多种。①

中哈两国自建交以来,双方关系发展顺利,政治互信不断深化,并保持快速发展势头。1991年12月16日,哈萨克斯坦宣布独立,11天后,中国承认哈萨克斯坦独立。1992年1月3日,中哈两国正式建交。1994年4月26日,中哈两国正式签署了《中华人民共和国和哈萨克斯坦共和国关于中哈国界的协定》,顺利地解决了两国长达1533公里边界问题。1995年9月11日,中哈双方签署了《中哈两国关于进一步发展和加深两国友好关系的联合声明》。2002年12月23日,中哈两国签署了《中华人民共和国和哈萨克斯坦共和国睦邻友好合作条约》。2005年7月4日,中哈两国签署《中华人民共和国和哈萨克斯坦共和国关于建立和发展战略伙伴关系的联合声明》。2011年6月13日,中哈签署了《中华人民共和国和哈萨克斯坦共和国关于发展全面战略伙伴关系的联合声明》。2013年9月7日,国家主席习近平对哈萨克斯坦进行国事访问期间,两国签署了《中华人民共和国和哈萨克斯坦共和国关于进一步深化全面战略伙伴关系的联合宣言》,该宣言强调,今后将把发展两国

---

① 《哈萨克斯坦国家概况》,中华人民共和国外交部网站,2020年11月28日,https://www.fmprc.gov.cn/web/gjhdq_676201/gj_676203/yz_676205/1206_676500/1206x0_676502/。

双边关系作为本国外交政策优先方向,继续加强两国高层密切交往。①自此,中哈两国高层间的往来更加频繁。2014年5月19日,在哈总统纳扎尔巴耶夫对中国进行国事访问期间,中哈签署了《中华人民共和国和哈萨克斯坦共和国联合宣言》以及能源、投融资等领域合作文件的签署。2014年12月,国务院总理李克强对哈萨克斯坦进行访问,两国达成依托"一带一路"开展产能合作的共识,双方签署了总额达140亿美元的30多个合作协议②。2015年3月,哈萨克斯坦总理马西莫夫对中国进行工作访问,中哈签署了加强产能与投资合作备忘录,以及两国开展钢铁、有色金属、平板玻璃、炼油、水电、汽车等广泛领域产能合作的33份文件,项目总金额达236亿美元。③ 2015年8月31日,中哈两国签署了《中华人民共和国和哈萨克斯坦共和国关于全面战略伙伴关系新阶段的联合宣言》。

(二) 中国与乌兹别克斯坦

乌兹别克斯坦位于中亚腹地的"双内陆国",5个邻国均无出海口,国土面积44.89万平方公里,南靠阿富汗,北部和东北与哈萨克斯坦接壤,东、东南与吉尔吉斯斯坦和塔吉克斯坦相连,西与土库曼斯坦毗邻。乌兹别克斯坦资源丰富,矿产资源储量总价值约为3.5万亿美元。现探明有近100种矿产品。其中,黄金探明储量3350吨(世界第四),石油探明储量为1亿吨,凝析油探明储量为1.9亿吨,天然气探明储量为1.1万亿立方米,煤储量为18.3亿吨,铀储量为18.58万吨(世界第七,占世界铀储量的4%),铜、钨等矿藏也较为丰富。森林覆盖率为12%。"四金":黄金、"白金"(棉花)、"乌金"(石油)、"蓝金"

---

① 《中华人民共和国和哈萨克斯坦共和国关于进一步深化全面战略伙伴关系的联合宣言》,中华人民共和国外交部网站,2013年9月8日,https://www.fmprc.gov.cn/web/gjhdq_676201/gj_676203/yz_676205/1206_676500/1207_676512/t1110804.shtml。

②③ 杨婷:《背景资料:中国与哈萨克斯坦关系大事记》,新华网,2015年5月7日,http://www.xinhuanet.com//world/2015-05/07/c_1115214110.htm。

(天然气）是乌兹别克斯坦的国民经济支柱产业。①

虽然乌兹别克斯坦与中国没有共同边界，但两国关系却得到了快速而顺利的发展，政治互信不断加深。1991年8月31日，乌兹别克斯坦宣布独立。1992年1月2日，中乌两国建立正式外交关系，中国成为最早承认乌兹别克斯坦并与之建交的国家之一，中乌双方坚定支持对方维护国家统一和领土完整的努力，乌方在涉台、涉疆、涉藏等问题上始终同中方坚定地站在一起。自2012年6月中乌两国建立战略伙伴关系以来，两国高层交往、政治互信、互利合作均达到前所未有的高水平。此后，中乌两国领导人互访频繁。2013年9月，习近平主席对乌兹别克斯坦进行正式访问并签订了《中华人民共和国和乌兹别克斯坦共和国友好合作条约》和《中华人民共和国和乌兹别克斯坦共和国关于进一步发展和深化战略伙伴关系的联合宣言》，中乌关系开启新的篇章②。2014年8月，乌兹别克斯坦总统卡里莫夫访问中国，签署了《中华人民共和国和乌兹别克斯坦共和国联合宣言》，并批准实施《中华人民共和国和乌兹别克斯坦共和国战略伙伴关系发展规划（2014—2018年)》，推动双方合作提升到新的水平。2015年9月，乌总统卡里莫夫来华出席中国人民抗日战争暨世界反法西斯战争胜利70周年纪念活动。2016年6月，习近平主席再次对乌兹别克斯坦进行国事访问，习近平主席同卡里莫夫总统共同签署《中华人民共和国和乌兹别克斯坦共和国联合声明》，并一致决定建立中乌全面战略伙伴关系。③

---

① 《乌兹别克斯坦国家概况》，中华人民共和国外交部网站，2020年11月28日，https://www.fmprc.gov.cn/web/gjhdq_676201/gj_676203/yz_676205/1206_677052/1206x0_677054/。
② 《中华人民共和国和乌兹别克斯坦共和国关于进一步发展和深化战略伙伴关系的联合宣言》，人民网，2013年9月10日，http://politics.people.com.cn/n/2013/0910/c1024-22862889.html。
③ 《习近平同乌兹别克斯坦总统卡里莫夫举行会谈 两国元首一致决定建立中乌全面战略伙伴关系》，新华社，2016年6月22日，http://www.xinhuanet.com/world/2016-06/22/c_1119094518.htm。

（三）中国与土库曼斯坦

土库曼斯坦位于中亚西南部，为内陆国家，国土面积49.12万平方公里，北部和东北部与哈萨克斯坦、乌兹别克斯坦接壤，西濒里海与阿塞拜疆、俄罗斯相望，南邻伊朗，东南与阿富汗交界。土库曼斯坦能源资源丰富，石油和天然气远景储量分别为120亿吨和50万亿立方米，天然气储量居世界第四位。中土已经建成中国—中亚天然气管道A、B、C三条天然气管线，起自土乌（土尔其、乌兹别克斯坦）边境，途经乌兹别克斯坦和哈萨克斯坦，止于新疆霍尔果斯口岸附近，全长1833公里①。

1991年10月27日，土库曼斯坦宣布独立，1991年12月27日，中国承认土库曼斯坦独立。1992年1月6日，中国同土库曼斯坦建立正式外交关系。自正式建交以来，中土两国关系稳定发展，两国高层多次互访，政治互信不断加深。2000年7月6日签订的《中华人民共和国和土库曼斯坦联合声明》②、2007年7月17日签订的《中华人民共和国和土库曼斯坦关于进一步巩固和发展友好合作关系的联合声明》以及2011年11月23日签订的《中华人民共和国和土库曼斯坦关于全面深化中土友好合作关系的联合声明》为两国关系发展奠定了坚实的基础。2013年9月3日，中国国家主席习近平和土库曼斯坦总统别尔德穆哈梅多夫签署了《中华人民共和国和土库曼斯坦关于建立战略伙伴关系的联合宣言》，③中国成为第一个同土库曼斯坦建立战略伙伴关系的国家，标志着中土关系发展进入了新的阶段。2014年5月12日，习近平主席在人民大会堂同土库曼斯坦总统别尔德穆哈梅多夫举行会谈。两国元首

---

① 《土库曼斯坦国家概况》，中华人民共和国外交部网站，2020年11月28日，https：//www.fmprc.gov.cn/web/gjhdq_676201/gj_676203/yz_676205/1206_676980/1206x0_676982/。

② 《中国同土库曼斯坦的关系》，中华人民共和国外交部网站，2020年11月28日，https：//www.fmprc.gov.cn/web/gjhdq_676201/gj_676203/yz_676205/1206_676980/sbgx_676984/。

③ 《中华人民共和国和土库曼斯坦关于建立战略伙伴关系的联合宣言（全文）》，中华人民共和国外交部网，2013年9月4日，https：//www.fmprc.gov.cn/web/gjhdq_676201/gj_676203/yz_676205/1206_676980/1207_676992/t1072726.shtml。

共同签署了《中华人民共和国和土库曼斯坦友好合作条约》《中华人民共和国和土库曼斯坦关于发展和深化战略伙伴关系的联合宣言》《关于通过〈中华人民共和国和土库曼斯坦战略伙伴关系发展规划（2014年至2018年）〉的声明》，并见证了天然气、农业、交通、金融、文化、地方等领域多项合作文件的签署。习近平强调，中土建立战略伙伴关系顺应了两国关系发展需求，释放了两国合作巨大潜力，开辟了两国关系发展新时代。双方共同签署了《友好合作条约》和《联合宣言》，制定了未来5年两国战略伙伴关系发展规划。这些重要文件将为深化两国关系奠定坚实基础。①

（四）中国与吉尔吉斯斯坦

吉尔吉斯斯坦位于中亚东北部，国土面积19.99万平方公里，边界线全长约4503公里，北和东北接哈萨克斯坦，南邻塔吉克斯坦，西南毗连乌兹别克斯坦，东南和东面与中国接壤。吉尔吉斯斯坦自然资源主要有黄金、锑、钨、锡、汞、铀和稀有金属等。其中锑产量居世界第三位、独联体第一位，锡产量和汞产量居独联体第二位，水电资源在独联体国家中居第三位。②

1991年12月27日，中国政府宣布承认吉尔吉斯斯坦独立。1992年1月5日，中吉两国建立大使级外交关系。1992年5月6日，中国驻吉使馆正式开馆。同年8月31日，吉驻华使馆正式开馆。自正式建立双边外交关系之后，双方高层互访不断，签署了一系列双边合作条约。2002年6月24日，中吉两国签署的《中华人民共和国和吉尔吉斯共和国睦邻友好合作条约》为进入新世纪中国与吉尔吉斯斯坦之间进一步深化合作提供了法律框架和基础。2004年9月22日，中吉两

---

① 《习近平同土库曼斯坦总统别尔德穆哈梅多夫举行会谈强调　中土是彼此信赖和相互支持的战略伙伴》，中华人民共和国外交部网站，2014年5月12日，https://www.fmprc.gov.cn/web/gjhdq_676201/gj_676203/yz_676205/1206_676980/xgxw_676986/t1155042.shtml。

② 《吉尔吉斯斯坦国家概况》，中华人民共和国外交部网站，2020年11月28日，https://www.fmprc.gov.cn/web/gjhdq_676201/gj_676203/yz_676205/1206_676548/1206x0_676550/。

国签署的《中华人民共和国政府和吉尔吉斯共和国政府关于中吉国界线的勘界议定书》及所附的《中华人民共和国和吉尔吉斯共和国国界地图》标志着两国国界线在实地得以勘定,历史遗留的边界问题获得彻底解决。2004年9月22日,两国又签署了《中华人民共和国和吉尔吉斯斯坦共和国2004年至2014年合作纲要》,为两国合作提供了中长期规划。2013年9月,中国国家主席习近平对吉尔吉斯斯坦进行国事访问,双方宣布将双边关系提升为战略伙伴关系。[①] 2014年5月,吉尔吉斯斯坦总统阿尔马兹别克·阿坦巴耶夫对中国进行国事访问期间,双方发表《关于进一步深化战略伙伴关系的联合宣言》,进一步夯实了未来两国关系稳定发展的坚实基础。2018年6月6日,中华人民共和国国家主席习近平与吉尔吉斯共和国总统索隆拜·热恩别科夫签署《中华人民共和国和吉尔吉斯共和国关于建立全面战略伙伴关系联合声明》,中吉两国双边关系提升至全面战略伙伴关系[②]。2019年6月13日,中吉两国元首于比什凯克《中华人民共和国和吉尔吉斯共和国关于进一步深化全面战略伙伴关系的联合声明》,中吉双边关系进一步深化。

(五) 中国与塔吉克斯坦

塔吉克斯坦位于中亚东南部,国土面积14.31万平方公里,北邻吉尔吉斯斯坦,西邻乌兹别克斯坦,南与阿富汗接壤,东接中国。塔吉克斯坦境内多山,约占国土面积的93%,有"高山国"之称。2020年塔吉克斯坦国内生产总值(GDP)为825亿索莫尼(约合73亿美元),同比增长4.5%,人均GDP约773美元;对外贸易额45.6亿美元,同比增长0.75%。主要贸易伙伴有俄罗斯、哈萨克斯坦、瑞士、中国、乌

---

① 《"从团结合作中获取力量"——记国家主席习近平2019年夏中亚之行》,新华网,2019年6月17日,http://www.xinhuanet.com/world/2019-06/17/c_1124634354.htm。
② 《习近平同吉尔吉斯斯坦总统热恩别科夫举行会谈》,新华网,2018年6月6日,http://www.xinhuanet.com/2018-06/06/c_1122947997.htm。

兹别克斯坦、土耳其等。①

1991年9月9日，塔吉克斯坦宣布独立。1992年1月4日，中塔两国建立正式外交关系。自此，中塔关系稳步发展。1993年3月，埃莫马利·拉赫蒙总统首次出访便选择了中国，开启了两国关系的全新篇章。1993年3月9日签订的《关于中华人民共和国和塔吉克斯坦共和国相互关系基本原则的联合声明》和2007年1月15日签订的《中华人民共和国和塔吉克斯坦共和国睦邻友好合作条约》具有重要的历史和现实意义，为两国关系长期稳定发展奠定了坚实的条约法律基础。中塔双方恪守两国1999年8月13日签订的《中华人民共和国和塔吉克斯坦共和国关于中塔国界的协定》、2002年5月17日签订的《中华人民共和国和塔吉克斯坦共和国关于中塔国界的补充协定》和2010年4月27日签订的《中华人民共和国政府和塔吉克斯坦共和国政府关于中塔国界线的勘界议定书》，坚持永久和平、世代友好。2013年5月20日，中塔两国签署《中华人民共和国和塔吉克斯坦共和国关于建立战略伙伴关系的联合宣言》，中塔关系提升为战略伙伴关系。2014年9月13日，中国国家主席习近平和塔吉克斯坦总统拉赫蒙在杜尚别签署《中华人民共和国和塔吉克斯坦共和国关于进一步发展和深化战略伙伴关系的联合宣言》，中塔双边关系更加紧密。② 2017年8月31日，中国国家主席习近平和塔吉克斯坦总统拉赫蒙共同签署并发表了《中华人民共和国和塔吉克斯坦共和国关于建立全面战略伙伴关系的联合声明》，将双边关系推向历史最高水平③。2019年6月15日，中国国家主席习近平和塔吉克斯坦总统拉赫蒙签署《中华人民共和国和塔吉克斯坦共和国关于进一步深化全面战略伙伴关系的联合声明》，中塔两国关系更加深

---

① 《塔吉克斯坦国家概况》，中华人民共和国外交部网站，2020年11月28日，https://www.fmprc.gov.cn/web/gjhdq_676201/gj_676203/yz_676205/1206_676908/1206x0_676910/。
② 《习近平同塔吉克斯坦总统拉赫蒙举行会谈》，新华网，2018年9月13日，http://www.xinhuanet.com//politics/2014-09/13/c_1112468841.htm。
③ 《习近平同塔吉克斯坦总统拉赫蒙举行会谈》，新华网，2017年8月31日，http://www.xinhuanet.com/politics/2017-08/31/c_1121580722.htm。

化与坚实①。

三、中国与外高加索三国的政治关系

虽然中国尚未与外高加索国家建立伙伴关系，但一直以来，中国同格鲁吉亚、阿塞拜疆和亚美尼亚保持着友好而稳定的政治关系。

（一）中国与格鲁吉亚

格鲁吉亚位于南高加索中西部，国土面积6.97万平方公里，北接俄罗斯，东南和南部分别与阿塞拜疆和亚美尼亚相邻，西南与土耳其接壤，西邻黑海。② 格鲁吉亚共有大小河流319条，是世界上人均水利资源最丰富的国家之一，并且，格鲁吉亚还拥有铁、锰、铜、铅锌等矿产资源。

1991年4月9日，格鲁吉亚独立，同年12月27日，中国承认格鲁吉亚独立，是最早承认格鲁吉亚独立的国家之一；1992年6月9日，中国与格鲁吉亚签署建交公报，同年10月，中国在格鲁吉亚设立大使馆。伴随着中格两国政治关系的进一步发展，两国高层间的往来日益频繁。1993年6月，格鲁吉亚元首谢瓦尔德纳泽访华，中格双方签署了《中华人民共和国和格鲁吉亚共和国联合声明》，中国承认格鲁吉亚的独立、主权和领土完整，格鲁吉亚承认中国是唯一合法政府，承认台湾是中国领土不可分割的一部分，确认不和台湾建立任何形式的官方关系；2001年4月，时任国务院副总理李岚清对格鲁吉亚进行正式友

---

① 《习近平同塔吉克斯坦总统拉赫蒙会谈》，新华网，2019年6月16日，http://www.xinhuanet.com/politics/leaders/2019-06/16/c_1124628505.htm。

② 《格鲁吉亚国家概况》，中华人民共和国外交部网站，2020年11月28日，https://www.fmprc.gov.cn/web/gjhdq_676201/gj_676203/yz_676205/1206_676476/1206x0_676478/。

好访问,双方签署经济、教育、文化等合作协议①;2006年4月,格总统米哈伊尔·萨卡什维利对华进行国事访问,中格两国就双边关系及共同关心的国际和地区问题深入交换意见,达成广泛共识,签署《中华人民共和国和格鲁吉亚关于进一步发展友谊与合作的联合声明》等6个文件;2016年6月,国务院副总理张高丽访问格鲁吉亚,并见证了双方有关合作文件的签署。②

(二) 中国与阿塞拜疆

阿塞拜疆位于外高加索东南部,国土面积8.66万平方公里,北靠俄罗斯,西部和西北部与亚美尼亚、格鲁吉亚相邻,南接伊朗,东濒里海。阿塞拜疆毗邻里海,石油、天然气储量丰富,油气工业是阿塞拜疆支柱产业,石油探明储量40亿吨,天然气探明储量2.55万亿立方米,石油年产量约5000万吨,2020年天然气产量为367.13亿立方米。③

1991年10月18日,阿塞拜疆独立。1991年12月27日中国承认阿塞拜疆共和国独立。1992年4月2日,中国和阿塞拜疆建立外交关系,同年8月,中国在阿塞拜疆设立大使馆。1994年3月7日,中阿两国签署《关于中华人民共和国和阿塞拜疆共和国友好关系基础的联合声明》,阿塞拜疆承认中国的唯一合法政府,台湾是中国领土不可分割的一部分。阿塞拜疆确认不和台湾建立官方关系,中国承认并尊重阿塞拜疆的主权和领土完整。2005年中阿两国签署《中华人民共和国和阿塞拜疆共和国联合声明》。2015年12月,阿塞拜疆共和国总统伊利哈姆·

---

① 《李岚清抵达格鲁吉亚访问》,光明网,2001年4月15日,https://www.gmw.cn/01gmrb/2001-04/13/GB/04%5E18750%5E0%5EGMA1-120.htm;《李岚清与格鲁吉亚总统会谈》,光明网,2001年4月15日,https://www.gmw.cn/01gmrb/2001-04/15/GB/04%5E18752%5E0%5EGMA1-113.htm。

② 《张高丽访问格鲁吉亚》,中国政府网,2016年6月4日,http://www.gov.cn/guowuyuan/2016-06/04/content_5079625.htm。

③ 《阿塞拜疆国家概况》,中华人民共和国外交部网站,2020年11月28日,https://www.fmprc.gov.cn/web/gjhdq_676201/gj_676203/yz_676205/1206_676284/1206x0_676286/。

阿利耶夫于对中国进行国事访问，中阿两国签署了《中华人民共和国和阿塞拜疆共和国关于进一步发展和深化友好合作关系的联合声明》和《中华人民共和国政府和阿塞拜疆共和国政府关于共同推进丝绸之路经济带建设的谅解备忘录》。

（三）中国与亚美尼亚

亚美尼亚是位于亚洲与欧洲交界处的外高加索南部的内陆国，国土面积2.97万平方公里，西接土耳其，南接伊朗，北临格鲁吉亚，东临阿塞拜疆。亚美尼亚独立后，经济受基础薄弱及"纳卡"战争和阿塞拜疆、土耳其对其封锁等因素影响连年下滑。2001年开始回升，至2007年GDP连续保持两位数增长，国民生活水平有所提高。2008年第四季度起受国际金融危机影响，经济增速放缓。2009年以来亚政府采取调整产业结构、扩大内需、加快基础设施建设、大力扶持农业等措施，努力消除金融危机后果，收到一定成效，2020年亚国内生产总值为126亿美元。[①]

1991年9月21日，亚美尼亚独立。1991年12月27日，中国承认亚美尼亚共和国独立。1992年4月6日，亚美尼亚共和国与中国建立大使级外交关系。1996年5月5日，在亚美尼亚共和国总统列翁·捷尔·彼得罗相对中国进行正式访问期间，中亚两国签署了《关于中华人民共和国和亚美尼亚共和国友好关系基础的联合公报》。2004年9月27日，中亚两国签署了《中华人民共和国和亚美尼亚共和国联合声明》。2015年3月，亚美尼亚共和国总统谢尔日·萨尔基对中华人民共和国进行国事访问，基于进一步发展中亚友好合作的共同愿望。中亚两国签署了《中华人民共和国和亚美尼亚共和国关于进一步发展和深化友好合作关系的联合声明》。中亚两国一直恪守《联合公报》和《联合声明》，开展多种形式的高层交往，加深政治互

[①]《亚美尼亚国家》，中华人民共和国外交部网站，2020年11月28日，https://www.fmprc.gov.cn/web/gjhdq_676201/gj_676203/yz_676205/1206_677028/1206x0_677030/。

信,推动中亚友好合作关系不断深入发展。

第二节 中国与丝绸之路经济带沿线国家间密切的经贸往来

近年来,中国与丝绸之路经济带沿线国家的经贸往来快速发展,中国已成为俄罗斯、中亚五国和外高加索三国的重要贸易伙伴国和投资国,中国与沿线国家间经贸往来的法律基础不断巩固。中国与丝绸之路经济带沿线国家间的经贸关系是丝绸之路经济带自由贸易区网络构建的坚实基石,而不断扩大的经贸往来以及不断增强的经贸合作法律基础业已成为增强中国与丝绸之路经济带沿线国家间双边关系的最有效途径。

一、中国与丝绸之路经济带沿线国家间的货物贸易快速增长

表3-2的数据显示,2005~2015年,中国与俄罗斯、中亚五国和外高加索三国间的贸易总体表现快速上升的趋势。其中,中国与大部分国家进出口额在2009年和2015年分别出现下降的情况,2009年贸易往来下降的主要原因是受到全球金融危机的影响;2015年贸易往来下降的主要原因则是受到世界工业生产低速增长,贸易持续低迷,金融市场动荡加剧,石油、黄金等国际大宗商品价格大幅下跌,主要出口商品国际市场行情恶化,发达国家经济复苏缓慢,新兴经济体增速进一步回落,世界经济整体复苏疲弱乏力,增长速度放缓,主要贸易伙伴经济不景气等原因的影响。即使在贸易往来出现下降的情况下,中国仍然是俄罗斯、中亚五国和外高加索三国的主要贸易伙伴国。2015年,中国成为俄罗斯和土库曼斯坦的第一大贸易伙伴;是哈萨克斯坦、吉尔吉斯斯坦、塔吉克斯坦、乌兹别克斯坦、亚美尼亚的第二大贸易伙伴国;为阿塞拜疆的第九大贸易伙伴;是格鲁吉亚的第

四大贸易伙伴。

表 3-2　　2005～2015 年中国与丝绸之路经济带沿线国家的贸易额

单位：亿美元

项目		2005年	2006年	2007年	2008年	2009年	2010年	2011年	2012年	2013年	2014年	2015年
俄罗斯	进口	158.90	175.54	196.89	238.33	212.83	259.14	403.63	441.38	396.68	416.19	332.17
	出口	132.11	158.32	285.30	330.76	175.14	296.12	389.03	440.57	495.91	536.75	348.10
	进出口	291.01	333.87	482.18	569.09	**387.97**	555.26	792.66	881.95	892.59	952.95	**680.27**
哈萨克斯坦	进口	29.09	36.07	64.32	77.28	62.56	111.09	153.50	146.75	160.51	97.40	58.40
	出口	38.97	47.50	74.46	98.25	77.48	93.20	95.67	110.01	125.45	127.12	84.27
	进出口	68.06	83.58	138.78	175.52	**140.04**	204.29	249.16	256.77	285.96	**224.52**	142.68
吉尔吉斯斯坦	进口	1.05	1.13	1.14	1.21	0.48	0.72	0.98	0.89	0.62	0.55	0.57
	出口	8.67	21.13	36.66	92.12	52.28	41.28	48.78	50.74	50.75	52.43	42.85
	进出口	9.72	22.26	37.79	93.33	**52.76**	**42.00**	49.76	51.63	51.38	52.98	**43.42**
塔吉克斯坦	进口	0.14	0.18	0.10	0.20	1.85	0.56	0.72	1.09	0.89	0.48	0.50
	出口	1.44	3.06	5.14	14.80	12.18	13.77	19.97	17.48	18.69	24.68	17.97
	进出口	1.58	3.24	5.24	15.00	**14.03**	14.33	20.69	**18.57**	19.58	25.16	**18.47**
土库曼斯坦	进口	0.19	0.16	0.50	0.28	0.38	10.45	46.93	86.73	88.93	95.16	78.28
	出口	0.91	1.63	3.03	8.02	9.16	5.25	7.84	16.99	11.38	9.54	8.17
	进出口	1.10	1.79	3.53	8.30	9.54	15.70	54.78	103.72	**100.31**	104.70	**86.45**
乌兹别克斯坦	进口	4.50	5.66	3.63	3.29	3.49	13.01	8.07	10.92	19.38	15.98	12.67
	出口	2.30	4.06	7.65	12.78	15.61	11.81	13.59	17.83	26.13	26.78	22.36
	进出口	6.81	9.72	11.28	16.07	19.10	24.82	**21.67**	28.75	45.51	**42.76**	35.03
阿塞拜疆	进口	0.24	0.22	0.01	1.15	1.28	0.87	1.94	2.14	2.34	2.97	2.26
	出口	2.34	3.47	4.75	6.86	5.53	8.46	8.93	10.70	8.69	6.45	4.40
	进出口	2.58	3.69	4.77	8.01	**6.82**	9.33	10.86	12.84	**11.02**	9.42	**6.66**
格鲁吉亚	进口	0.03	0.07	0.16	0.04	0.18	0.42	0.38	0.34	0.54	0.53	0.44
	出口	0.41	0.78	1.81	2.93	1.92	2.75	7.61	7.40	8.62	9.09	7.69
	进出口	0.43	0.85	1.97	2.96	**2.10**	3.17	7.99	**7.74**	9.17	9.62	**8.13**

续表

项目		2005年	2006年	2007年	2008年	2009年	2010年	2011年	2012年	2013年	2014年	2015年
亚美尼亚	进口	0.00	0.08	0.38	0.12	0.24	0.47	0.35	0.35	0.73	1.67	2.19
	出口	0.23	0.33	0.51	0.69	0.87	1.17	1.36	1.13	1.20	1.23	1.14
	进出口	0.23	0.41	0.89	**0.81**	1.11	1.64	1.70	**1.48**	1.93	2.90	3.33

注："中国与俄罗斯"的对应关系中"进口——中国自俄进口，出口——中国对俄出口"，以此类推。表中黑体字数据为与前一年相比较出现下降情况的数据。

资料来源：根据 UNCTAD 数据库整理计算得出。

并且，2000~2015 年，中国与吉尔吉斯斯坦、塔吉克斯坦、土库曼斯坦、乌兹别克斯坦、格鲁吉亚、亚美尼亚进出口额的年均增长率远高于中国进出口总额的增长速度，如图 3-1 所示。

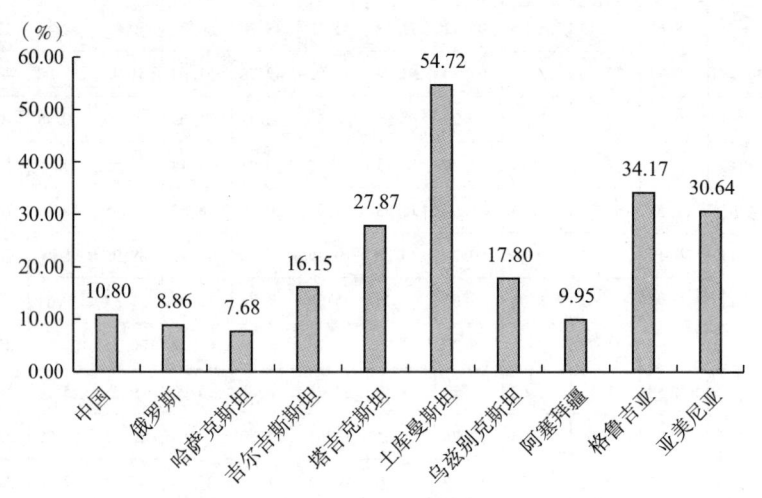

图 3-1 中国及中国与丝绸之路经济带沿线国家进出口总额的年均增长率

资料来源：根据 UNCTAD 数据库的相关数据资料整理计算得出。

二、中国与丝绸之路经济带沿线国家间的贸易关系越来越紧密

为考察中国与丝绸之路经济带各国贸易关系的紧密程度，本书使用

由经济学家布朗（A. J. Brown，1947）提出的、后经过小岛清（1958）等改进的贸易密集度指数（Trade Intensity Index，TII）。国家 i 和国家 j 的贸易密集度指数公式为：

$$TII_{ij} = \frac{X_{ij}/X_i}{M_i/(M_w - M_j)}$$

其中，TII_{ij} 为国家 i 与国家 j 间的贸易密集度指数；X_{ij} 为国家 i 向国家 j 的出口；X_i 为国家 i 的总出口，M_i、M_j 和 M_w 分别为国家 i、国家 j 和世界的总进口额。如果 $TII_{ij} > 1$，说明国家 i 和国家 j 间的贸易关系较为紧密，如果 $TII_{ij} < 1$，说明国家 i 和国家 j 间的贸易关系较为松散。

表 3-3 是从中国出口角度计算得出的贸易密集度指数。从计算结果来看，中国与俄罗斯、哈萨克斯坦、吉尔吉斯斯坦、塔吉克斯坦和乌兹别克斯坦的贸易关系较为紧密，其贸易密集度指数在大部分年份大于 1。其中，中国与吉尔吉斯斯坦的贸易密集度指数最高；中国与塔吉克斯坦、乌兹别克斯坦的贸易关系变化较大，中国与乌兹别克斯坦的贸易关系从 2006 年开始由松散转变为紧密，中国与塔吉克斯坦的贸易关系从 2005 年开始由松散转变为紧密，此后，两国贸易密集度指数总体呈现出不断增强的趋势。虽然中国与土库曼斯坦、阿塞拜疆、格鲁吉亚和亚美尼亚的贸易关系一直处于较为松散的状态，但贸易密集度指数总体呈现出上升的态势。

表 3-3 2000~2015 年中国与丝绸之路经济带沿线国家的贸易密集度指数（1）

年份	俄罗斯	哈萨克斯坦	吉尔吉斯斯坦	塔吉克斯坦	土库曼斯坦	乌兹别克斯坦	阿塞拜疆	格鲁吉亚	亚美尼亚
2000	1.27	3.11	5.08	0.27	0.17	0.37	0.05	0.06	0.03
2001	1.16	1.20	3.76	0.18	0.31	0.41	0.17	0.11	0.06
2002	1.12	1.77	4.91	0.18	0.80	0.84	1.10	0.20	0.04
2003	1.32	3.12	5.71	0.40	0.52	0.92	1.29	0.29	0.06
2004	1.40	2.59	7.84	0.67	0.38	0.76	0.61	0.19	0.13
2005	1.39	2.97	10.33	1.43	0.41	0.83	0.73	0.22	0.18

续表

年份	俄罗斯	哈萨克斯坦	吉尔吉斯斯坦	塔吉克斯坦	土库曼斯坦	乌兹别克斯坦	阿塞拜疆	格鲁吉亚	亚美尼亚
2006	1.15	2.39	13.04	2.11	0.76	1.10	0.78	0.25	0.18
2007	1.55	2.47	14.24	2.27	0.91	1.31	0.90	0.38	0.18
2008	1.33	2.78	24.21	4.84	1.53	1.47	1.03	0.52	0.18
2009	0.99	2.65	17.05	4.60	1.31	1.68	0.88	0.43	0.27
2010	1.15	2.66	11.35	4.59	0.82	1.20	1.14	0.48	0.27
2011	1.11	2.20	10.01	5.45	0.90	1.14	0.80	0.95	0.29
2012	1.13	2.01	7.68	3.76	1.40	1.21	0.90	0.75	0.22
2013	1.20	1.96	6.48	3.44	0.87	1.54	0.62	0.82	0.22
2014	1.35	2.22	6.65	4.14	0.67	1.48	0.51	0.76	0.21
2015	1.24	1.82	6.87	3.02	0.68	1.42	0.31	0.65	0.23

注：表中数据是从中国出口产品角度进行计算得出的。
资料来源：根据 UNCTAD 数据库相关数据整理计算得出。

表3-4是从丝绸之路经济带沿线国家出口角度计算得出的贸易密集度指数，从计算结果来看，哈萨克斯坦、土库曼斯坦、乌兹别克斯坦与中国的贸易关系较为紧密，其中，哈萨克斯坦与中国的贸易密集度指数一直大于1，土库曼斯坦和乌兹别克斯坦与中国的贸易关系从2010年开始由松散转变为紧密；俄罗斯和吉尔吉斯斯坦与中国的贸易关系却由紧密转变为了松散，且其贸易密集度指数呈现出下降的趋势；阿塞拜疆、格鲁吉亚、亚美尼亚与中国的贸易关系以松散为常态，其中，亚美尼亚与中国的贸易密集度指数由2013年的0.48迅速上升为2014年的1.08，贸易关系显著改善，由松散转变为紧密，而格鲁吉亚与中国的贸易密集度指数一直小于1，但其贸易密集度指数于2014年以后呈现出快速的上升态势。

表3-4 2000~2015年中国与丝绸之路经济带沿线国家的贸易密集度指数（2）

年份	俄罗斯	哈萨克斯坦	吉尔吉斯斯坦	塔吉克斯坦	土库曼斯坦	乌兹别克斯坦	阿塞拜疆	格鲁吉亚	亚美尼亚
2000	1.48	2.27	3.47	0.34	0.07	0.13	0.08	0.08	0.24
2001	1.45	1.98	2.10	0.17	0.04	0.08	0.04	0.09	0.05
2002	1.43	2.37	2.91	0.14	0.03	0.26	0.02	0.08	0.27
2003	1.15	2.39	1.96	0.44	0.02	1.42	0.22	0.05	0.09
2004	0.93	1.65	2.04	0.30	0.06	1.93	0.19	0.09	0.30
2005	0.87	1.41	1.85	0.16	0.06	1.89	0.22	0.11	0.08
2006	0.80	1.46	1.84	0.16	0.04	1.60	0.03	0.17	0.07
2007	0.63	1.75	1.34	0.09	0.09	0.87	0.01	0.10	0.32
2008	0.65	1.56	0.93	0.52		0.58	0.12	0.09	0.10
2009	0.69	1.71	0.56	3.43	0.12	0.83	0.10	0.07	0.40
2010	0.54	1.94	0.53	2.11	2.23	2.20	0.10	0.17	0.46
2011	0.69	1.94	0.73	0.67	4.20	1.29	0.04	0.14	0.22
2012	0.68	1.81	0.53	0.88	4.92	2.04	0.08	0.11	0.26
2013	0.64	1.63	0.35	0.77	5.04	2.48	0.06	0.11	0.48
2014	0.71	1.19	0.32	0.80	5.20	2.22	0.07	0.30	1.08
2015	0.80	1.45	0.34	0.80	5.17	2.40	0.09	0.56	1.28

注：表中数据是从其他国家对中国出口产品角度进行计算得出。
资料来源：根据UNCTAD数据库相关数据整理计算得出。

结合表3-3和表3-4来看，中国和俄罗斯、中亚五国的贸易关系较为紧密，尤其是中国与哈萨克斯坦的贸易关系，不仅紧密，而且比较稳定；而中国和外高加索三国的贸易关系较为松散，但总体来说，贸易关系呈现出不断改善的态势。

三、中国与丝绸之路经济带沿线国家间的相互投资稳步推进

伴随着丝绸之路经济带战略的实施，中国与丝绸之路经济带沿线国

家间的投资合作关系也随之越来越紧密。

（一）中国对俄罗斯的直接投资现状

2007~2015年，中国对俄罗斯的直接投资增长较快。2007年，中国对俄罗斯的直接投资流量仅为4.78亿美元，2013年直接投资流量突破10亿美元，2015年直接投资流量则突破20亿美元，达到了29.61亿美元，同比增长367.34%，占中国对外直接投资流量的2.03%。与此同时，中国对俄罗斯的投资存量由2007年的14.22亿美元增加到2015年的140.20亿美元，份额由1.21%提升至1.28%，如表3-5所示。

表3-5　　　2007~2015年中国对俄罗斯直接投资流量和存量

	项目	2007年	2008年	2009年	2010年	2011年	2012年	2013年	2014年	2015年
流量	金额（万美元）	47761	39523	34882	56772	71581	78462	102225	63356	296086
	比重（%）	1.80	0.71	0.62	0.83	0.96	0.89	0.95	0.51	2.03
	同比（%）	5.64	-17.25	-11.74	62.75	26.09	9.61	30.29	-38.02	367.34
存量	金额（万美元）	142151	183828	222037	278756	376364	488849	758161	869463	1401963
	比重（%）	1.21	1.00	0.90	0.88	0.89	0.92	1.15	0.99	1.28

注：比重为中国对俄罗斯的直接投资占当年中国对外直接投资的比重。
资料来源：根据《2015年度中国对外直接投资统计公报》的数据资料整理计算得出。

从行业分布来看，2013~2015年，中国对俄罗斯投资主要集中在采矿业、制造业、农/林/牧/渔业和租赁和商务服务业。其中，中国对俄罗斯采矿业直接投资增长最快，2015年，中国对俄罗斯采矿业直接投资流量比重高达47.6%，存量比重则达到39.9%，均位居中国对俄罗斯直接投资行业第一位；而农/林/牧/渔业直接投资直线下降，流量比重从2013年的39.2%下降到2015年的11.7%；制造业直接投资流量虽然保持稳定增长态势，但其比重却大幅度下降，远低于采矿业，如表3-6所示。

表3-6　2013～2015年分年度中国对俄罗斯直接投资主要行业

行业	2013年 流量（万美元）	2013年 比重（%）	2013年 存量（万美元）	2013年 比重（%）	2014年 流量（万美元）	2014年 比重（%）	2014年 存量（万美元）	2014年 比重（%）	2015年 流量（万美元）	2015年 比重（%）	2015年 存量（万美元）	2015年 比重（%）
采矿业	22698	22.2	80806	10.7	8235	13.0	79597	9.2	141046	47.6	558759	39.9
制造业	16525	16.2	266266	35.1	11550	18.2	274782	31.6	27625	9.3	311260	22.2
农/林/牧/渔业	40042	39.2	168249	22.2	35234	55.6	209970	24.1	34683	11.7	246294	17.6
租赁和商务服务业	1383	1.3	86698	11.4	2258	3.6	97910	11.3	3994	1.3	131526	9.4
批发和零售业	4257	4.2	27077	3.6	2469	3.9	37477	4.3	1602	0.5	42327	3.0
房地产业	362	0.4	55245	7.3	1075	1.7	56638	6.5	1155	0.4	37141	2.6
建筑业	2049	2.0	38134	5.0	652	1.0	27486	3.2	1896	0.6	31301	2.2
金融业	14474	14.2	26754	3.5	1484	2.3	76242	8.8	76784	25.9	23104	1.6
居民服务/修理和其他服务业	100	0.1	3646	0.5	—	—	3651	0.4	4632	1.6	10783	0.8
科学研究和技术服务业	90	—	800	0.1	101	0.2	966	0.1	2499	0.8	3652	0.3
交通运输/仓储和邮政业	150	0.1	2209	0.3	16	—	2305	0.3	—	—	2560	0.2
信息传输/软件和信息技术服务业	86	0.1	1481	0.2	105	0.2	1586	0.2	3	0.0	1808	0.1
其他行业	9	—	796	0.1	177	0.3	853	—	167	0.3	1448	0.1

资料来源：《2013年度中国对外直接投资统计公报》《2014年度中国对外直接投资统计公报》《2015年度中国对外直接投资统计公报》。

(二) 中国对中亚五国的直接投资现状

2007~2015年,中国对中亚五国的直接投资变动幅度较大(见表3-7)。

其中,中国对哈萨克斯坦和土库曼斯坦的投资变动幅度最大,2012年中国对哈萨克斯坦直接投资创历史最高值,流量高达29.96亿美元,随后出现大幅度回落,并连续两年出现负流量;中国对土库曼斯坦的直接投资流量于2010年达到4.51亿美元的峰值以后,持续下降。中国对哈萨克斯坦和土库曼斯坦投资大幅减少与国际大宗商品价格持续走低、中国境外企业的撤并调整、流向哈萨克斯坦和土库曼斯坦的油气和矿产资源的投资大幅度减少直接相关。但中国对哈萨克斯坦直接投资存量的比重仍是中亚五国最多的,2012年为1.18%,超过同期中国对俄罗斯直接投资存量比重,2015年该比重虽然下降为0.46%,但仍为五国之首,这说明,哈萨克斯坦仍是中国在中亚地区直接投资的最主要国家。

中国对吉尔吉斯斯坦、塔吉克斯坦和乌兹别克斯坦的直接投资份额较小,但总体呈现出上升的趋势。其中,中国对吉尔吉斯斯坦直接投资流量从2002年的0.15亿美元增加到2015年的1.52亿美元,比重从0.06%提升到0.10%,其存量连年持续增加,2015年达到10.71亿美元,比重为0.10%。而中国对塔吉克斯坦的直接投资增长较快,2015年的直接投资流量为2.19亿美元,同比增长104.58%。虽然中国对乌兹别克斯坦的投资流量有所下降,但其投资存量则大幅上升,从2002年的0.31亿美元迅速增加到2015年的8.82亿美元。

(三) 中国对外高加索三国的直接投资现状

中国对外高加索三国的直接投资主要集中在格鲁吉亚,2014年中国对格鲁吉亚的投资创历史新高,达到22435万美元,占流量总额的0.18,同比增长104.66%,2015年则大幅回落,直接投资流量降为4398万美元,同比下降80.40%,占流量总额仅达到了0.03%,但中国

表3-7 2007~2015年分年度中国对中亚五国的直接投资流量和存量

国家		项目	2007年	2008年	2009年	2010年	2011年	2012年	2013年	2014年	2015年
哈萨克斯坦	流量	金额（万美元）	27992	49643	6681	3606	58160	299599	81149	-4007	-251027
		比重（%）	1.06	0.89	0.12	0.05	0.78	3.41	0.75	-0.03	-1.72
		同比	508.52	77.35	-86.54	-46.03	1512.87	415.13	-72.91	-104.94	6164.71
	存量	金额（万美元）	60993	140230	151621	159054	285845	625139	695669	754107	509546
		比重（%）	0.52	0.76	0.62	0.50	0.67	1.18	1.05	0.85	0.46
吉尔吉斯斯坦	流量	金额（万美元）	1499	706	13691	8247	14507	16140	20339	10783	15155
		比重（%）	0.06	0.01	0.24	0.12	0.19	0.18	0.19	0.09	0.10
		同比	-45.77	-52.90	1839.24	-39.76	75.91	11.26	26.02	-46.98	40.55
	存量	金额（万美元）	13975	14681	28372	39432	52505	66219	88582	98419	107059
		比重（%）	0.12	0.08	0.12	0.12	0.12	0.12	0.13	0.11	0.10
塔吉克斯坦	流量	金额（万美元）	6793	2658	1667	1542	2210	23411	7233	10720	21931
		比重（%）	0.26	0.05	0.03	0.02	0.03	0.27	0.07	0.09	0.15
		同比	873.21	-60.87	-37.28	-7.50	43.32	959.32	-69.10	48.21	104.58
	存量	金额（万美元）	9899	22717	16279	19163	21674	47612	59941	72896	90909
		比重（%）	0.08	0.12	0.07	0.06	0.05	0.09	0.09	0.08	0.08

续表

国家		项目	2007年	2008年	2009年	2010年	2011年	2012年	2013年	2014年	2015年
土库曼斯坦	流量	金额（万美元）	126	8671	11968	45051	-38304	1234	-3243	19515	-31457
		比重（%）	0.00	0.16	0.21	0.65	-0.51	0.01	-0.03	0.16	-0.22
		同比（%）	-3250.00	6781.75	38.02	276.43	-185.02	-103.22	-362.80	-701.76	-261.19
	存量	金额（万美元）	142	8813	20797	65848	27648	28777	25323	44760	13304
		比重（%）	0.00	0.05	0.08	0.21	0.07	0.05	0.04	0.05	0.01
乌兹别克斯坦	流量	金额（万美元）	1315	3937	493	-463	8825	-2679	4417	18059	12789
		比重（%）	0.05	0.07	0.01	-0.01	0.12	-0.03	0.04	0.15	0.09
		同比（%）	1128.97	199.39	-87.48	-193.91	-2006.05	-130.36	-264.87	308.85	-29.18
	存量	金额（万美元）	3082	7764	8522	8300	15647	14618	19782	39209	88204
		比重（%）	0.03	0.04	0.03	0.03	0.04	0.03	0.03	0.04	0.08

注：比重为中国对一国直接投资占当年中国对外直接投资的比重。
资料来源：根据《2015年度中国对外直接投资统计公报》的数据资料整理计算得出。

对格鲁吉亚直接投资存量则整体呈现出上升趋势，2014年以来，则突破5亿美元，比重在0.05%以上。虽然中国对阿塞拜疆的直接投资流量比重非常小，但其流量总体呈现出快速增长的态势。2014年，中国对阿塞拜疆的直接投资流量达到1683万美元，为历史最高水平。2015年，中国对阿塞拜疆的直接投资存量达到了6370万美元，如表3-8所示。

总体来看，2007~2015年，中国对俄罗斯、中亚五国和外高加索三国的投资整体表现为增长的态势，尤其是中国对俄罗斯和哈萨克斯坦的投资增长较快，成为中国对"一带一路"沿线国家中最主要的直接投资对象国。2015年，中国对"一带一路"相关国家的直接投资存量为1156.79亿美元，占中国对外直接投资存量的10.54%。其中，中国对俄罗斯、中亚五国和外高加索三国的直接投资存量达到了227.15亿美元，占中国对"一带一路"相关国家对外直接投资存量的19.64%。而俄罗斯和哈萨克斯坦则分别位列中国对"一带一路"相关国家的直接投资存量的第2名和第4名。

（四）丝绸之路经济带沿线国家对中国的直接投资现状

中国实际利用丝绸之路经济带沿线国家外商直接投资主要来源于俄罗斯和哈萨克斯坦，但波动幅度较大。丝绸之路经济带倡议的提出使得中国实际利用沿线国家外商直接投资额曾一度激增，如表3-9所示。

四、中国与丝绸之路经济带沿线国家间经贸合作的法律基础不断巩固

自2013年丝绸之路经济带倡议提出以来，中国与沿线国家在投资、贸易、产能、运输、电子商务等各领域签署的一系列合作文件（见表3-10），为中国与沿线国家间贸易便利化程度的进一步提升以及经贸合作的不断深化提供了重要的法律支撑。

表3-8 2007~2015年分年度中国对中亚五国的直接投资流量和存量

国家		项目	2007年	2008年	2009年	2010年	2011年	2012年	2013年	2014年	2015年
阿塞拜疆	流量	金额(万美元)	-115	-66	173	37	1768	34	-443	1683	136
		比重(%)	0.00	0.00	0.00	0.00	0.02	0.00	0.00	0.01	0.00
		同比(%)	-129.19	-42.61	-362.12	-78.61	4678.38	-98.08	-1402.94	-479.91	-91.92
	存量	金额(万美元)	1019	953	1200	1238	3006	3168	3834	5521	6370
		比重(%)	0.01	0.01	0.00	0.00	0.01	0.01	0.01	0.01	0.01
格鲁吉亚	流量	金额(万美元)	821	1000	778	4057	80	6874	10962	22435	4398
		比重(%)	0.03	0.02	0.01	0.06	0.00	0.08	0.10	0.18	0.03
		同比(%)	-17.40	21.80	-22.20	421.47	-98.03	8492.50	59.47	104.66	-80.40
	存量	金额(万美元)	4293	6586	7533	13017	10935	17808	33075	54564	53375
		比重(%)	0.04	0.04	0.03	0.04	0.03	0.03	0.05	0.06	0.05
亚美尼亚	存量	金额(万美元)	125	125	132	132	132	132	751	751	751
		比重(%)	0.00	0.00	0.00	0.00	0.00	0.00	0.00	0.00	0.00

注：比重为中国对一国直接投资占当年中国对外直接投资的比重；由于中国对亚美尼亚直接投资流量数据缺失，因此表格中没有关于中国对亚美尼亚直接投资流量的相关计算结果。

资料来源：根据《2015年度中国对外直接投资统计公报》的数据整理计算得出。

表3-9　2007~2017年分年度中国实际利用沿线国家外商直接投资额

单位：万美元

国家	2007年	2008年	2009年	2010年	2011年	2012年	2013年	2014年	2015年	2016年	2017年
俄罗斯	5207	5997	3177	3497	3102	2992	2208	4088	1312	7343	2384
哈萨克斯坦	159	663	2240	155	1127	555	363	3655	953	275	561
塔吉克斯坦			2	7		11					2
吉尔吉斯斯坦	660	464				27		5		3	12
乌兹别克斯坦					457	155	5	37		3	
土库曼斯坦							19				
格鲁吉亚						420	400		10		
亚美尼亚					24		1012	5	2		
阿塞拜疆	40	14	12			40	84	133	8	8	

资料来源：2007~2017年《中国统计年鉴》。

表3-10　中国与丝绸之路经济带沿线国家政府签署的经贸合作法律文件

签署双方	签署时间	文件名称
中国与上海合作组织、欧亚经济联盟	2014年9月12日	《上海合作组织成员国政府间国际道路运输便利化协定》
	2018年5月17日	《中华人民共和国与欧亚经济联盟经贸合作协定》
中国与俄罗斯	2014年10月13日	《中华人民共和国政府和俄罗斯联邦政府对所得避免双重征税和防止偷漏税的协定》
	2018年11月7日	《中华人民共和国商务部和俄罗斯联邦经济发展部关于服务贸易领域合作的谅解备忘录》
	2018年6月8日	《中华人民共和国商务部和俄罗斯联邦经济发展部关于电子商务合作的谅解备忘录》
	2018年6月8日	《中华人民共和国政府与俄罗斯联邦政府国际道路运输协定》
中国与哈萨克斯坦	2018年6月7日	《中华人民共和国商务部和哈萨克斯坦共和国国民经济部关于电子商务合作的谅解备忘录》
	2015年9月2日	《中华人民共和国政府与哈萨克斯坦共和国政府毗邻地区合作规划纲要（2015—2020年)》
	2015年8月31日	《中华人民共和国政府与哈萨克斯坦共和国政府关于加强产能与投资合作的框架协议》

续表

签署双方	签署时间	文件名称
中国与 吉尔吉斯斯坦	2018年6月7日	《中华人民共和国商务部和吉尔吉斯共和国投资促进保护署关于开展经贸合作区建设的备忘录》
	2016年11月2日	《中华人民共和国商务部和吉尔吉斯共和国经济部关于加强经贸投资合作的谅解备忘录》
	2016年11月2日	《中华人民共和国商务部和吉尔吉斯共和国经济部关于促进中小企业合作的谅解备忘录》。
	2015年9月2日	《中华人民共和国政府与吉尔吉斯共和国政府关于两国毗邻地区合作规划纲要（2015—2020年）》
中国与 塔吉克斯坦	2019年6月15日	《中华人民共和国商务部和塔吉克斯坦共和国投资和国有资产管理委员会关于建立投资合作工作组的谅解备忘录》
	2017年8月31日	《中华人民共和国商务部与塔吉克斯坦共和国经济发展与贸易部关于加强基础设施领域合作的协议》
中国与 乌兹别克斯坦	2017年5月12日	《中华人民共和国政府和乌兹别克斯坦共和国政府国际道路运输协定》
	2015年6月15日	《中华人民共和国商务部和乌兹别克斯坦共和国对外经济关系、投资和贸易部关于在落实中国建设"丝绸之路经济带"倡议框架下扩大互利经贸合作的议定书》
中国与 格鲁吉亚	2017年5月13日	《中华人民共和国政府和格鲁吉亚政府自由贸易协定》

资料来源：根据相关数据资料整理所得。

其中，2018年5月签署的《中华人民共和国与欧亚经济联盟经贸合作协定》（以下简称《协定》）是中国与欧亚经济联盟成员国通过五轮谈判、三次工作组会和两次部长级磋商而达成的。《协定》涵盖海关合作和贸易便利化、知识产权、部门合作、政府采购、电子商务和竞争等范围，旨在进一步减少非关税贸易壁垒，提高贸易便利化水平，为产业发展营造良好的环境，促进我国与联盟及其成员国经贸关系深入发展，为双方企业和人民带来实惠，为双边经贸合作提供制度性保障。《协定》标志着中国与联盟及其成员国经贸合作已从项目带动进入制度引领的新阶段。

第三节 中国与丝绸之路经济带沿线
国家间较强的产业互补关系

中国与丝绸之路经济带沿线国家间的产业互补关系较强,尤其是油气生产和消费关系呈现出绝对的互补关系。中国巨大的能源需求,不仅能够为俄罗斯、中亚国家和外高加索国家的能源出口提供稳定的需求市场,有利于其能源价格和出口稳定性的提升,实现其能源出口的多元化。同时,中国通过加强与丝绸之路经济带国家间的能源合作,有助于实现中国能源进口的多元化,破解"马六甲困局"和"南海争端"给中国能源运输带来的影响,降低对中东和非洲的能源依赖,为中国经济的发展提供更加安全和稳固的进口能源。

一、中国与丝绸之路经济带沿线国家间较强的能源互补关系

伴随经济的快速发展,中国对能源的需求也随之迅猛增长。中国石油进口占世界石油总进口的比重连年攀升,如图3-2所示。

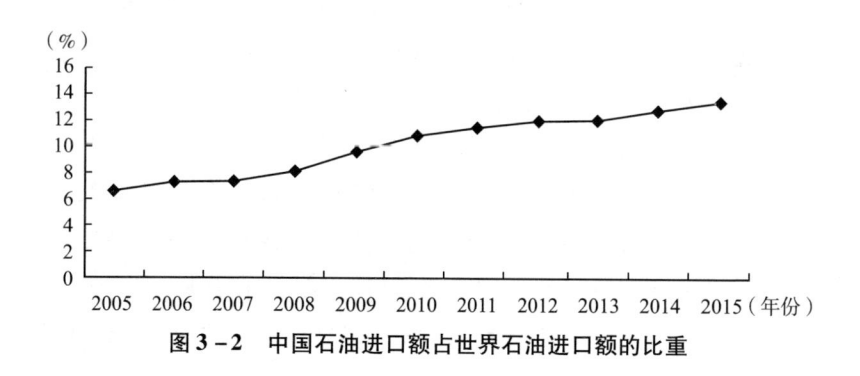

图3-2 中国石油进口额占世界石油进口额的比重

同时,由于中国较低的能源利用率导致能源供需缺口不断增大,中

国单位 GDP 能耗远高于国际平均水平。为了满足日益增长的能源需求，中国不断增加能源开采规模。2015 年，中国石油产量 2.15 亿吨，同比增长 1.5%；天然气产量 1380 亿立方米，同比增长 4.8%。即使中国油气产量连年攀升，但仍无法满足国内对油气资源的需求，供求缺口不断扩大，对外依存度不断增加。2015 年，中国的石油进口量为 3.4 亿吨，对外依存度首次突破 60%，达到 60.6%；天然气进口量为 598 亿立方米，对外依存度 32.7%。而据国际能源署（IEA）估计，2030 年前后，中国将超过美国成为全球最大石油需求国。[①]

中国石油进口主要来自中东、非洲和中南美洲，来源较为单一，而中东和非洲等地受政治、宗教和民族矛盾的影响，石油和天然气的产出变动较大，从而对中国能源进口的稳定性产生影响。并且，中国从中东和非洲进口石油，需要采用海洋运输，据 IISS 提供的数据，2012 年中国约 80% 的石油运输需途经印度洋 – 马六甲海峡 – 南海。而"马六甲困局"和"南海争端"使中国越来越受到能源进口运输路线单一的困扰，能源进口安全无法得到保障。因此，中国应加快推行能源进口多元化战略。

俄罗斯、中亚地区和外高加索地区蕴藏丰富的石油和天然气等能源资源，是新的世界能源中心。据《2016 年 BP 世界能源统计年鉴》的统计数据显示，俄罗斯、哈萨克斯坦、土库曼斯坦、乌兹别克斯坦和阿塞拜疆的石油探明储量 191 亿吨，占全球探明储量的 8.28%；天然气探明储量 52.9 万亿立方米，占全球探明储量的 28.4%，如表 3 – 11 所示。

并且，中国与俄罗斯、哈萨克斯坦、土库曼斯坦、乌兹别克斯坦、阿塞拜疆的油气生产与消费关系呈现出绝对的互补关系。表 3 – 12 中数据显示，2015 年，中国石油和天然气的消费量要远高于生产量，分别为 214.6 百万吨和 559.7 百万吨，差额高达 345.1 百万吨，存在严重的供需缺口。而俄罗斯、哈萨克斯坦、土库曼斯坦、乌兹别克斯坦和阿塞

---

① 《国际能源署：2030 年中国或超过美国成为最大石油需求国》，载《中国石化》2014 年第 11 期，第 9 页。

拜疆的石油和天然气的消费量却远小于生产量,其石油和天然气的生产主要用于出口。

表3-11　2015年丝绸之路经济带沿线国家的石油和天然气储量

国家	石油(原油)			天然气		
	储量(亿吨)	占比(%)	储产比(%)	储量(万亿立方米)	占比(%)	储产比(%)
俄罗斯	140	6.0	25.5	32.3	17.3	56.3
哈萨克斯坦	39	1.8	49.3	0.9	0.5	75.7
土库曼斯坦	1	0.04*	6.3	17.5	9.4	241.4
乌兹别克斯坦	1	0.04*	24.3	1.1	0.6	18.8
阿塞拜疆	10	0.4	22.8	1.1	0.6	63.2
中国	25	1.1	11.7	3.8	2.1	27.8

注:*为《2016年BP世界能源统计年鉴》中因小0.05而没给出的具体数据,本书是根据相关数据粗略计算得到。

资料来源:根据《2016年BP世界能源统计年鉴》的相关数据整理得出。

表3-12　2015年丝绸之路经济带沿线国家石油和天然气产量及消费量

国家	石油(原油)				天然气			
	产量(百万吨)	占比(%)	消费量(百万吨)	占比(%)	产量(十亿立方米)	占比(%)	消费量(十亿立方米)	占比(%)
俄罗斯	540.7	12.4	143.0	3.3	573.3	16.1	391.5	11.2
哈萨克斯坦	79.3	1.8	12.7	0.3	12.4	0.3	8.6	0.2
土库曼斯坦	12.7	0.3	6.4	0.1	72.4	2.0	34.3	1.0
乌兹别克斯坦	3.0	0.1	2.8	0.1	57.7	1.6	50.2	1.4
阿塞拜疆	41.7	1.0	4.5	0.1	18.2	0.5	9.8	0.3
中国	214.6	4.9	559.7	12.9	138.0	3.9	197.3	5.7

资料来源:根据《2016年BP世界能源统计年鉴》整理得出。

2015 年，中国原油进口中有 82.4% 来自中东、非洲和中南美洲，而从俄罗斯和其他原苏联国家进口的原油仅占到 14.2%，非常巧合的是，俄罗斯和其他原苏联国家出口到中国的原油也仅占其总出口的 14.2%，如表 3 – 13 所示。

表 3 – 13　　2015 年中国和主要国家间的石油进出口流向　　单位：百万吨

中国的进口								区域内国家总出口	
总量	俄罗斯	其他原苏联国家	中南美洲	中东	北非	西非	东南非	俄罗斯	其他原苏联国家
335.8	42.4	5.3	41.7	170.4	3.9	52.3	8.3	254.7	81

资料来源：根据《2016 年 BP 世界能源统计年鉴》整理得出。

2015 年，中国管道天然气进口量达 336 亿立方米，其中 82.44% 来自土库曼斯坦，达到 277 亿立方米，占土库曼斯坦管道天然气出口的 72.7%。中国和土库曼斯坦两国间的能源合作关系越来越紧密，这主要得益于中国 – 中亚天然气管道，目前，中国 – 中亚天然气管道 A 线、B 线和 C 线均已运营使用，D 线则正在建设之中。但中国从俄罗斯和中亚地区进口的管道天然气也仅为该区域内国家管道天然气出口总量的 13.0%，仍存在较大的合作空间。而中国液化天然气进口量为 262 亿立方米，从该区域进口的液化天然气主要来自俄罗斯，但仅占俄罗斯液化天然气出口的 1.4%，如表 3 – 14 所示。

表 3 – 14　　2015 年中国和丝绸之路经济带沿线国家的天然气进出口流向

单位：十亿立方米

中国的进口						沿线国家总出口					
管道				液化		管道					液化
总量	哈萨克斯坦	土库曼斯坦	乌兹别克斯坦	总量	俄罗斯	阿塞拜疆	俄罗斯	哈萨克斯坦	土库曼斯坦	乌兹别克斯坦	俄罗斯
33.6	0.4	27.7	1.5	26.2	0.2	7.6	193.0	11.3	38.1	7.5	14.5

资料来源：根据《2016 年 BP 世界能源统计年鉴》整理得出。

对于俄罗斯、中亚国家和外高加索国家来说,加强与中国的能源合作也完全符合其本国的利益。中国巨大的能源需求,能够为这些国家能源的出口提供稳定的需求市场,有利于其能源价格和出口稳定性的提升,实现其能源出口的多元化。

并且,中国与俄罗斯、中亚国家和外高加索国家间的油气输送主要采用管道运输方式,管道运输具有规模大、运输成本低、运输安全等优势。

并且,中亚国家和外高加索国家也拥有丰富的矿产资源。如哈萨克斯坦的钨、铀矿储量位于世界前列,铬、锰、铜、锌的储量排名世界前五,是世界上第八大黄金产区;吉尔吉斯斯坦的锑产量居世界第三位,锡产量和汞产量居独联体第二位;塔吉克斯坦油气资源储量分别为石油1.131亿吨、天然气8630亿立方米;[1] 格鲁吉亚拥有丰富森林、矿产和水力资源,其木材总储量4.2亿立方米,拥有闻名世界的储达2.34亿吨"齐阿土拉"锰矿区,是世界上单位面积水能资源最丰富的国家之一,其矿泉水闻名独联体及中东欧国家。

二、中国与丝绸之路经济带沿线国家间较强的各类产品互补关系

为进一步考察丝绸之路经济带沿线国家间的产业互补关系,本书使用显性比较优势指数(revealed comparative advantage,RCA)对中国、俄罗斯、中亚五国和外高加索三国的显性比较优势指数进行计算,对其产业关系进行分析。

$$RCA_{ik} = (X_{ik}/X_i)/(X_{wk}/X_w)$$

---

[1] 塔吉克斯坦的油气资源尚无法得到有效开发。主要原因:一是资源埋藏较深,多为7000米以下;二是缺少战略投资商。2012年,塔原油和天然气开采量分别为2.99万吨和2992万立方米。塔吉克斯坦所需大部分石油及天然气依赖进口。转引自:闫璐、王静:《油气资源富饶的中亚》,人民网,2014年9月14日,http://energy.people.com.cn/n/2014/0914/c389073-25657638.html。

其中，RCA_{ij} 为 i 国在 k 类产品上的显性比较优势指数，X_{ik} 为 i 国 k 类产品的出口额，X_i 为 i 国的总出口额，X_{wk} 为 k 类产品的世界出口额，X_w 为世界总出口额。如果 $RCA_{ik} > 2.5$，则表明 i 国 k 类产品具有极强的比较优势；如果 $1.25 \leq RCA_{ik} < 2.5$，则表明 i 国 k 类产品具有较强的比较优势；如果 $0.8 \leq RCA_{ik} < 1.25$，则表明 i 国 k 类产品具有中等比较优势；如果 $RCA_{ik} < 0.8$，则表明 i 国 k 类产品不具有比较优势。

在数据选取方面，本书为了数据来源的一致性，选取的数据均来自联合国贸易发展会议（UNCTAD）数据库，时间跨度为 2000~2015 年。产品类别划分标准采用标准国际贸易分类第三修订版（SITC Rev. 4），将所有产品分为 0~9 共 10 大类。其中，SITC0 为食品及活动物；SITC1 为饮料及烟类；SITC2 非食用原料（燃料除外）；SITC3 为动物燃料、润滑油及有关原料；SITC4 为动植物油、脂及蜡；SITC5 为化学成品及有关产品；SITC6 为按原料分类的制成品；SITC7 为机械及运输设备；SITC8 为杂项制品；SITC9 为未分类商品。本书在标准国际贸易分类基础上，根据中国海关的 SITC 分类法，SITC0、SITC1、SITC2、SITC3 和 SITC4 属于资源密集型产品；SITC6 和 SITC8 属于劳动密集型产品；SITC5、SITC7 和 SITC9 属于资本或技术密集型产品。

本书分别对中国、俄罗斯、哈萨克斯坦、吉尔吉斯斯坦、塔吉克斯坦、乌兹别克斯坦、土库曼斯坦、阿塞拜疆、格鲁吉亚和亚美尼亚 10 个国家的显性比较优势指数进行计算。其中表 3-15、表 3-16 和表 3-17 分别为 2005~2015 年中国和俄罗斯、中亚五国和外高加索三国的各类产品显性比较优势指数。

表 3-15 数据显示，中国劳动密集型产品 SITC6 和 SITC8、资本或技术密集型产品 SITC7 具有较强的比较优势；俄罗斯在资源密集型产品 SITC3 具有极强的比较优势，劳动密集型产品 SITC6 具有中等比较优势，而其他资源密集型产品的比较优势不断强化，尤其是 SITC2 产品和 SITC4 产品的比较优势由无到有，但其资本或技术密集型产品 SITC9 由

极强的比较优势弱化为不再具有比较优势。

表3-15　2005~2015年分年度中国和俄罗斯各类产品显性比较优势指数

	项目		2005年	2006年	2007年	2008年	2009年	2010年	2011年	2012年	2013年	2014年	2015年
中国	资源密集型	SITC0	0.57	0.54	0.50	0.43	0.44	0.46	0.46	0.44	0.43	0.41	0.40
		SITC1	0.19	0.16	0.15	0.14	0.15	0.15	0.16	0.16	0.15	0.15	0.17
		SITC2	0.30	0.24	0.21	0.22	0.19	0.18	0.18	0.17	0.17	0.18	0.17
		SITC3	0.17	0.12	0.12	0.12	0.11	0.11	0.11	0.08	0.09	0.09	0.11
		SITC4	0.09	0.10	0.06	0.07	0.05	0.05	0.05	0.05	0.05	0.06	0.06
	劳动密集型	**SITC6**	**1.23**	**1.28**	**1.26**	**1.34**	**1.22**	**1.22**	**1.30**	**1.34**	**1.35**	**1.39**	**1.37**
		SITC8	**2.24**	**2.24**	**2.26**	**2.30**	**2.17**	**2.21**	**2.32**	**2.42**	**2.39**	**2.29**	**2.04**
	资本或技术密集型	SITC5	0.44	0.45	0.47	0.53	0.45	0.50	0.56	0.52	0.51	0.53	0.50
		SITC7	**1.23**	**1.27**	**1.31**	**1.40**	**1.46**	**1.47**	**1.49**	**1.48**	**1.47**	**1.38**	**1.30**
		SITC9	0.06	0.07	0.05	0.03	0.03	0.03	0.03	0.01	0.01	0.02	0.02
俄罗斯	资源密集型	SITC0	0.25	0.25	0.39	0.26	0.40	0.27	0.31	0.43	0.40	0.49	0.58
		SITC1	0.20	0.23	0.25	0.25	0.29	0.19	0.18	0.30	0.30	0.33	0.39
		SITC2	*1.36*	*1.12*	*1.14*	*0.99*	*0.87*	*0.76*	*0.75*	*0.79*	*0.77*	*0.84*	*1.00*
		SITC3	**4.45**	**4.28**	**4.25**	**3.70**	**4.38**	**4.24**	**3.75**	**3.81**	**4.00**	**4.21**	**5.47**
		SITC4	*0.22*	*0.38*	*0.32*	*0.31*	*0.49*	*0.28*	*0.30*	*0.68*	*0.72*	*0.81*	*0.96*
	劳动密集型	**SITC6**	**1.07**	**1.08**	**1.08**	**0.88**	**0.97**	**0.87**	**0.75**	**0.89**	**0.84**	**0.86**	**1.01**
		SITC8	0.07	0.06	0.07	0.06	0.07	0.05	0.04	0.09	0.10	0.11	0.13
	资本或技术密集型	SITC5	0.40	0.37	0.40	0.46	0.36	0.36	0.39	0.44	0.42	0.44	0.52
		SITC7	0.11	0.10	0.10	0.10	0.11	0.08	0.11	0.13	0.12	0.15	
		SITC9	*2.56*	*2.44*	*2.10*	*2.00*	*1.94*	*2.28*	*2.36*	*0.67*	*0.66*	*0.67*	*0.75*

注：其中黑体字为具有显性比较优势的产品，斜体字为显性比较优势变化较为明显的产品。
资料来源：根据UNCTAD数据库相关数据整理计算得出。

表3-16中数据显示，哈萨克斯坦的资源密集型产品SITC3具有极强的比较优势，SITC2具有较强的比较优势，而劳动密集型产品

SITC6 则由中等比较优势弱化为不具有比较优势；吉尔吉斯斯坦的资源密集型产品 SITC2 和资本或技术密集型产品 SITC9 具有极强的比较优势，资源密集型产品 SITC0 和 SITC1 具有较强的比较优势，劳动密集型产品 SITC6 具有中等比较优势；塔吉克斯坦资源密集型产品 SITC2 和劳动密集型产品 SITC6 具有极强的比较优势，资源密集型产品 SITC0 具有中等比较优势；乌兹别克斯坦的资源密集型产品 SITC2 和资本或技术密集型产品 SITC9 具有极强的比较优势，SITC0 和 SITC6 产品具有较强的比较优势，SITC3 和 SITC5 具有中等比较优势；土库曼斯坦的资源密集型产品 SITC3 具有极强的比较优势，SITC2 具有较强的比较优势。

表 3–16　2005~2015 年分年度中亚五国各类产品的显性比较优势指数

项目			2005年	2006年	2007年	2008年	2009年	2010年	2011年	2012年	2013年	2014年	2015年
哈萨克斯坦	资源密集型	SITC0	0.43	0.52	0.80	0.76	0.57	0.55	0.32	0.51	0.46	0.44	0.43
		SITC1	0.20	0.16	0.17	0.12	0.14	0.14	0.12	0.16	0.21	0.24	0.21
		SITC2	**2.07**	**1.76**	**1.72**	**1.72**	**1.70**	**1.30**	**1.57**	**1.52**	**1.25**	**1.30**	**1.40**
		SITC3	**5.06**	**4.67**	**4.57**	**3.87**	**4.83**	**4.63**	**4.03**	**3.79**	**4.32**	**4.63**	**6.64**
		SITC4	0.08	0.09	0.08	0.02	0.12	0.13	0.06	0.10	0.10	0.13	0.12
	劳动密集型	*SITC6*	*1.21*	*1.20*	*1.25*	*1.14*	*1.09*	*1.00*	*1.05*	*1.15*	*0.81*	*0.74*	*0.76*
		SITC8	0.02	0.01	0.01	0.01	0.01	0.01	0.03	0.06	0.03	0.02	0.02
	资本或技术密集型	SITC5	0.18	0.26	0.27	0.26	0.39	0.39	0.30	0.36	0.34	0.33	0.32
		SITC7	0.03	0.05	0.05	0.05	0.05	0.05	0.04	0.04	0.05	0.07	0.05
		SITC9	0.22	0.31	0.22	0.21	0.30	0.32	0.25	0.19	0.10	0.07	0.09
吉尔吉斯斯坦	资源密集型	**SITC0**	**1.86**	**2.96**	**3.40**	**3.56**	**3.78**	**2.97**	**2.36**	**2.04**	**1.61**	**1.83**	**1.28**
		SITC1	**3.46**	**2.52**	**2.04**	**1.47**	**2.70**	**2.85**	**2.39**	**1.20**	**1.26**	**1.67**	**1.13**
		SITC2	**5.70**	**5.05**	**3.20**	**2.19**	**2.10**	**2.66**	**2.85**	**2.53**	**1.65**	**2.28**	**2.32**
		SITC3	0.70	1.16	1.68	0.32	0.30	0.71	0.91	0.66	0.52	0.57	0.56
		SITC4	0.09	0.03	0.05	0.02	0.09	0.01	0.01	0.00	0.02	0.02	0.03

续表

项目			2005年	2006年	2007年	2008年	2009年	2010年	2011年	2012年	2013年	2014年	2015年
吉尔吉斯斯坦	劳动密集型	SITC6	**1.05**	**1.07**	**1.03**	0.78	0.47	0.47	**1.02**	0.85	**1.18**	0.93	0.77
		SITC8	0.75	**1.02**	0.93	0.95	**1.12**	**1.26**	**1.18**	0.88	0.65	0.70	0.52
	资本或技术密集型	SITC5	0.10	0.23	0.17	0.13	0.23	**1.36**	0.48	0.32	0.53	0.51	0.26
		SITC7	0.23	0.24	0.24	0.17	0.24	0.31	0.37	0.51	0.39	0.40	0.42
		SITC9	**8.11**	**3.45**	**2.56**	**9.58**	**6.34**	**2.82**	**2.94**	**5.08**	**6.38**	**7.05**	**8.77**
塔吉克斯坦	资源密集型	SITC0	0.73	0.86	0.99	**1.32**	**1.90**	**1.68**	**1.04**	0.74	0.91	0.77	0.80
		SITC1	0.19	0.18	0.15	0.23	0.12	0.17	0.14	0.13	0.20	0.16	0.17
		SITC2	**3.73**	**3.09**	**2.59**	**3.00**	**6.60**	**6.27**	**5.58**	**5.72**	**6.07**	**6.18**	**6.75**
		SITC3	0.49	0.36	0.40	0.31	0.53	0.13	0.19	0.08	0.13	0.11	0.18
		SITC4	0.00	0.00	0.00	0.00	0.01	0.03	0.00	0.00	0.00	0.00	0.00
	劳动密集型	SITC6	**4.75**	**5.27**	**5.17**	**5.10**	**3.67**	**4.15**	**4.18**	**4.49**	**4.23**	**4.30**	**4.15**
		SITC8	0.32	0.10	0.07	0.14	0.40	0.23	0.35	0.25	0.22	0.22	0.20
	资本或技术密集型	SITC5	0.20	0.06	0.15	0.24	0.26	0.07	0.19	0.24	0.16	0.20	0.17
		SITC7	0.09	0.04	0.04	0.04	0.05	0.06	0.05	0.04	0.06	0.05	0.05
		SITC9	0.39	0.23	0.19	0.34	0.33	0.65	0.86	0.77	0.73	0.89	0.82
乌兹别克斯坦	资源密集型	SITC0	**2.00**	**2.06**	**1.36**	0.71	**1.08**	**1.69**	**1.98**	**1.59**	**1.27**	**1.34**	**1.24**
		SITC1	0.57	0.48	0.45	0.36	0.47	0.56	0.49	0.77	0.52	0.62	0.53
		SITC2	**8.05**	**6.43**	**5.15**	**4.06**	**4.04**	**5.72**	**4.36**	**3.97**	**2.51**	**3.36**	**3.23**
		SITC3	**1.13**	**1.04**	**1.05**	**1.72**	**2.97**	0.92	**1.13**	0.35	0.96	0.73	**1.25**
		SITC4	0.25	0.32	0.21	0.10	0.19	0.05	0.01	0.00	0.00	0.00	0.00
	劳动密集型	SITC6	**1.22**	**1.10**	**1.36**	0.96	**1.13**	**1.52**	**1.59**	**1.97**	**1.52**	**1.70**	**1.57**
		SITC8	0.11	0.10	0.13	0.12	0.15	0.26	0.24	0.41	0.31	0.33	0.29
	资本或技术密集型	SITC5	0.80	0.74	**1.07**	**1.20**	0.89	**1.31**	**1.06**	**1.08**	0.88	0.96	0.87
		SITC7	0.28	0.30	0.37	0.30	0.17	0.30	0.34	0.48	0.32	0.38	0.32
		SITC9	**3.18**	**5.01**	**3.50**	**3.36**	0.75	**1.02**	0.76	**2.55**	**4.40**	**4.21**	**4.40**

续表

项目			2005年	2006年	2007年	2008年	2009年	2010年	2011年	2012年	2013年	2014年	2015年
土库曼斯坦	资源密集型	SITC0	0.02	0.02	0.01	0.03	0.02	0.07	0.05	0.01	0.06	0.04	0.09
		SITC1	0.01	0.01	0.03	0.02	0.01	0.01	0.00	0.00	0.00	0.00	0.00
		SITC2	**0.83**	**0.76**	**0.92**	**0.88**	**1.53**	**2.45**	**1.57**	**1.32**	**1.31**	**1.66**	**1.98**
		SITC3	**6.43**	**5.92**	**6.10**	**4.82**	**5.44**	**4.95**	**4.85**	**4.82**	**4.98**	**5.38**	**7.57**
		SITC4	0.31	0.01	0.01	0.20	0.14	0.12	0.07	0.02	0.02	0.03	0.06
	劳动密集型	SITC6	0.31	0.34	0.38	0.19	0.40	0.46	0.24	0.20	0.21	0.19	0.22
		SITC8	0.11	0.09	0.10	0.09	0.12	0.19	0.06	0.14	0.04	0.03	0.05
	资本或技术密集型	SITC5	0.12	0.12	0.11	0.11	0.22	0.23	0.09	0.10	0.12	0.10	0.12
		SITC7	0.03	0.08	0.02	0.01	0.08	0.03	0.04	0.01	0.01	0.02	0.01
		SITC9	0.06	0.03	0.01	1.41	0.88	0.27	0.05	0.02	0.35	0.06	0.03

注：其中黑体字为具有显性比较优势的产品，斜体字为显性比较优势变化较为明显的产品。
资料来源：根据 UNCTAD 数据库相关数据整理计算得出。

表3-17中数据显示，阿塞拜疆的资源密集型产品SITC3具有极强的比较优势，SITC4比较优势变化波动较大，但总体看来，仍具有较强的比较优势；格鲁吉亚在资源密集型产品SITC1和SITC2具有极强的比较优势，资源密集型产品SITC0和劳动密集型产品SITC6具有较强的比较优势，而资本或技术密集型产品SITC9的比较优势则由较强弱化为比较劣势，这说明格鲁吉亚产业的比较优势主要集中并趋向资源密集型产品；亚美尼亚的资源密集型产品SITC1和SITC2、劳动密集型产品SITC6具有极强的比较优势，但SITC6产品的比较优势在2015年出现弱化趋势，弱化为较强比较优势，资本或技术密集型产品SITC9具有较强比较优势。

为了更加清晰地显示中国与丝绸之路经济带沿线国家的产业关系，本书对各国具有比较优势产业的情况加以总结，如表3-18所示。

表 3-17 2005~2015 年分年度外高加索三国各类产品的显性比较优势指数

项目			2005年	2006年	2007年	2008年	2009年	2010年	2011年	2012年	2013年	2014年	2015年
阿塞拜疆	资源密集型	SITC0	0.95	0.55	0.59	0.19	0.34	0.27	0.31	0.44	0.42	0.43	0.66
		SITC1	1.00	0.61	0.40	0.10	0.12	0.12	0.11	0.14	0.19	0.21	0.20
		SITC2	1.21	0.77	0.29	0.06	0.06	0.05	0.06	0.12	0.07	0.06	0.09
		SITC3	**5.54**	**5.96**	**6.17**	**5.36**	**6.39**	**6.00**	**5.33**	**5.05**	**5.25**	**5.63**	**7.70**
		SITC4	**1.68**	**0.99**	**0.77**	**0.26**	**0.64**	**1.15**	**0.44**	**1.20**	**1.32**	**1.12**	**1.53**
	劳动密集型	SITC6	0.20	0.16	0.14	0.10	0.10	0.06	0.08	0.08	0.09	0.08	0.10
		SITC8	0.07	0.05	0.05	0.01	0.02	0.02	0.02	0.02	0.02	0.01	0.04
	资本或技术密集型	SITC5	0.21	0.18	0.08	0.04	0.05	0.04	0.07	0.08	0.07	0.09	0.12
		SITC7	0.19	0.04	0.03	0.01	0.03	0.04	0.01	0.01	0.02	0.01	0.02
		SITC9	0.05	0.09	0.38	0.29	0.45	0.38	0.02	0.08	0.14	0.23	0.48
格鲁吉亚	资源密集型	**SITC0**	**3.01**	**2.45**	**2.39**	**1.32**	**2.39**	**1.82**	**1.51**	**2.00**	**2.32**	**2.07**	**2.33**
		SITC1	**23.74**	**16.62**	**14.77**	**12.36**	**12.12**	**11.30**	**11.34**	**12.39**	**15.31**	**19.47**	**14.28**
		SITC2	**5.95**	**6.94**	**5.93**	**6.09**	**5.02**	**4.05**	**3.16**	**1.88**	**2.15**	**2.93**	**4.23**
		SITC3	0.23	0.21	0.26	0.17	0.27	0.20	0.28	0.18	0.11	0.14	0.16	0.54
		SITC4	0.06	0.02	0.33	0.24	0.07	0.15	0.27	0.17	0.78	0.54	0.69
	劳动密集型	**SITC6**	**0.92**	**1.05**	**1.46**	**1.91**	**1.27**	**1.68**	**1.37**	**1.48**	**1.39**	**1.44**	**1.16**
		SITC8	0.20	0.30	0.20	0.22	0.29	0.28	0.23	0.31	0.32	0.39	0.47
	资本或技术密集型	SITC5	0.64	0.81	0.91	1.01	0.81	0.72	0.98	1.07	0.86	0.97	1.28
		SITC7	0.45	0.45	0.34	0.38	0.40	0.47	0.63	0.85	0.97	0.95	0.70	0.37
		SITC9	**1.26**	**1.55**	**1.55**	**1.68**	**2.05**	**1.19**	**1.61**	**1.07**	**0.50**	**0.37**	**0.65**
亚美尼亚	资源密集型	SITC0	0.60	0.70	0.67	0.77	0.85	0.84	0.94	1.32	1.42	1.24	1.05
		SITC1	**10.83**	**11.43**	**14.57**	**20.08**	**13.73**	**14.54**	**16.29**	**21.14**	**23.89**	**24.47**	**22.22**
		SITC2	**1.75**	**4.33**	**4.15**	**3.59**	**4.40**	**4.79**	**4.49**	**4.26**	**5.16**	**5.97**	**7.91**
		SITC3	0.16	0.12	0.05	0.04	0.04	0.26	0.40	0.29	0.25	0.25	0.39
		SITC4	0.07	0.93	0.39	0.20	0.51	0.01	0.00	0.23	0.09	0.13	0.05
	劳动密集型	**SITC6**	**4.75**	**3.90**	**3.73**	**3.90**	**3.82**	**3.48**	**3.03**	**2.65**	**2.55**	**2.34**	**1.79**
		SITC8	0.67	0.85	0.75	0.60	0.44	0.40	0.43	0.52	0.61	0.65	0.67

续表

项目		2005年	2006年	2007年	2008年	2009年	2010年	2011年	2012年	2013年	2014年	2015年
亚美尼亚	资本或技术密集型	SITC5	0.04	0.08	0.14	0.17	0.13	0.11	0.12	0.18	0.18	0.13	0.14
		SITC7	0.09	0.08	0.11	0.11	0.12	0.11	0.14	0.23	0.08	0.06	0.05
		SITC9	**1.05**	**0.84**	0.67	0.58	**1.41**	**1.17**	**1.31**	**1.23**	**1.03**	**1.33**	**1.53**

注：其中黑体字为具有显性比较优势的产品，斜体字为显性比较优势变化较为明显的产品。
资料来源：根据 UNCTAD 数据库相关数据整理计算得出。

表 3-18　部分丝绸之路经济带沿线国家各类产品比较优势情况总结

项目	资源密集型产品					劳动密集型产品		资本或技术密集型产品		
	SITC0	SITC1	SITC2	SITC3	SITC4	SITC6	SITC8	SITC7	SITC5	SITC9
中国						B	B	B		
俄罗斯			C↓D	A↑	C↑D	C				A↓D
乌兹别克斯坦	B		A↓	C*		B			C	A↑
塔吉克斯坦	C		A			A↓				
格鲁吉亚	B	A#	A↑			B				B↓D
亚美尼亚		A	A			A↓B				B
吉尔吉斯斯坦	B	B↓	A			C*				A
哈萨克斯坦			B↓	A↑		C↓D				
土库曼斯坦			B↑	A↑						
阿塞拜疆				A↑	A					

注：A 代表极强比较优势，B 代表较强比较优势，C 代表中等比较优势，D 代表无比较优势。
↑代表比较优势增强，↓代表比较优势弱化，如，B↓表示该类产品具有较强比较优势，但呈现出弱化的趋势。
*为显性比较优势指数变化幅度较大，但总体来看，表现为某种比较优势；#为具有极强比较优势且显性比较优势指数为两位数。
资料来源：由表 2-12、表 2-13、表 2-14 中的数据资料整理得出。

其中，中国具有较强比较优势的产品为SITC6、SITC8和SITC7，其中，SITC7属于资本或技术密集型产品。而其他国家在SITC7和SITC8类产品上都不具有比较优势。俄罗斯、中亚五国和外高加索三国具有比较优势的产品类别主要集中在资源密集型产品SITC0、SITC1、SITC2和SITC3。其中，格鲁吉亚和亚美尼亚的SITC1类产品的显性比较优势指数都在两位数以上。同时，这些国家的产业比较优势呈现出趋向资源密集型产品的趋势，如俄罗斯的SITC9类产品的比较优势分别由较强弱化为比较劣势，而已具有极强比较优势的SITC3类产品的比较优势却在不断强化；哈萨克斯坦、土库曼斯坦、阿塞拜疆和格鲁吉亚呈现出类似的资源密集型产品比较优势不断强化的情况。

总体来看，丝绸之路经济带沿线国家的产品显性比较优势差异较大。中国在SITC6、SITC7和SITC8类行业商品具有显性比较优势，而俄罗斯、中亚五国和外高加索三国在SITC0、SITC1、SITC2和SITC3类行业商品具有显性比较优势，且这种优势呈现出不断强化的趋势。这表明，中国与丝绸之路经济带沿线国家间的产业结构呈现出较为明显的梯形结构，产业间具有非常强的互补关系。

第四节　丝绸之路经济带沿线国家的"丝路"计划

中亚五国和外高加索三国作为古丝绸之路的中间段，拥有优越的地理位置，这些国家一直致力于将自己打造成连接亚洲和欧洲的交通运输走廊和交通枢纽。其中，一些沿线国家相继提出各自版本的"丝路"计划，如哈萨克斯坦的"2050年发展战略"和"光明之路"新经济政策、吉尔吉斯斯坦的"国家稳定发展"战略、土库曼斯坦的"强盛幸福时代"、乌兹别克斯坦的"复兴古丝绸之路"计划、塔吉克斯坦的"能源交通粮食"三大战略、格鲁吉亚的"国际大通道"战略、阿塞拜疆的"大丝绸之路"计划等。

一、俄罗斯的"新远东发展战略"

面对来自西方的外交和经济制裁,俄罗斯更加重视西伯利亚和远东地区的开发。2013 年 12 月,俄罗斯总统普京在国情咨文中指出,振兴西伯利亚和远东地区是俄罗斯"整个 21 世纪的优先任务",相信俄罗斯"转向太平洋"以及东部地区的蓬勃发展将给俄带来新的经济机遇。与此同时俄罗斯政府不断加大对西伯利亚和远东地区的政策倾斜力度。2014 年底,普京签署了《俄联邦社会经济超前发展区联邦法》,规定了远东地区在发展经济的过程中享受包括税收、行政审批、建立超前发展区等若干优惠条件。同时,普京总统还要求政府制定措施给予远东地区企业两年的免税期。2015 年 4 月 4 日,俄罗斯总理梅德韦杰夫在主持远东地区社会经济发展会议上强调,政府已推出设立超前发展区,在滨海地区建立自港,发展中小型企业等一系列重大基础设施项目,为远东地区的振兴营造良好的经济环境。①

二、哈萨克斯坦的"2050 年发展战略"和"光明之路"新经济政策

纳扎尔巴耶夫总统一直希望能够通过复兴"丝绸之路"使哈萨克斯坦成为中亚最大的中转站和连接欧亚的独特桥梁。2012 年 6 月,纳扎尔巴耶夫总统就曾提出共建"丝绸之路"的倡议,并提出了速度、价值、服务、稳定和保护 5 个建设原则。② 2012 年 12 月 14 日,纳扎尔巴耶夫总统在哈萨克斯坦"独立日"庆祝大会上发表国情咨文——《哈萨克斯坦—2050》提出,要通过组建合资企业方式"建设生产性交

---

① 陈效卫:《俄欲借力中国加速远东开发(国际观点)》,载《人民日报》2013 年 10 月 30 日 21 版。
② 候艾君:《"丝绸之路经济带":地缘构想的当代起源及其再认识》,载《俄罗斯学刊》2016 年第 4 期,第 54~61 页。

通物流设施","在有出海口的国家建设港口码头","在世界的交通过境枢纽点建设运输物流港"。① 2013 年,哈萨克斯坦政府通过《哈萨克斯坦交通基础设施发展纲要—2020》,该纲要目的是建立哈萨克斯坦现代化的交通基础设施,并使其融入世界交通体系,发展哈转运潜能,②以实现纳扎尔巴耶夫总统提出的在 2020 年前将通过哈萨克斯坦的过境运输货物量提高 1 倍,在 2050 年前提高至原来的 10 倍。③ 2014 年 11月,纳扎尔巴耶夫总统发表题为"光明之路——通往未来之路"的国情咨文中提出"光明之路"新经济政策,该政策致力于在哈萨克斯坦国内加快运输和物流基础设施建设,建设以首都阿斯塔纳为中心,辐射全国的交通网络,将哈萨克斯坦打造成连接中国、欧洲与中东各大市场的一个重要运输和交通枢纽。这种意图体现在"百步计划"中,该计划特别强调哈萨克斯坦作为欧亚主要交通枢纽,将亚洲货物运输到欧洲,具有优势的地理位置。④

三、吉尔吉斯斯坦的"国家稳定发展"战略

2012 年 12 月,吉尔吉斯斯坦总统阿塔姆巴耶夫在"吉稳定经济发展国家理事会"的首次会议上宣布了《吉 2013—2017 年稳定发展战略》。吉尔吉斯斯坦政府希望计划每年新建和修复超过 450 公里的沥青混凝土路面公路,不仅连通国家的南部和北部,而且可以解决矿区的矿

---

① 徐海燕:《一带一路视域下哈萨克斯坦经济发展战略及中哈合作》,载《俄罗斯学刊》2016 年第 2 期,第 38~46 页。
② 蒋小林:《哈政府通过 2020 年前交通基础设施发展国家纲要》,中华人民共和国驻哈萨克斯坦共和国大使馆经济商务参赞处,2013 年 11 月 28 日,http://kz.mofcom.gov.cn/article/jmxw/201311/20131100405628.shtml。
③ 张圣鹏:《新丝绸之路——全球过境运输的催化器》,中华人民共和国驻哈萨克斯坦共和国大使馆经济商务参赞处,2013 年 11 月 26 日,http://kz.mofcom.gov.cn/article/ztdy/201311/20131100403326.shtml。
④ 严双伍、马伦·贝尔吉巴耶夫(Marlen Belgibayev):《中国"一带一路"与哈萨克斯坦"光明之路"对接合作的研究》,载《国际经济合作》2016 年第 6 期,第 36~40 页。

产品运出问题。同时计划发展航空和铁路运输,以期成为区域的运输枢纽。① 吉尔吉斯斯坦一直希望打造一个联通周边国家的交通大枢纽,因此建设贯穿本国南北的交通大动脉——北南公路以及中吉哈跨国公路等交通项目成为吉尔吉斯斯坦"国家稳定发展战略"中的重点项目工程。②

四、土库曼斯坦的"强盛幸福时代"战略

1995年,土库曼斯坦成为永久中立国,即将"复兴古丝绸之路"作为国家发展的重要战略,成为土库曼斯坦经济发展、社会发展与外交的首要任务。土库曼斯坦前总统尼亚佐夫曾多次在不同场合提出"复兴古丝绸之路"倡议。别尔德穆哈梅多夫自执政以来,更加重视并积极推进"复兴古丝绸之路"战略。并且,别尔德穆哈梅多夫还提出"强盛幸福时代"的国家发展战略,建设现代工业化强国、扩大油气生产和出口多元化、大力发展交通基础设施建设和地区交通合作等。

五、乌兹别克斯坦的"复兴古丝绸之路"计划

乌兹别克斯坦是一个"双内陆"国家,地处中亚地缘中心,是中亚地区的交通网络核心,是欧亚大陆南北方和东西方的交通要塞。拥有约6400公里的铁路线和中亚地区最密集的公路交通网。但现有交通基础设施基本是苏联时期建成的,老化较为严重、配套设施也不完善。因此,加强加快交通设施建设是乌兹别克斯坦国民经济发展至关重要的环

---

① 《2013—2017年吉尔吉斯斯坦经济发展五年规划》,中华人民共和国驻哈萨克斯坦共和国大使馆经济商务处,2013年1月9日,http://kg.mofcom.gov.cn/article/ztdy/201301/20130108517431.shtml。

② 陈瑶:《路网、电网、知识网——中国助力吉尔吉斯斯坦丝路展宏图》,新华网,2016年6月20日,http://www.xinhuanet.com/world/2016-06/20/c_1119075288.htm。

节之一,也是乌兹别克斯坦现阶段投资建设的重点之一。2015 年,乌兹别克斯坦出台《2015 - 2019 年深化改革、结构调整和经济多元化国家纲要》(以下简称《纲要》)。该《纲要》指出,乌兹别克斯坦经济结构调整的重点之一是改善基础设施,尤其是交通、能源和通信领域,计划将位于欧亚大陆中心的乌兹别克斯坦打造成货物和信息枢纽,这也是"复兴古丝绸之路"的重要内容。①

六、塔吉克斯坦的"能源交通粮食"战略

2007 年,塔吉克斯坦发布《塔吉克斯坦共和国截至 2015 年的国家发展战略规划》,确定了"能源交通粮食"三大发展战略,即"确保能源独立、走出交通困境、保障粮食安全"。2016 年,塔吉克斯坦政府的《至 2030 年塔吉克斯坦国家发展战略》草案保留了原"能源交通粮食"三大发展战略,但有所变化,即"能源独立将逐渐转为能源高效利用""走出交通困境向建设交通枢纽国家过渡""粮食安全向保障人民享有优质食品过渡"。② 塔吉克斯坦作为一个地处内陆的高山国家,其交通运输主要依赖于公路。塔吉克斯坦一直认为修建"塔吉克斯坦 - 中国"公路(塔中公路)通道具有重要的战略意义,视其为走出交通瓶颈的生命线。通过塔中公路,塔吉克斯坦与中国,进而与东南亚国家和印度洋港口相连接,求得较近和便利的出海港,有利于其扩大对外交往,带动其公路沿线地区,尤其是帕米尔落后地区的资源开发。③ 因此,塔吉克斯坦将"建设交通枢纽国家"视为国家重点发展战略目标。

---

① 张宁:《乌兹别克斯坦何以成为"增长明星"》,载《光明日报》2015 年 8 月 28 日。
② 《塔政府正在审议新版"至 2030 年国家发展规划"》,中华人民共和国驻塔吉克斯坦大使馆经济商务处,2016 年 3 月 25 日,http://tj.mofcom.gov.cn/article/jmxw/201603/20160301283232.shtml。
③ 《塔吉克斯坦交通现状和发展规划》,中华人民共和国驻塔吉克斯坦大使馆经济商务处,2003 年 7 月 10 日。

七、格鲁吉亚的"国际大通道"战略

一直以来,格鲁吉亚政府致力于将格打造成连接欧亚交通和物流中转枢纽的"国际大通道"。1997年9月,格鲁吉亚总统谢瓦尔德纳泽在巴库举行的复兴"丝绸之路"国际学术会议多次使用"新丝绸之路"概念,复兴"丝绸之路"是对格鲁吉亚安全和福祉的补充。1999年,谢瓦尔德纳泽在其撰写的《大丝绸之路》一书中提出:应该在欧亚大陆建立统一的、可共同接受的政治、经济、科技、人文和文化空间。"大丝绸之路"是格鲁吉亚政治、经济纲领,同时也是一种地缘政治思想。[①] 萨卡什维利当选总统后也表示格鲁吉亚将继续重视"新丝绸之路"的振兴。

格鲁吉亚一直大力修建和完善国内交通基础设施,致力于打造"国际大通道"。格鲁吉亚的巴库-第比利斯-卡尔斯铁路的格鲁吉亚段于2015年1月28日完成首次试车。

八、阿塞拜疆的"大丝绸之路"计划

阿塞拜疆自独立以来,油气出口使其经济获得了快速发展。但同时,阿塞拜疆也认识到其作为"丝绸之路"上重要枢纽的优越地理位置能为其提供长久的地缘经济红利。因此,阿塞拜疆成为重建"丝绸之路"的倡议者之一,积极倡导"大丝绸之路"计划,努力将阿塞拜疆打造成连接欧亚大陆的能源、交通和物流枢纽。阿塞拜疆的"大丝绸之路"计划的战略目标是以首都巴库为核心,构建北连俄罗斯、南抵波斯湾、东接中国、西通欧洲的跨亚欧交通网络,使阿塞拜疆成为欧亚大陆

---

① 候艾君:《"丝绸之路经济带":地缘构想的当代起源及其再认识》,载《俄罗斯学刊》2016年第4期,第54~61页。

人员、货物和资金的集散枢纽,彻底摆脱内陆国的不利处境。① 阿塞拜疆重点推进"大丝绸之路"[欧洲-高加索-亚洲交通走廊(TRACECA)]项目和"钢铁丝绸之路"[巴库-第比利斯-卡尔斯(BTK)]铁路项目。1998年4月,在阿塞拜疆举办的"大丝绸之路国际会议"提出以 TRACECA 为基础的复兴"古丝绸之路"的倡议。2014年5月14日,阿塞拜疆总统伊尔哈姆·阿利耶夫在接受《环球时报》采访时特别强调,阿塞拜疆是新"丝绸之路"上最重要的战略要点之一,阿塞拜疆把实施这一具有重要战略意义的项目提高到地区政策的最优先位置。②

第五节　丝绸之路经济带沿线各国对丝绸之路经济带倡议的认同

中国的"一带一路"倡议是推动与具有天然和历史联系的"丝绸之路"沿线国家间的合作,以实现共赢。当习近平主席于2013年9月7日在哈萨克斯坦提出丝绸之路经济带倡议构想之后,立即得到了沿线各国以及国际组织的积极响应、支持和参与。目前,"一带一路"倡议已得到世界上100多个国家和国际组织的积极支持。

共建丝绸之路经济带倡议扎实推进,成效显著,参与各国已经得到了实实在在的好处,对丝绸之路经济带建设的认同感和参与度不断增强。共商、共建、共享等"一带一路"国际合作核心理念作为各方推动"一带一路"的重要共识,已被写入联合国决议和亚太经合组织

---

① 白联磊:《阿塞拜疆的"大丝绸之路"计划》,载《世界知识》2016年第3期,第42~44页。

② 何申权、黄蕾:《阿塞拜疆总统:复兴丝绸之路　阿是战略要点》,环球网,2014年5月14日,https://world.huanqiu.com/article/9CaKrnJEXcR。

领导人宣言。① 包括联合国工业发展组织、联合国开发计划署、联合国人口基金、联合国贸易与发展会议、联合国人类住区规划署、联合国儿童基金会、世界知识产权组织、世界卫生组织、国际刑警组织在内的有关国际组织及沿线国家纷纷与中国政府签署"一带一路"合作文件。截至2016年9月7日,有100多个国家和国际组织参与"一带一路"合作,中国同30多个国家签署了共建"一带一路"的合作协议,同20多个国家开展国际产能合作,同17个沿线国家共同建设了46个境外合作区。② 之后,在不到三年的时间里,有更多的国家和国际组织与中国达成共建"一带一路"共识,截至2019年4月30日,中国已经与131个国家和30个国际组织签署了187份共建"一带一路"合作文件。③ 如,2015年7月,上海合作组织发表了《上海合作组织成员国元首乌法宣言》,支持关于建设"丝绸之路经济带"的倡议。2016年9月,《二十国集团领导人杭州峰会公报》通过关于建立"全球基础设施互联互通联盟"倡议。2016年11月,联合国193个会员国协商一致通过决议,欢迎共建"一带一路"等经济合作倡议,呼吁国际社会为"一带一路"建设提供安全保障环境。2017年3月,联合国安理会一致通过了第2344号决议,呼吁国际社会通过"一带一路"建设加强区域经济合作,并首次载入"人类命运共同体"理念。2018年,中拉论坛第二届部长级会议、中国-阿拉伯国家合作论坛第八届部长级会议、中非合作论坛峰会先后召开,分别形成了中拉《关于"一带一路"倡议的特别声明》《中国和阿拉伯国家合作共建"一带一路"行动宣言》《关于构建更加紧密的中非命运共

---

① 孙奕、潘洁、郁琼源:《共同构筑发展繁荣的美好未来——写在"一带一路"国际合作高峰论坛举办一周年之际》,新华网,2018年5月13日,http://www.xinhuanet.com/world/2018-05/13/c_1122825872.htm。

② 邹雅婷:《"一带一路":国家战略的重大创新》,载《人民日报·海外版》2016年9月7日。

③ 刘梦:《同中国签订共建"一带一路"合作文件的国家一览》,中国一带一路网,2019年4月12日,https://www.yidaiyilu.gov.cn/gbjg/gbgk/77073.htm。

同体的北京宣言》等重要成果。①

一、俄罗斯对丝绸之路经济带倡议的认同

自2013年9月习近平主席提出共建"丝绸之路经济带"倡议以来，俄罗斯对该构想给予积极响应和支持。2014年2月6日，习近平主席在俄罗斯索契会见俄罗斯总统普京时，普京总统表示，俄方积极响应中方建设丝绸之路经济带和21世纪海上丝绸之路的倡议，愿将俄方跨欧亚铁路与"一带一路"对接，创造出更大效益。② 2014年5月20日，习近平主席在上海与普京总统举行会谈，普京总统在会谈时表示，俄方支持建设丝绸之路经济带，促进交通基础设施互联互通，欢迎中方参与俄罗斯远东地区开发。③ 会谈结束后，中俄两国签署了《中华人民共和国与俄罗斯联邦关于全面战略协作伙伴关系新阶段的联合声明》，该《联合声明》指出，俄方认为中方提出的建设丝绸之路经济带倡议非常重要，高度评价中方愿在制定和实施过程中考虑俄方利益。双方将寻找丝绸之路经济带项目和将建立的欧亚经济联盟之间可行的契合点。为此，双方将继续深化两国主管部门的合作，包括在地区发展交通和基础设施方面实施共同项目。④ 2015年5月8日，习近平主席访问俄罗斯，中俄双方签署《中华人民共和国和俄罗斯联邦关于深化全面战略协作伙伴关系、倡导合作共赢的联合声明》，"俄方高度评价中方建设丝绸之路经济带和21世纪海上丝绸之路的倡议，认为这是一个旨在发展地区经贸

---

① 《授权发布:〈共建"一带一路"倡议:进展、贡献与展望〉(八语种)》，中国一带一路网，2019年4月22日，https://www.yidaiyilu.gov.cn/zchj/qwfb/86697.htm。
② 杜尚泽、陈效卫:《两国元首共同对中俄关系发展作出战略规划 习近平会见俄罗斯总统普京 习近平代表中国政府和中国人民祝索契冬奥会取得成功》，载《人民日报》2014年2月7日。
③ 张朔、欧阳开宇:《习近平:把中俄全面战略协作伙伴关系推向更高水平》，中国新闻网，2014年5月20日，http://www.chinanews.com/gn/2014/05-20/6192519.shtml。
④ 《中华人民共和国与俄罗斯联邦关于全面战略协作伙伴关系新阶段的联合声明》，载《人民日报》2014年5月21日。

与投资合作的重要构想。双方将继续在丝绸之路经济带和欧亚经济联盟框架内寻找地区经济一体化进程的契合点，在加强平等合作与互信基础上确保欧亚地区经济的可持续增长。双方欢迎中国与欧亚经济联盟启动经贸合作方面的协议谈判。"① 2015 年 7 月，俄罗斯总统普京在金砖国家领导人第七次会晤期间表示："欧亚经济联盟"和"丝绸之路经济带"彼此兼容，"一带一盟"的对接合作，不仅有助于俄罗斯有效地应对在世界经济和金融方面的危机，而且还有助于进一步加强在能源、食品、交通安全等领域的合作。② 2016 年 6 月 26 日，中俄发表《中华人民共和国和俄罗斯联邦联合声明》强调："落实中俄 2015 年 5 月 8 日《联合声明》中确定的丝绸之路经济带建设与欧亚经济联盟建设对接合作的共识具有重大意义。中俄主张在开放、透明和考虑彼此利益的基础上建立欧亚全面伙伴关系，包括可能吸纳欧亚经济联盟、上海合作组织和东盟成员国加入。"③ 2017 年 7 月 4 日，中俄《中华人民共和国和俄罗斯联邦关于进一步深化全面战略协作伙伴关系的联合声明》指出："双方继续开展'一带一路'建设与欧亚经济联盟对接，推动签署《中华人民共和国与欧亚经济联盟经贸合作协议》。双方将在开放、透明和考虑彼此利益的基础上，为推动地区一体化进程，继续就构建'欧亚经济伙伴关系'制定相关措施。"④ 2017 年 10 月 1 日，中国与欧亚经济联盟签署《关于实质性结束中国与欧亚经济联盟经贸合作协议谈判的联合声明》。⑤ 2018 年 5 月 17 日，中国与欧亚经济联盟签署了《中华人民共和国与欧亚经济联盟经贸合作协定》。该协定于 2018 年 12 月 6 日正式

---

① 《中华人民共和国和俄罗斯联邦关于深化全面战略协作伙伴关系、倡导合作共赢的联合声明（全文）》，载《人民日报》2015 年 5 月 9 日。
② 李锡奎、严功军：《俄罗斯媒体视角下"一带一盟"研究》，载《东北亚论坛》2016 年第 1 期，第 115～125，128 页。
③ 《中华人民共和国和俄罗斯联邦联合声明》，载《人民日报》2016 年 6 月 26 日。
④ 《中华人民共和国和俄罗斯联邦关于进一步深化全面战略协作伙伴关系的联合声明（全文）》，载《人民日报》2017 年 7 月 5 日。
⑤ 《中国与欧亚经济联盟实质性结束经贸合作协议谈判》，中华人民共和国商务部，2017 年 10 月 1 日，http：//sms.mofcom.gov.cn/article/zatp/201710/20171002654062.shtml。

生效。2018年6月8日，中俄发表《联合声明》称，"通过共同实施2018年5月17日在阿斯塔纳签署的《中华人民共和国与欧亚经济联盟经贸合作协定》等，继续推进'一带一路'建设和欧亚经济联盟对接；将在开放、透明和考虑彼此利益的基础上，探讨构建'欧亚伙伴关系'，促进地区一体化进程。"① 2018年12月6日，欧亚经济最高理事会会议决定《中华人民共和国与欧亚经济联盟经贸合作协定》正式生效。2019年4月，俄罗斯普京在出席第二届"一带一路"国际合作高峰论坛时表示，"一带一路"倡议为拓展国际合作搭建了重要平台，得到国际社会越来越广泛的支持，俄方愿同中方密切高层交往，深化双边各领域交流合作，搞好能源、互联互通等示范性大项目。② 2019年6月5日，中俄签署《中华人民共和国和俄罗斯联邦关于发展新时代全面战略协作伙伴关系的联合声明》指出，俄方支持"一带一路"倡议，双方在推进"一带一路"建设与欧亚经济联盟对接方面加强协调行动。③ 而以推动欧亚经济联盟建设为重心、以中国为主要合作伙伴、以"一带一盟"对接为主要路径的大欧亚伙伴作为俄罗斯在新形势下提出的具有一定地缘政治色彩的泛区域经济合作倡议，其开放、包容、协调发展等理念与丝绸之路经济带精神相契合。④ 中俄两国在丝绸之路经济带建设方面业已取得了一系列的早期收获。2014年2月26日，位于黑龙江省同江市与俄罗斯犹太自治州下列宁斯阔耶的同江-下列宁斯阔耶铁路界河桥开工奠基。同江-下列宁斯阔耶铁路界河桥将连通向阳川-哈鱼岛铁路与俄罗斯西伯利亚铁路列宁斯阔耶支线，进而连通中国东北铁路网

---

① 《中华人民共和国和俄罗斯联邦联合声明》，载《人民日报》2018年6月9日。
② 李伟红：《习近平与普京会谈》，载《人民日报·海外版》2019年4月27日。
③ 《中华人民共和国和俄罗斯联邦关于发展新时代全面战略协作伙伴关系的联合声明（全文）》，中华人民共和国中央人民政府，2019年6月6日，http://www.gov.cn/xinwen/2019-06/06/content_5397865.htm。
④ 李自国：《大欧亚伙伴关系：重塑欧亚新秩序？》，载《国际问题研究》2017年第1期，第74~88，138页。

与俄罗斯西伯利亚铁路网,形成一条新的国际铁路通道。① 2014年5月21日,中俄两国政府签署了《中俄东线天然气合作项目备忘录》,俄罗斯天然气工业股份公司和中国石油天然气集团公司签署了《中俄东线供气购销合同》,根据合同,俄罗斯将从2018年起通过中俄天然气管道东线向中国销售天然气。2014年10月13日,中俄双方签署了"莫斯科-喀山"高铁发展合作备忘录,作为欧亚高速运输走廊的试点项目的莫斯科-喀山高铁,途经俄罗斯、哈萨克斯坦和中国三国,总长度为770公里,该高铁项目将延伸至北京,并以此打造"莫斯科-北京"欧亚高速运输通道。2015年5月,中俄成立中国东北地区和俄罗斯远东地区地方合作理事会。2015年9月,中俄两国间首座跨黑龙江(阿穆尔河)界河公路桥——黑河-布拉戈维申斯克界河公路大桥正式开工建设。2016年6月23日,中蒙俄三国签订《建设中蒙俄经济走廊规划纲要》,丝绸之路经济带经济走廊建设取得突破性进展。2016年12月,俄罗斯政府批准"滨海1号"和"滨海2号"国际交通走廊开发构想,拟对港口、口岸、公路和铁路等边境基础设施进行现代化改造,并大幅简化中俄货物过境程序。② 2019年5月31日,中俄黑河-布拉戈维申斯克界河公路大桥合龙,中国黑河市和俄罗斯拉戈维申斯克市真正"连接"到了一起。③ 2019年7月18日,中俄两国重大交通基础设施互联互通又取得了新的进展,即中俄第一条国际跨境索道——黑河-布拉戈维申斯克索道工程建设正式开工。④ 而最具有战略意义的早期收获就是中俄两国于2015年5月8日发表的《中俄关于丝绸之路经济带建设和

---

① 辛林霞:《中俄同江-下列宁斯阔耶铁路界河桥开工奠基》,人民网,2014年2月26日,http://politics.people.com.cn/n/2014/0226/c70731-24470132.html。
② 《俄政府批准"滨海1号"和"滨海2号"国际交通走廊开发构想》,中华人民共和国商务部-欧亚司,2017年1月3日,http://oys.mofcom.gov.cn/article/oyjjss/201701/20170102495492.shtml。
③ 马晓成:《综述:共建界河桥 畅通共赢路》,新华网,2019年6月1日,http://www.xinhuanet.com/world/2019-06/01/c_1124572047.htm。
④ 王露露:《外媒:中俄开建世界首条跨境索道》,新浪网,2019年7月20日,https://mil.sina.cn/2019-07-20/detail-ihytcerm5045356.d.html?from=wa。

欧亚经济联盟建设对接合作的联合声明》指出，俄罗斯支持丝绸之路经济带建设，愿与中国密切合作，推动落实该倡议。中俄双方将共同协商，努力将丝绸之路经济带建设和欧亚经济联盟建设相对接，确保地区经济持续稳定增长，加强区域经济一体化，维护地区和平与发展，双方将在条件成熟的领域建立贸易便利化机制，在有共同利益的领域制订共同措施，协调并兼容相关管理规定和标准、经贸等领域政策，研究推动建立中国与欧亚经济联盟自贸区这一长期目标。① 丝绸之路经济带和欧亚经济联盟两大区域经济合作战略构想实现对接，丝绸之路经济带建设迈出了历史性的一步。随后，中俄双方积极推进"一带一盟"对接。2016年6月25日，中国商务部与欧亚经济委员会签署了《关于正式启动中国与欧亚经济联盟经贸合作伙伴协定谈判的联合声明》，将集中对贸易便利化、行业问题、海关合作等领域进行谈判。2017年7月4日，中国商务部与俄罗斯经济发展部签署了《中华人民共和国商务部与俄罗斯联邦经济发展部关于欧亚经济伙伴关系协定联合可行性研究的联合声明》，决定开展欧亚经济伙伴关系协定的可行性研究工作。② 中俄双方通过各层级多次磋商和交流，就中俄未来谈判《欧亚经济伙伴关系协定》的具体领域达成共识，于2018年6月8日签署《中华人民共和国商务部与俄罗斯联邦经济发展部关于完成欧亚经济伙伴关系协定联合可行性研究的联合声明》，并将适时开始谈判。③

二、中亚五国对丝绸之路经济带倡议的认同

中亚是古丝绸之路必经之地。中亚五国积极参与"一带一路"建

---

① 《中华人民共和国与俄罗斯联邦关于丝绸之路经济带建设和欧亚经济联盟建设对接合作的联合声明（全文）》，载《人民日报》2015年5月9日，http://www.gov.cn/xinwen/2019-06/06/content_5397865.htm。

②③ 《中俄签署〈关于欧亚经济伙伴关系协定联合可行性研究的联合声明〉》，中华人民共和国商务部，2017年7月4日，http://www.mofcom.gov.cn/article/ae/ai/201806/20180602754029.shtml。

设,并将共建丝绸之路经济带纳入与中国签署的联合宣言等政治文件。目前,哈萨克斯坦、塔吉克斯坦、吉尔吉斯斯坦和乌兹别克斯坦已与中国签署了共建丝绸之路经济带双边合作协议。

(一)哈萨克斯坦

习近平主席首次提出建设丝绸之路经济带倡议构想是在哈萨克斯坦,纳扎尔巴耶夫总统对该构想表示"完全赞同"。并且,哈萨克斯坦政府高官也早已表达要将本国的相关发展计划与中国的丝绸之路经济带倡议对接、构建欧亚大陆互联互通大动脉的愿望。2014年1月10日,哈萨克斯坦副外长萨雷拜在会见中国驻哈萨克斯坦大使乐玉成时表示,习近平主席关于共建"丝路经济带"的倡议正是在访问哈萨克斯坦期间提出的,当即得到纳扎尔巴耶夫总统的积极响应,这对哈萨克斯坦来说意义重大,哈萨克斯坦对此高度重视。这一宏大的构想涵盖经贸、投资、人文和战略互信等各个方面,将把本地区合作提升至新的高度。丝绸之路经济带倡议与哈萨克斯坦打造"欧亚大陆桥"的发展计划契合,哈萨克斯坦愿积极支持、参与丝绸之路经济带建设,以此为契机,通过全面深化对华合作促进哈萨克斯坦社会经济更快更好发展。[①] 2014年5月24日,哈萨克斯坦第一副总理巴赫特江·萨金塔耶夫表示,丝绸之路经济带这个提议非常有必要,哈萨克斯坦支持中国,绝不让双方失望。[②] 2015年9月27日,在联合国可持续发展峰会上,哈萨克斯坦总统纳扎尔巴耶夫发言称,"大欧亚共同体"将把欧亚经济联盟、丝绸之路经济带和欧盟并入21世纪的单一整合项目,丝绸之路以现代水平复兴对欧亚国家非常重要,这会为很多国家带来福祉,减少从亚太地区到

---

① 黄文帝:《哈萨克斯坦积极支持并参与"丝绸之路经济带"建设》,人民网,2014年1月10日,http://world.people.com.cn/n/2014/0111/c157278-24090036.html。

② 姚春:《哈萨克斯坦第一副总理:哈全力支持丝绸之路经济带建设》,人民网,2014年5月26日,http://world.people.com.cn/n/2014/0526/c1002-25063599.html。

欧洲的中转。①哈萨克斯坦总统战略研究所首席研究员瑟罗耶日金说，"一带一路"与哈萨克斯坦的"光明之路"新经济政策构想十分契合，哈完全支持中国的"一带一路"建设。②2016年9月2日，哈萨克斯坦总统纳扎尔巴耶夫在出席二十国集团领导人第十一次峰会期间表示，哈方支持中方建设丝绸之路经济带倡议。③2018年6月8日，哈萨克斯坦总统纳扎尔巴耶夫与国务院总理李克强进行会见时表示，哈方是"一带一路"建设的重要伙伴，愿加强同中方发展战略对接，推进在工业、投资、创新、农业、能源、金融等各领域务实合作。④2019年2月12日，哈萨克斯坦总统战略研究所首席研究员康斯坦丁·利沃维奇·瑟罗耶日金在接受采访时再次强调，中国提出了"一带一路"倡议、构建人类命运共同体等惠及世界的方案和主张，"哈萨克斯坦是这些方案的参与者和支持者。"⑤2019年4月27日，哈萨克斯坦首任总统纳扎尔巴耶夫在第二届"一带一路"国际合作高峰论坛期间接受采访时强调，哈萨克斯坦作为内陆国家，没有出海口，"一带一路"合作对哈方来说具有至关重要的意义，哈萨克斯坦的新经济政策"光明之路"与"一带一路"对接顺利，实现协同发展。⑥

中哈两国共建丝绸之路经济带已进入务实合作阶段。中国和哈萨克斯坦两国签署了《中华人民共和国国家发展和改革委员会与哈萨克斯坦

---

① 戴滋仪：《哈萨克斯坦总统："大欧亚共同体"将促进欧亚经济联盟》，环球网，2015年9月28日，https：//world.huanqiu.com/article/9CaKrnJQ7ZP。
② Сыроежкин К. Китай будет делать то, что выгодно ему. http：////ia‐centr.ru/expert/8.9.2015。
③ 朱英：《中哈签署"丝绸之路经济带"建设与"光明之路"新经济政策对接合作规划》，中国政府网，2016年9月5日，http：//www.gov.cn/xinwen/2016‐09/05/content_5105546.htm。
④ 李伟红：《李克强分别会见吉尔吉斯斯坦总统和哈萨克斯坦总统》，载《人民日报》2018年6月8日。
⑤ 周翰博：《"中国发展经验值得深入研究"——访哈萨克斯坦总统战略研究所首席研究员瑟罗耶日金》，载《人民日报》2019年2月12日。
⑥ 邓洁、李焱：《哈萨克斯坦首任总统纳扎尔巴耶夫：哈中通过"一带一路"合作实现互利共赢》，人民网，2019年4月27日，http：//world.people.com.cn/n1/2019/0427/c1002‐31053521.html。

共和国国民经济部关于共同推进丝绸之路经济带建设的谅解备忘录》《中哈总理第二次定期会晤联合公报》《中华人民共和国政府与哈萨克斯坦共和国政府关于加强产能与投资合作的框架协议》《中华人民共和国政府和哈萨克斯坦共和国政府联合公报》《"丝绸之路经济带"建设与"光明之路"新经济政策对接合作规划》《中欧班列运输联合工作组议事规则》等一系列共建丝绸之路经济带合作文件，如表3-19所示，为中哈两国共建丝绸之路经济带提供了有力支撑。

表3-19　中国和哈萨克斯坦签署的共建丝绸之路经济带相关文件

时间	文件名称	主要相关内容
2014年12月14日	《中华人民共和国国家发展和改革委员会与哈萨克斯坦共和国国民经济部关于共同推进丝绸之路经济带建设的谅解备忘录》	中哈双方将共同推进丝绸之路经济带有关合作，发展和加强区域间互联互通，促进和深化丝绸之路经济带沿线有关交通、经贸、旅游、投资及其他合作领域的经济活动。双方拟成立联合工作组，商议双方的合作方式、合作重点领域等，并给予指导性意见
2014年12月14日	《中哈总理第二次定期会晤联合公报》	中哈（连云港）物流合作基地正式启动，以及即将完工的"中国西部－欧洲西部"国际公路项目将有助于实施丝绸之路经济带倡议和"哈萨克斯坦－新丝绸路"倡议
2015年8月31日	《中华人民共和国政府与哈萨克斯坦共和国政府关于加强产能与投资合作的框架协议》	中哈双方拟在建材（水泥、平板玻璃等）、冶金（钢铁等）、有色、油气加工、化工、机械制造、电力、基础设施建设（铁路、公路、水运及航空等）、轻工（羊毛加工）、农产品加工、运输物流、旅游、食品加工、居民消费品生产及双方同意的其他领域加强产能与投资合作。双方将设立中哈产能与投资合作协调委员会，负责框架协议的执行。双方确定项目对接机制，由中国产业海外发展协会和哈萨克斯坦国家出口和投资机构"KAZNET-INVEST"牵头，负责协助委员会秘书处拟定更新早期收获和前景项目清单，协助企业进行项目对接、跟踪，并及时向秘书处汇报合作项目进展
2015年12月14日	《中华人民共和国政府和哈萨克斯坦共和国政府联合公报》	尽快启动"丝绸之路经济带"建设与"光明之路"新经济政策对接合作规划联合编制工作

续表

时间	文件名称	主要相关内容
2016年9月2日	《"丝绸之路经济带"建设与"光明之路"新经济政策对接合作规划》	明确了中哈双方在推进"丝绸之路经济带"建设与"光明之路"新经济政策对接合作中,要稳步推动产能和投资合作,加强信息沟通和政策协调,推动更多竞争力强、附加值高的项目落地。要积极发展经贸合作,优化贸易结构,落实大型合作项目,拓展融资渠道,促进贸易增长。要深化能源资源合作,扩大人文合作,加大安全合作力度。中方愿同哈方加强沟通,提升中国同欧亚经济联盟成员国的贸易、投资、服务便利化水平,共同推进"一带一路"建设同欧亚经济联盟建设对接合作
2016年4月	七国铁路部门签署《关于深化中欧班列合作协议》	就推动铁路通道互联互通、优化运输组织、完善服务保障、提高通关效率等方面达成广泛共识,为中欧班列持续稳定发展提供有力保障

资料来源:根据相关资料整理得出。

与此同时,中哈两国在共建丝绸之路经济带的各领域建设方面也取得一系列早期收获。2013年9月,在习近平主席对哈萨克斯坦进行国事访问期间,中哈两国签署总金额达300亿美元的22项经贸合作协议。2013年9月7日,连云港市政府与哈萨克斯坦国有铁路股份有限公司签署了中哈国际物流合作项目协议,中哈(连云港)物流合作基地项目是丝绸之路经济带建设的首个实体平台。2014年5月19日,中哈(连云港)物流合作基地项目一期工程正式投产运营,这是哈萨克斯坦乃至整个中亚第一次正式获得通向太平洋的出海口。2015年2月25日,"连云港-阿拉木图"货运班列从连云港中哈物流基地驶出,12天后,到达目的地哈萨克斯坦的阿拉木图。2015年8月31日,中哈签署了双方政府间《关于加强产能与投资合作的框架协议》。而中国首个跨境自由贸易区和投资合作中心——"中哈霍尔果斯国际边境合作中心"也在不断地建设和完善中。

(二)吉尔吉斯斯坦

在丝绸之路经济带构想提出后,吉尔吉斯斯坦很快表示热烈欢迎和积极支持,多次在公开场合表达了积极参与共建丝绸之路经济带的意愿。① 2014年12月27日,吉尔吉斯斯坦总统阿塔姆巴耶夫在年度记者会上表示,吉尔吉斯斯坦全力支持中方提出的共建丝绸之路经济带的倡议。时任吉尔吉斯斯坦经济部长捷米尔·萨里耶夫则表示,习近平主席提出的关于共建丝绸之路经济带的倡议完全符合吉尔吉斯斯坦的国家利益。丝绸之路经济带建设是为了使丝绸之路经济带沿线所有国家都获益。丝绸之路经济带建设不仅对于中国、中亚国家而且对于整个世界贸易而言都具有重大意义。② 2015年12月16日,李克强同吉尔吉斯共和国总理萨里耶夫举行会谈,在会谈中,萨里耶夫表示,吉方欢迎中方在吉交通运输、能源、社会设施建设等领域开展投资合作,愿与中方对接发展战略,积极开展产能合作,推动基础设施建设等领域大项目合作,尽快落实中吉乌铁路项目,扩大双边贸易,推动两国战略伙伴关系进一步发展。③ 2016年10月21日,吉尔吉斯斯坦总理热恩别科夫表示,对于急需发展机遇的吉尔吉斯斯坦而言,丝绸之路经济带建设为吉尔吉斯斯坦带来了基础设施和能源领域的项目,并与中国建立起在清洁和可再生能源领域的合作,我们随时愿为丝绸之路经济带与吉尔吉斯斯坦国家发展战略以及欧亚经济联盟的对接做积极努力,落实两国合作规划,不断创造各种互利共赢的平台和渠道。④ 2018年6月6日签署的《中华人民共和国和吉尔吉斯共和国关于建立全面战略伙伴关系联合声明》指出

---

① 陈瑶:《李克强总理访吉将为吉中合作深入发展注入强劲动力——访吉尔吉斯斯坦议长图尔松别科夫》,中国政府网,2016年11月2日,http://www.gov.cn/xinwen/2016-11/02/content_5127537.htm。

② 杨曦、夏晓伦:《各国合力推进实施共建丝绸之路经济带这一倡议》,人民网,2014年9月30日,http://finance.people.com.cn/n/2014/0930/c1004-25767280.html。

③ 赵成:《李克强同吉尔吉斯共和国总理萨里耶夫举行会谈》,载《人民日报》2015年12月17日,http://www.gov.cn/xinwen/2015-12/16/content_5024899.htm。

④ 陈瑶:《李克强总理访吉将为吉中合作深入发展注入强劲动力——访吉尔吉斯斯坦议长图尔松别科夫》,新华网,2016年11月2日,http://www.gov.cn/xinwen/2016-11/02/content_5127537.htm。

吉方支持中方提出的共建"一带一路"倡议。① 2018年6月7日,吉尔吉斯斯坦总统热恩别科夫在与国务院总理李克强会见时表示,吉方愿在睦邻友好基础上,同中方开展发展战略对接,深化投资、加工工业、农业、新能源、交通、卫生等领域合作,加强人员往来和文化交流。② 中吉两国在丝绸之路经济带框架下已签署《中华人民共和国政府与吉尔吉斯共和国政府关于天然气管道建设运营的合作协议》《中华人民共和国和吉尔吉斯共和国关于进一步深化战略伙伴关系的联合宣言》《中华人民共和国政府与吉尔吉斯共和国政府关于两国毗邻地区合作规划纲要(2015—2020年)》《吉尔吉斯政府与中吉天然气管道公司的投资协议》等多个与参与丝绸之路经济带建设相关的协议,如表3-20所示。

表3-20 中国和吉尔吉斯斯坦签署的共建丝绸之路经济带相关文件

时间	文件名称	主要相关内容
2013年9月11日	《中华人民共和国政府与吉尔吉斯共和国政府关于天然气管道建设运营的合作协议》	吉国议会于2013年年底审议通过这个协议。随后,吉国政府发布了关于中吉天然气管道的政府令,就政府间协议部分条款涉及的责任部门的工作予以安排。2014年4月22日,中亚天然气管道有限公司正式收到吉国能源与工业部对中亚天然气管道D线吉国段可研报告正面审批结论,为项目下一步工作的开展奠定了坚实基础
2014年5月18日	《中华人民共和国和吉尔吉斯共和国关于进一步深化战略伙伴关系的联合宣言》	双方将深化交通领域合作,积极推动在平等、互利原则基础上的国际道路运输多边合作,采取有效措施发挥跨境运输潜力,推动双方企业开展物流运输领域双边合作,继续改善相应基础设施。双方责成两国有关部门就研究扩大中国城市机场同吉尔吉斯斯坦城市机场之间的航空客货运合作,建立连接中国、吉尔吉斯斯坦、乌兹别克斯坦、塔吉克斯坦、哈萨克斯坦和阿富汗的区域性互联互通通道的可行性举行磋商

---

① 《中华人民共和国和吉尔吉斯共和国关于建立全面战略伙伴关系联合声明(全文)》,中国政府网,2018年6月7日,http://www.gov.cn/xinwen/2018-06/07/content_5296691.htm。
② 李伟红:《李克强分别会见吉尔吉斯斯坦总统和哈萨克斯坦总统》,载《人民日报》2018年6月8日。

续表

时间	文件名称	主要相关内容
2015年10月8日	《中华人民共和国政府与吉尔吉斯共和国政府关于两国毗邻地区合作规划纲要（2015—2020年）》	从扩大跨境运输和实现口岸基础设施的现代化改造、交通合作、农业领域合作、矿业和制造业合作、能源合作、新兴产业合作、经济贸易与投资合作、旅游领域合作、科学与教育领域合作、文化交流、金融合作等11个方面，提出了加强合作的具体举措，有利于促进两国毗邻地区经济社会全面协调发展，加强丝绸之路经济带框架下的各方面务实合作，为两国毗邻地区开展合作奠定了法律基础
2015年12月16日	《吉尔吉斯政府与中吉天然气管道公司的投资协议》	根据协议，吉尔吉斯政府将对中吉天然气管道建设的投资给予支持和保护，商定该管道的设计和建设所采用的技术标准和规范，保障管道建设顺利实施

资料来源：根据相关资料整理得出。

中国和吉尔吉斯斯坦在各领域的建设方面取得了较多的早期收获。如2015年7月22日，中国路桥承建的吉尔吉斯斯坦伊塞克环湖公路修复项目比什凯克-巴拉克奇段举行通车仪式。作为吉尔吉斯公路网建设的重要组成部分的伊塞克环湖公路比什凯克-巴拉克奇段建成通车将促进吉国与中国、哈萨克斯坦、塔吉克斯坦等周边国家的互联互通，有助于吉尔吉斯改善交通现状，成为中亚地区重要的交通运输过境走廊。[①] 2015年8月28日，中吉两国最大的能源合作项目——"达特卡-克明" 500千伏南北输变电工程顺利竣工，该项目将极大地提升吉尔吉斯斯坦自主供电能力。2015年11月27日，中国企业在吉尔吉斯斯坦投资建设的大型能源项目之一托克马克实业炼油厂正式投产。而另一个中吉能源合作项目——比什凯克热电站厂改造项目进行顺利，比什凯克电厂工程2号机组于2016年11月14日顺利完成动力场试验。2017年1月6日，吉尔吉斯斯坦经济部与中国企业开发的吉尔吉斯斯坦"亚洲之星"农业产业合作区签署经贸领域合作备忘录。根据备忘录内容，吉尔吉斯

---

① 王延珠：《吉尔吉斯斯坦总统出席我市承建项目通车仪式》，博锐管理在线，2015年7月28日，http://www.boraid.cn/company_news/news_read.php?id=393284。

斯坦经济部下属国家投资和出口促进署将与"亚洲之星"农业产业合作区建立合作伙伴关系，在互惠互利原则下，推动合作区商品和食品出口中国。①

（三）土库曼斯坦

土库曼斯坦对于中国丝绸之路经济带倡议表示热烈欢迎和积极支持。2013年11月20日，土库曼斯坦驻华大使鲁斯捷莫娃表示，土库曼斯坦将致力于与中方一道共同加强丝绸之路经济带建设，发展睦邻友好关系。② 2014年2月28日，土库曼斯坦驻华大使鲁斯捷莫娃再次表示，丝绸之路经济带的发展构想与土库曼斯坦总统别尔德穆哈梅多夫关于复兴古丝绸之路的国际倡议是完全符合的，这种复兴是以现代国际公路、铁路和天然气管道线路的新形式呈现，旨在中亚地区形成交通基础设施的分支线路。③ 土库曼斯坦位于国际交通运输的要冲，具有非常独特的地理优势。为充分发挥巨大运输潜力，土中双方共同在交通领域迈出了积极的步伐，土库曼斯坦在境内开展交通线路的建设。④ 而《中立土库曼斯坦新闻》报道，习近平主席对土库曼斯坦的访问，巩固了双方的合作成果，并将两国关系提升到一个新的高度，土库曼斯坦将支持丝绸之路经济带的建设。⑤ 2014年9月12日，国家主席习近平会见土库曼斯坦总统别尔德穆哈梅多夫，别尔德穆哈梅多夫表示，土方愿意积极参与丝绸之路经济带建设，改善本国交通基础设施，推进中亚同中国跨境运输。土方希望引进中方先进农业技术，提高农作物产量。双方要加强人

---

① 陈瑶：《中吉推动经贸合作区发展》，载《人民日报·海外版》2017年1月9日。
② 华迪：《土库曼斯坦驻华大使：土方将致力于与中方共建丝绸之路经济带》，人民网，2013年11月20日，http://world.people.com.cn/n/2013/1120/c1002-23596540.html。
③ 《白俄罗斯总理，俄罗斯、哈萨克斯坦和土库曼斯坦驻华大使谈"丝绸之路经济带"》，今日中国，2014年2月25日，http://www.chinatoday.cn/ctchinese/chinaworld/article/2014-02/25/content_598864_2.htm。
④ 杨曦、夏晓伦：《各国合力推进实施共建丝绸之路经济带这一倡议》，人民网，2014年9月30日，http://finance.people.com.cn/n/2014/0930/c1004-25767280.html。
⑤ 曾向红：《中亚国家对"丝绸之路经济带"构想的认知和预期》，载《当代世界》2014年第4期，第38~40页。

文交流，扩大互派留学生规模。① 2016年6月23日，国家主席习近平会见土库曼斯坦总统别尔德穆哈梅多夫，别尔德穆哈梅多夫表示，土中战略伙伴关系发展的政治、民心基础牢固。土方愿深化经贸、能源、交通、物流、通信、高技术、人文领域和国际事务中合作，积极参与"一带一路"建设。② 现今，土库曼斯坦围绕"复兴古丝绸之路"和"强盛幸福时代"战略开展的交通运输基础设施建设是在用实际行动与中国"丝绸之路经济带"建设进行对接。2013年9月4日，由中国石油天然气集团公司（CNPC）承建的土库曼斯坦"复兴"气田一期工程竣工投产。2014年5月7日，由CNPC承建的土库曼斯坦"巴格德雷"第二座天然气处理厂竣工投产，为中亚天然气管道又增加了一个新气源。而在土库曼斯坦被称为"能源丝绸之路"的土库曼斯坦 – 中国天然气管道C线已于2015年5月投入运营。

（四）乌兹别克斯坦

作为"古丝绸之路"和"丝绸之路经济带"上的重要国家，中亚人口大国，乌兹别克斯坦积极响应和支持中国的丝绸之路经济带倡议，盛赞丝绸之路经济带建设是复兴古丝绸之路的重大历史性举措，不仅将极大促进沿线国家的经济贸易联系，有利于交通、通信、油气管道等基础设施互联互通建设，同时也为巩固地区国家友好关系、进一步促进本地区和平稳定提供了新的历史契机。乌方反复强调，作为中方的战略伙伴，乌兹别克斯坦愿积极参与丝绸之路经济带建设，同时欢迎中方提出更多具体设想。③ 2014年5月，卡里莫夫总统赴上海参加亚信峰会并与习主席再次会晤，两国元首就加强共建"丝绸之路经济带"合作达成

---

① 徐剑梅、孟娜：《习近平会见土库曼斯坦总统别尔德穆哈梅多夫》，新华网，2014年9月12日，http：//www.xinhuanet.com/world/2017 – 06/10/c_1121118829.htm。
② 杨依军：《习近平会见土库曼斯坦总统别尔德穆哈梅多夫》，中国军网，2016年6月23日，http：//www.81.cn/xjpcfhs/2017 – 06/10/content_7634240.htm。
③ 驻乌兹别克斯坦使馆：《驻乌兹别克斯坦大使孙立杰接受"中国媒体丝路行"记者采访》外交部，2014年6月10日，https：//www.fmprc.gov.cn/ce/cgvienna/chn/zt/ydyl/t1163870.htm。

重要共识。卡里莫夫总统对习主席提出构建"丝绸之路经济带"的倡议予以高度评价。同时，强调乌兹别克斯坦作为中亚地区重要国家和伟大丝绸之路上的核心地段，将为实现这一世纪构想做出应有贡献，① 并明确表示，乌兹别克斯坦愿积极参与建设丝绸之路经济带，促进经贸往来和互联互通，把乌兹别克斯坦的发展同中国的繁荣更紧密联系在一起。② 2015 年 6 月 15 日，中国与乌兹别克斯坦签署《关于在落实建设"丝绸之路经济带"倡议框架下扩大互利经贸合作的议定书》（以下简称《议定书》），中乌双方将在共建"丝绸之路经济带"的框架下充分发挥现有双边经贸合作机制的作用，进一步全面深化和拓展两国在贸易、投资、金融和交通通信等领域的互利合作，重点推动大宗商品贸易、基础设施建设、工业项目改造和工业园等领域项目实施，实现双边经贸合作和共建丝绸之路经济带的融合发展。③ 该《议定书》的签署标志着中国和乌兹别克斯坦共建丝绸之路经济带已进入实质建设阶段。2019 年 4 月 25 日，国家主席习近平在人民大会堂会见乌兹别克斯坦总统米尔济约耶夫，米尔济约耶夫表示，乌方全力支持共建"一带一路"，愿大力推动中亚地区同该倡议对接，提升贸易、投资和跨境运输水平，深化安全合作。④ 2016 年 6 月 22 日，全长 19.2 公里的中亚第一长隧道"总统一号工程"安格连－帕普铁路甘姆奇克隧道通车，极大地改善了乌兹别克斯坦的基础设施建设，是中国和哈萨克斯坦共建丝绸之路经济带的重大成果。而过境乌兹别克斯坦的"中国－中亚"天然气管道、"吉扎克"中乌工业园等一大批战略合作项目也稳步推进中。乌兹别克斯坦是丝绸之路经济带能源运输网络的核心，在确保中国能源供应安全方面地位尤其突出。乌兹别克斯坦是"中国－中亚"天然气

---

① 杜尚泽、郝洪：《习近平会见乌兹别克斯坦总统》，载《人民日报》2014 年 5 月 21 日。
② 杨曦、夏晓伦：《各国合力推进实施共建丝绸之路经济带这一倡议》，人民网，2014 年 9 月 30 日，http://finance.people.com.cn/n/2014/0930/c1004-25767280.html。
③ 周楠：《中乌签署共建"丝绸之路经济带"合作文件》，中国政府网，2015 年 6 月 17 日，http://www.gov.cn/xinwen/2015-06/17/content_2880473.htm。
④ 《习近平主席会见乌兹别克斯坦总统米尔济约耶夫》，中国政府网，2019 年 4 月 25 日，http://www.gov.cn/xinwen/2019-04/25/content_5386237.htm。

管道的重要过境国和供气方，目前已建成的 A、B、C 三条管线和规划中的 D 线均经过乌境内。2013 年 9 月 9 日，中国与乌兹别克斯坦签署了关于中国 - 中亚天然气管道乌兹别克段 D 线建设项目。

（五）塔吉克斯坦

对于丝绸之路经济带倡议构想，塔吉克斯坦多次表示热烈欢迎和积极参与。如塔吉克斯坦总统埃莫马利·拉赫蒙表示，我们将全力支持习近平主席提出的共建丝绸之路经济带这一倡议，各国合力推进实施这一倡议、复兴丝绸之路空间有着巨大的意义。这几乎囊括了人类社会活动的所有范畴，特别是在经济和政治领域发展平等互利合作等问题。①2014 年 8 月，塔吉克斯坦总统拉赫蒙会见中国外交部部长王毅时表示，塔吉克斯坦愿意积极参与"丝绸之路经济带"建设。② 2014 年 9 月 13 日，国家主席习近平同塔吉克斯坦总统拉赫蒙举行会谈，拉赫蒙再次强调，塔方希望积极参与丝绸之路经济带建设，发挥两国互补优势，推动电力、矿产、交通基础设施、跨境运输等领域务实合作，多开展共同加工、联合生产。③ 2014 年 11 月 8 日，国务院总理李克强会见塔吉克斯坦总统拉赫蒙，拉赫蒙又一次表示，塔方愿积极参与丝绸之路经济带建设，同中方共同落实未来五年合作纲要，推进能源、交通、农业等领域合作项目，建设好中亚 - 中国天然气管道。④ 2015 年 7 月，塔吉克斯坦外交部部长阿斯洛夫访华期间表示，丝绸之路经济带建设为中亚地区的共同繁荣发展提供了广阔机遇，塔吉克斯坦全力支持丝绸之路经济带建

---

① 杨曦、夏晓伦：《各国合力推进实施共建丝绸之路经济带这一倡议》，人民网，2014 年 9 月 30 日，http://finance.people.com.cn/n/2014/0930/c1004 - 25767280.html。
② 焦非：《塔方愿积极参与经济带建设》，中华人民共和国国务院新闻办公室，2014 年 8 月 8 日，http://www.scio.gov.cn/ztk/wh/slxy/31214/Document/1377510/1377510.htm。
③ 孟娜、沙达提、李斌：《进一步发展和深化中塔战略伙伴关系》，中国财经观察报官网，2014 年 9 月 14 日，https://www.xsgou.com/news/gundong/4729.html。
④ 谭晶晶：《李克强分别会见巴基斯坦总理、塔吉克斯坦总统和缅甸总统》，载《经济日报》2014 年 11 月 9 日。

设。中塔两国在共建丝绸之路经济带方面已进入务实合作阶段。① 2015年9月2日,中塔两国率先签署了共建丝绸之路经济带合作备忘录——《关于编制中塔合作规划纲要的谅解备忘录》,明确了共同编制《中塔合作规划纲要》的总体框架和主要内容,双方将以共建丝绸之路经济带为契机,继续扩大和深化投资、贸易、产业、人文等各领域务实合作,共同推进中国-中亚-西亚经济走廊建设,促进双方共同发展繁荣。② 2016年6月23日,国家主席习近平会见塔吉克斯坦总统拉赫蒙,拉赫蒙表示,塔方积极参与"一带一路"建设,愿继续加强同中方在基础设施、电力开发、农业、地方、人文、安全等领域合作。③ 2017年8月31日,国家主席习近平同来华进行国事访问的塔吉克斯坦总统拉赫蒙举行会谈,拉赫蒙表示,塔方积极支持丝绸之路经济带建设合作,愿同中方一道,深挖两国合作潜力,扩大金融、农业、水利、产能、能源、矿业、科技园区、交通运输互联互通等领域合作。④ 2019年6月15日,国家主席习近平在杜尚别同塔吉克斯坦总统拉赫蒙会谈,拉赫蒙表示,愿在"一带一路"框架内加强双方能源、石化、水电、基础设施建设等领域重点项目合作,助推塔吉克斯坦实现工业化目标。⑤ 中塔两国在丝绸之路经济带框架下的合作成效显著。如由中国新疆特变电工股份有限公司承建的杜尚别2号火电站是塔吉克斯坦最大的热电厂,其一期工程已竣工并网发电供热,二期工程正按计划顺利实施。2014年9月13日,中国-中亚天然气管道D线塔吉克斯坦段正式启动。2015年4月

---

① 赵祎:《塔吉克斯坦外长:建丝绸之路经济带促塔中实现互利共赢》,人民网,2015年7月23日,http://politics.people.com.cn/n/2015/0723/c70731-27350963.html。

② 《中华人民共和国政府与塔吉克斯坦共和国政府签署关〈于编制中塔合作规划纲要的谅解备忘录〉》,网易,2015年9月6日,https://www.163.com/money/article/B2R8FDVB00253B0H.html。

③ 刘琼:《习近平会见塔吉克斯坦总统拉赫蒙》,新华网,2016年6月23日,www.xinhuanet.com//world/2016-06/23/c_1119100214.htm。

④ 王慧慧:《习近平同塔吉克斯坦总统拉赫蒙举行会谈》,新华网,2017年8月31日,http://www.xinhuanet.com/politics/2017-08/31/c_1121580722.htm。

⑤ 刘仲华、杜尚泽:《习近平同塔吉克斯坦总统拉赫蒙会谈》,载《人民日报》2019年6月17日。

23日,"塔中公路"一期三阶段项目通车。2015年10月18日,由新疆北新路桥公司负责承建的塔吉克斯坦艾尼－彭基肯特高速公路通车。2015年11月25日,中塔两国卡拉苏－阔勒买口岸农产品快速通关"绿色通道"开通,极大地缩短了中塔两国农产品在卡拉苏口岸的通关时间,以前需要6小时以上才能通关的农产品,现在只需要半小时就能快速通关。2016年8月24日,由中铁十九局集团承建的塔吉克斯坦"瓦赫达特－亚湾"铁路正式通车。"瓦赫达特－亚湾"铁路是丝绸之路经济带框架内首个开工并建成的铁路项目,使塔吉克斯坦铁路首次实现互联互通。"瓦赫达特－亚湾"铁路将成为连接中国－塔吉克斯坦－阿富汗－伊朗国际铁路交通的枢纽,进一步促进丝绸之路经济带的建设,加快我国与中亚地区的互联互通。①

三、外高加索三国对丝绸之路经济带倡议的认同

格鲁吉亚、亚美尼亚、阿塞拜疆隶属于外高加索地区,位于欧亚大陆"大十字路口",地理位置优越,是连接亚欧大陆的重要交通枢纽。格鲁吉亚、亚美尼亚、阿塞拜疆三国对丝绸之路经济带倡议热烈欢迎并积极参与。目前,格鲁吉亚、亚美尼亚、阿塞拜疆三国均已同中国签署了关于加强共建丝绸之路经济带合作的备忘录。

(一)格鲁吉亚

伴随中国在世界经济中的地位不断增强,格鲁吉亚与中国合作的意愿也日益迫切,将中国列为优先发展的五大贸易合作伙伴之一。② 并且,在丝绸之路经济带倡议提出后,格鲁吉亚表达了强烈的参与意愿,其领导人多次在不同场合明确强调丝绸之路经济带建设对格鲁吉亚的重

---

① 齐慧、张羽兵:《塔吉克斯坦瓦亚铁路通车》,载《经济日报》2016年8月25日。
② 林雪丹、陈效卫:《中企助力格鲁吉亚打造丝路明珠》,载《人民日报》2015年9月16日。

要意义。如2015年5月12日,格鲁吉亚总理加里巴什维利表示,丝绸之路经济带构想的实施不仅造福格鲁吉亚,而且将为亚洲和欧洲的发展带来新的机遇。① 2015年10月15日,中国在境外举办的首个以丝绸之路经济带为主题的国际论坛在格鲁吉亚首都第比利斯召开,格鲁吉亚总理加里巴什维利在致辞中表示,格鲁吉亚希望充分利用自身连接欧亚的区位优势,积极参与丝绸之路经济带建设。② 2016年6月3日,时任国务院副总理张高丽会见格鲁吉亚总统马尔格韦拉什维利,马尔格韦拉什维利表示,中方提出的共建丝绸之路经济带倡议对格鲁吉亚意义重大。格方愿充分发挥自身地理位置优势,与中方加强在铁路运输、港口和公路建设等方面合作。③ 2019年7月1日,国务院总理李克强会见格鲁吉亚总理巴赫塔泽,巴赫塔泽表示,格方积极支持共建"一带一路",欢迎中方企业扩大对格投资,愿同中方扩大双边贸易规模,密切人文等领域合作,实现互利共赢。④

并且,格鲁吉亚以实际行动表明了对丝绸之路经济带建设的支持。如2015年2月10日,中国-格鲁吉亚国际铁路货物直运线路开通;2015年3月,中格两国签署了《关于加强共建丝绸之路经济带合作备忘录》和《关于启动中格自贸协定谈判可行性研究联合声明》,中格双方将在中格经贸合作委员会框架内,共同推进"丝绸之路经济带"建设的经贸合作,全面提升贸易、投资、经济技术合作和基础设施互联互通水平;⑤ 2015年3月28日,格鲁吉亚在本地区率先宣布申请加入由中国倡议建立的亚洲基础设施投资银行,并于4月12日被正式接纳为

---

① 李铭:《格鲁吉亚总理:"丝绸之路经济带"将为亚欧各国发展带来新机遇》,新华网,2015年5月13日,http://www.xinhuanet.com/world/2015-05/13/c_127793748.htm。
② 加乘:《丝绸之路国际论坛在第比利斯召开》,央广网,2015年10月16日,http://xj.cnr.cn/2014xjfw/2014xjfw_1/20151016/t20151016_520167527.shtml。
③ 白洁、李铭:《张高丽访问格鲁吉亚》,新华网,2016年6月4日,http://www.xinhuanet.com/politics/2016-06/04/c_1118989995.htm?from=groupmessage。
④ 金海、白阳:《李克强分别会见保加利亚总统拉德夫、格鲁吉亚总理巴赫塔泽、世界经济论坛主席施瓦布》,载《人民日报》2019年7月2日。
⑤ 孙扬:《中国驻格鲁吉亚大使岳斌:丝绸之路经济带将见证中格合作的美好明天》,新华网,2015年4月21日,http://www.xinhuanet.com/world/2015-04/21/c_1115043641.htm。

意向创始成员国；2015年9月26日，中格两国签署了双边本币互换框架协议；2015年10月15日，中格双方在第比利斯共同举办首届"丝绸之路国际论坛"。2017年11月28日，中国和格鲁吉亚签署了《中华人民共和国商务部与格鲁吉亚经济与可持续发展部关于开展经济区建设、推进产能合作的备忘录》，中格双方将通过加强贸易、投资和产能合作，推动搭建企业合作平台，形成产业集聚，扩大两国的互补优势，进一步发展两国经贸关系。① 而中国与格鲁吉亚两国间于2015年12月启动自贸协定谈判、经过三轮正式谈判和三次非正式磋商、于2017年5月13日正式签署的、2018年1月1日正式生效并实施的自由贸易协定——《中华人民共和国政府和格鲁吉亚政府自由贸易协定》是丝绸之路经济带倡议乃至"一带一路"倡议框架下中国第一个启动并达成的自由贸易协定，对于中格两国来说是具有里程碑意义的合作，如表3-21所示。

表3-21　　　　　中国-格鲁吉亚自由贸易协定进展情况

时间	具体事件	主要相关内容
2015年3月9日		中国商务部和格鲁吉亚经济与可持续发展部在京签署关于启动中国-格鲁吉亚自由贸易协定谈判可行性研究的联合声明，商定尽快成立联合专家组，启动中格自由贸易协定谈判可行性研究
2015年3月11日	中格双方启动自由贸易协定谈判可行性研究	
2015年4月24日	中格双方召开中国-格鲁吉亚自贸区联合可行性研究第一次工作组会议	中格双方就联合可行性研究的工作机制和双方分工、研究报告的框架及主要内容、可研工作下一步安排等议题深入交换了意见
2015年12月10日	中格自由贸易协定谈判正式启动	中格双方签署了《中华人民共和国商务部和格鲁吉亚经济与可持续发展部关于启动中格自由贸易协定谈判的谅解备忘录》，正式启动中格自贸协定谈判

---

① 《中国和格鲁吉亚签署关于开展经济区建设、推进产能合作的备忘录》，中华人民共和国商务部，2017年11月29日，http://www.mofcom.gov.cn/article/ae/ai/201711/20171102677558.shtml。

续表

时间	具体事件	主要相关内容
2016年2月22日	中格双方启动自由贸易协定第一轮谈判	中格自由贸易协定第一轮谈判在格鲁吉亚首都第比利斯举行，双方对谈判日程、谈判结构、各议题领域和原则等问题达成一致并签署模式文件，成立谈判工作组，开始自由贸易协定文本磋商，并就后续工作达成共识。双方初步商定，第二轮谈判将于2016年5月9日在北京举行
2016年5月9日	中格双方启动自由贸易协定第二轮谈判	中格自由贸易协定第二轮谈判在北京举行，双方就货物贸易、服务贸易、投资、竞争、知识产权、环境、电子商务、原产地规则、海关程序和贸易便利化、技术性贸易壁垒和卫生与植物卫生措施、贸易救济以及法律问题等议题进行了磋商，并就部分议题达成了一致。双方商定，第三轮谈判将于2016年7月在格鲁吉亚首都第比利斯举行
2016年7月18日	中格双方启动自由贸易协定第三轮谈判	中格自由贸易协定第三轮谈判在第比利斯举行，双方就货物贸易、原产地规则、海关程序和贸易便利化、技术性贸易壁垒、贸易救济、服务贸易、知识产权、环境、法律和机制条款等议题进行了磋商。其中，货物贸易和服务贸易就最终出要价进一步交换意见，其他大部分议题已基本达成一致
2016年10月5日	中格双方实质性结束自由贸易协定谈判	中国与格鲁吉亚实质性结束自由贸易协定谈判，签署了《关于实质性结束中国－格鲁吉亚自由贸易协定谈判的谅解备忘录》
2017年5月13日	中格双方正式签署自由贸易协定	中国同格鲁吉亚正式签署《中华人民共和国政府和格鲁吉亚政府自由贸易协定》。《协定》涵盖货物贸易、服务贸易、原产地规则、海关程序和贸易便利化、卫生与植物卫生措施、技术性贸易壁垒、贸易救济、知识产权和合作领域等共17个章节。在开放水平方面，格对中国96.5%的产品立即实施零关税，覆盖格自中国进口总额的99.6%；中国对格93.9%的产品实施零关税，覆盖中国自格进口总额的93.8%，其中90.9%的产品（42.7%的进口总额）立即实施零关税，其余3%的产品（51.1%的进口总额）降税过渡期为5年。在服务贸易领域，双方对诸多服务部门作出高质量的开放承诺，其中，格方在金融、运输、自然人移动、中医药服务等领域满足了中方重点关注，中方在旅游、海运、法律等领域满足了格方重点关注。此外，《协定》还进一步完善了贸易规则，规定双方在进行反倾销调查时不得使用第三方替代价格，同时明确了未来加强合作的重点领域

续表

时间	具体事件	主要相关内容
2018年1月1日	中格自由贸易协定正式生效	《中华人民共和国政府和格鲁吉亚政府自由贸易协定》正式生效并实施

资料来源：根据中国自由贸易区服务网相关资料整理得出。

（二）阿塞拜疆

阿塞拜疆多次表示将积极支持和参与丝绸之路经济带建设。2014年12月31日，阿塞拜疆驻中国大使拉季夫·甘基洛夫表示，阿塞拜疆全力支持习近平主席的丝绸之路经济带倡议。2015年12月，阿塞拜疆总统阿利耶夫在访华期间表示，阿塞拜疆乐见中国实现自己的发展战略，积极支持"一带一路"倡议，愿参与相关合作。同时，中阿两国签署了《中华人民共和国政府和阿塞拜疆共和国政府关于共同推进丝绸之路经济带建设的谅解备忘录》及经贸、司法、民航、教育、交通、能源等领域双边合作文件的签署。① 2016年2月19日，阿塞拜疆经济部副部长巴巴耶夫出席在迪拜召开的首次独联体国家全球论坛上表示，"丝绸之路经济带"给阿塞拜疆经济发展带来很大机遇，尤其是对农业、旅游、食品工业和机械制造领域。阿塞拜疆积极参与"丝绸之路经济带"建设，将有利于进一步推动阿塞拜疆经济多元化发展，给投资者提供更多发展条件，充分发挥阿过境潜力，带动货物经阿塞拜疆输往欧洲和中国。② 2016年4月26日，阿塞拜疆经济部副部长萨希尔·巴巴耶夫在参加第七届联合国文明联盟全球论坛时再次表示，丝绸之路经济带建设将促进区域经济共同发展，阿塞拜疆将积极推进跨里海国际运输

---

① 刘华：《习近平同阿塞拜疆总统共同见证〈中阿关于共同推进丝绸之路经济带建设的谅解备忘录〉签署》，中华人民共和国国务院新闻办公室网站，2015年12月14日，http://www.scio.gov.cn/31773/35507/gcyl35511/Document/1529066/1529066.htm。

② 《"丝绸之路经济带"给阿塞拜疆经济发展带来很大机遇》，新浪财经，2016年2月19日，http://finance.sina.com.cn/roll/2016-02-19/doc-ifxprupc9480979.shtml。

通道建设，打造欧亚大陆新的"钢铁丝绸之路"。丝绸之路经济带的倡议与阿塞拜疆国家发展战略高度契合，将为中阿两国未来扩大交流与合作带来新的机遇。① 2019 年 4 月 24 日，国家主席习近平会见阿塞拜疆总统阿利耶夫，阿利耶夫表示，阿塞拜疆从一开始就积极响应和参与"一带一路"倡议。阿中经贸合作发展迅速，投资、油气开发、农业、信息通信、旅游等领域合作潜力巨大。阿方愿利用自身独特区位优势，搭建跨里海国际运输通道，推动地区互联互通。② 中阿两国在丝绸之路经济带框架下的合作已经取得众多"实际"成果。如中阿之间包括铁路在内的互联互通工作已经取得重大进展，两国间人员和商品的往来正变得越来越便利化。阿塞拜疆还在大力推进巴库 - 第比利斯 - 卡尔斯跨国铁路建设。这将为未来中欧贸易往来提供一条新的便捷陆上通道。③ 2016 年 6 月 1 日，中国和阿塞拜疆签署了两国政府间经济技术合作协定，阿塞拜疆国家石油公司与中国石油天然气集团公司签署了《关于加强两国油气加工和石化领域合作谅解备忘录》。

（三）亚美尼亚

对于丝绸之路经济带倡议，亚美尼亚表示热烈欢迎和准备参与。2015 年 3 月，亚美尼亚总统谢尔日·萨尔基相对中国进行国事访问，萨尔基表示，亚方希望将亚方重要的公路铁路等基础设施项目纳入丝绸之路经济带设想，④ 在此期间，两国签署了《关于在中亚合作委员会框架内加强共建丝绸之路经济带合作的备忘录》。并且，萨尔基相总统在

---

① 李铭：《阿塞拜疆高官表示阿将积极参与丝绸之路经济带建设》，搜狐网，2016 年 4 月 27 日，https：//www. sohu. com/a/72005530_114984。
② 李方舟《习近平会见阿塞拜疆总统阿利耶夫》，光明网，2019 年 4 月 24 日，https：//politics. gmw. cn/2019 - 04/24/content_32776016. htm？s = gmwreco2。
③ 李铭：《"丝绸之路经济带"建设将为中亚地区带来发展机会——访阿塞拜疆副总理沙里福夫》，新华网，2015 年 10 月 17 日，http：//www. xinhuanet. com/world/2015 - 10/17/c_1116855530. htm。
④ 刘华：《习近平同亚美尼亚总统萨尔基相举行会谈》，新华网，2015 年 3 月 25 日，http：//www. xinhuanet. com/politics/2015 - 03/25/c_1114763842. htm。

博鳌亚洲论坛 2015 年会开幕式上表示，亚美尼亚作为一个坐落在亚洲与欧洲十字路口的国家，是历史上伟大的丝绸之路的一部分，一直发挥着连接亚欧大陆的桥梁作用，习近平主席提出的振兴丝绸之路的倡议自然对亚美尼亚充满吸引力。① 2015 年 9 月，亚美尼亚总理阿布拉米扬出席第六届欧亚经济论坛。他高度赞扬中国的丝绸之路经济带构想，认为丝绸之路经济带建设将促进亚中两国经济合作，而基础设施建设将成为两国经济合作新亮点，希望中国企业参与到亚美尼亚南北公路及亚伊铁路等项目的建设中来，并希望未来在旅游、炼铜、玻璃制造、水泥制造、轻工业等领域与中国展开新的合作。② 2016 年 5 月 20 日，亚美尼亚总理阿布拉米扬在欧亚经济联盟政府间理事会上强调，作为拥有"丝绸之路"历史经验且唯一与伊朗接壤的联盟成员国，亚美尼亚已准备好参与"共建丝绸之路经济带"倡议。③ 2019 年 5 月 15 日，国务院总理李克强会见亚美尼亚总理帕希尼扬，帕希尼扬表示，亚中双方拥有许多共同利益，亚方愿延续古丝绸之路精神，积极参与共建"一带一路"，推进双边合作，不断为亚中关系注入新活力。④ 中国和亚美尼亚双方务实合作不断取得新突破。2014 年 3 月 27 日，中亚两国签署了《中国人民银行与亚美尼亚共和国中央银行合作协议》；2016 年 5 月，中国水电建设集团国际工程有限公司成功中标承建被誉为"交通大动脉"项目的亚美尼亚南北公路；2016 年 6 月，在亚美尼亚首都埃里温举行了"中国文化日"系列活动，在此期间，中国和亚美尼亚两国签署了《2017—2020 年中亚两国文化合作协议》，根据该协议，中亚双方将继

---

① 齐薇：《亚美尼亚总统：振兴丝路对亚美尼亚充满吸引力》，国务院新闻办公室网，2015 年 3 月 30 日，http://www.scio.gov.cn/31773/35507/35510/35524/document/1527732/1527732.htm。
② 赫佰灵：《亚美尼亚总理表示欲深化对华经济合作》，新华网，2015 年 9 月 20 日，http://big5.xinhuanet.com/gate/big5/www.xinhuanet.com/world/2015-09/20/c_1116618158.htm。
③ 《亚美尼亚总理：亚已做好参与"共建丝绸之路经济带"倡议准备》，中国日报网 2016 年 6 月 1 日，http://caijing.chinadaily.com.cn/2016-06/01/content_25575254.htm。
④ 王迪：《李克强分别会见亚美尼亚总理、希腊总统、斯里兰卡总统、新加坡总统》，载《人民日报》2019 年 5 月 16 日。

续强化丝绸之路经济带框架下的文化合作，互办两国文化日活动，共同保护两国文化遗产。① 2019 年 4 月 23 日，亚美尼亚国民议会批准通过《中国与欧亚经济联盟经贸合作协定》，亚方认为该《协定》是与中国签署自由贸易协定的第一步。②

四、上海合作组织对丝绸之路经济带倡议的认同

上海合作组织是于 2001 年 6 月 15 日在中国上海宣布成立的永久性政府间国际组织。除了土库曼斯坦和格鲁吉亚以外，本书的研究对象均是上合组织成员，其中中国、俄罗斯、哈萨克斯坦、吉尔吉斯斯坦、塔吉克斯坦和乌兹别克斯坦为上合组织成员国，阿塞拜疆和亚美尼亚为上合组织对话伙伴国。而自习近平主席提出建设丝绸之路经济带倡议以来，上合组织表示认同并支持丝绸之路经济带的建设。

2013 年 9 月 14 日，习近平主席在上合组织成员国元首理事会第十三次会议上的讲话中指出，上海合作组织 6 个成员国和 5 个观察员国都位于古丝绸之路沿线。作为上海合作组织成员国和观察员国，我们有责任把丝绸之路精神传承下去，发扬光大。③ 时隔一年，习近平主席于 2014 年 9 月 12 日在上合组织成员国元首理事会第十四次会议上的讲话中扩展了上合组织参与丝绸之路经济带建设的国家范围，指出，丝绸之路经济带建设正进入务实合作新阶段，中方制定的规划基本成形。欢迎上海合作组织成员国、观察员国、对话伙伴积极参与，共商大计、共建项目、共享收益，共同创新区域合作和南南合作模式，促进上海合作组

---

① 李铭：《中国和亚美尼亚签署新文化合作协议》，新华网，2016 年 6 月 11 日，http://www.xinhuanet.com/world/2016-06/11/c_1119021203.htm。
② 《亚美尼亚议会批准〈中国与欧亚经济联盟经贸合作协定〉》，中华人民共和国商务部，2019 年 4 月 30 日，http://www.mofcom.gov.cn/article/tongjiziliao/fuwzn/oymytj/201904/20190402858954.shtml。
③ 习近平：《习近平在上海合作组织成员国元首理事会第十三次会议上的讲话　弘扬"上海精神"促进共同发展》，载《人民日报》，2013 年 9 月 14 日。

织地区互联互通和新型工业化进程。①

2014年12月,上合组织首次对丝绸之路经济带建设做出回应,对中华人民共和国关于建设"丝绸之路经济带"的倡议表示欢迎,认为上合组织成员国就此进行协商与合作具有重要意义。② 2015年7月,上合组织第一次表示支持丝绸之路经济带倡议,支持中华人民共和国关于建设丝绸之路经济带的倡议,上合组织成员国相关主管部门开展相互磋商和信息交流具有重要意义。③ 2015年12月,上合组织第一次将成员国、观察员和对话伙伴的经济合作纳入丝绸之路经济带倡议框架下,上合组织成员国与观察员国和对话伙伴在实施丝绸之路经济带倡议等框架下通力协作,将促进经济持续发展,维护地区和平稳定。④ 2018年10月,上合组织成员国重申支持中华人民共和国提出的"一带一路"倡议,肯定各方为共同实施"一带一路"倡议,包括为促进"一带一路"倡议和欧亚经济联盟对接所做的工作。各方支持利用地区国家、国际组织和多边合作机制的潜力,在上合组织地区构建广泛、开放、互利和平等的伙伴关系。⑤

丝绸之路经济带倡议与上合组织在建设的基本原则、目标、重点合作等领域高度契合。并且,上合组织将成为丝绸之路经济带与欧亚经济联盟对接的重要平台。中俄两国于2015年5月8日签署的《中华人民共和国与俄罗斯联邦关于丝绸之路经济带建设和欧亚经济联盟建设对接合作的联合声明》指出,中俄双方将共同协商,努力将丝绸之路经济带建设和欧亚经济联盟建设相对接,通过双边和多边机制,特别是上海合

---

① 习近平:《凝心聚力 精诚协作 推动上海合作组织再上新台阶——在上海合作组织成员国元首理事会第十四次会议上的讲话》,载《中国青年报》2014年9月13日。
② 《上海合作组织成员国政府首脑(总理)理事会第十三次会议联合公报》,载《人民日报》2014年12月16日。
③ 《上海合作组织成员国元首乌法宣言》,载《人民日报》2015年7月11日。
④ 《上海合作组织成员国政府首脑(总理)理事会第十四次会议联合公报》,载《人民日报》2015年12月16日。
⑤ 《上海合作组织成员国政府首脑(总理)理事会第十七次会议联合公报(全文)》,中国政府网,2018年10月13日,http://www.gov.cn/guowuyuan/2018-10/13/content_5330155.htm。

作组织平台开展合作。① 而2015年12月签署的《中俄总理第二十次定期会晤联合公报》再次强调，中俄双方认为上海合作组织是实现丝绸之路经济带建设与欧亚经济联盟建设对接的最有效平台，愿同其他国家一道，最大限度地利用上海合作组织的现有发展潜力。②

五、沿线各国对丝绸之路经济带倡议的认同感和参与度不断增强

自2013年"一带一路"倡议提出以来，中国政府及相关部门发布《推动共建丝绸之路经济带和21世纪海上丝绸之路的愿景与行动》（2015年3月）、《推动"一带一路"能源合作的愿景与行动》（2017年5月）、《共同推进"一带一路"建设农业合作的愿景与行动》（2017年5月）、《关于推进绿色"一带一路"建设的指导意见》（2017年5月）、《"一带一路"建设海上合作设想》（2017年6月）等一系列文件，以支持、推进、加速"一带一路"建设。丝绸之路经济带建设扎实推进，成效显著，一批具有标志性的早期成果开始显现，沿线各国对于丝绸之路经济带倡议的认同感以及参与度不断增强。

1. 在政策沟通方面，2016年11月，"一带一路"倡议被写入《第71届联合国大会决议》，而共商、共建、共享等"一带一路"核心理念被写入亚太经合组织领导人宣言。截至目前，中国已与近30个国际组织签署"一带一路"合作文件，如表3－22所示，而与俄罗斯、哈萨克斯坦、吉尔吉斯斯坦、乌兹别克斯坦、塔吉克斯坦、格鲁吉亚、阿塞拜疆和亚美尼亚也均已签订共建"一带一路"合作文件，如表3－23所示。

---

① 《中华人民共和国与俄罗斯联邦关于丝绸之路经济带建设和欧亚经济联盟建设对接合作的联合声明》，载《人民日报》2015年5月9日。
② 《中俄总理第二十次定期会晤联合公报》，载《人民日报》2015年12月18日。

表 3-22　　与中国签署"一带一路"合作文件的国际组织

时间	名称	相关文件	相关内容
2015 年 7 月 10 日	上海合作组织	《上海合作组织成员国元首乌法宣言》	成员国支持中华人民共和国关于建设丝绸之路经济带的倡议,认为上合组织成员国相关主管部门开展相互磋商和信息交流具有重要意义
2016 年 4 月 11 日	联合国亚太经社会	《中国外交部与联合国亚太经社会关于推进地区互联互通和"一带一路"倡议的意向书》	双方将共同规划推进互联互通和"一带一路"的具体行动,推动沿线各国政策对接和务实合作
2016 年 9 月 19 日	联合国开发计划署	《中华人民共和国政府与联合国开发计划署关于共同推进丝绸之路经济带和 21 世纪海上丝绸之路建设的谅解备忘录》	《中华人民共和国政府与联合国开发计划署关于共同推进丝绸之路经济带和 21 世纪海上丝绸之路建设的谅解备忘录》是中国政府与国际组织签署的第一份政府间共建"一带一路"的谅解备忘录
2016 年 9 月 5 日	二十国集团	《二十国集团领导人杭州峰会公报》	通过建立"全球基础设施互联互通联盟"倡议
2016 年 11 月 20 日	亚太经合组织	《亚太经合组织第二十四次领导人非正式会议宣言》	我们欢迎各经济体在共商、共建、共享基础上实现区域全面互联互通的倡议。我们鼓励进一步落实这些倡议,促进本地区的政策沟通、设施联通、贸易畅通、资金融通、民心相通。同时鼓励各成员就这些倡议进一步对接,以促进亚太区域经济一体化和共同发展。这是共商、共建、共享等"一带一路"核心理念首次写入领导人宣言
2016 年 11 月 17 日	联合国	《第71届联合国大会关于阿富汗问题决议》	决议欢迎"一带一路"等经济合作倡议,敦促各方通过"一带一路"倡议等加强阿富汗及地区经济发展,呼吁国际社会为"一带一路"倡议建设提供安全保障环境
2017 年 1 月 18 日	世界卫生组织	《中华人民共和国政府与世界卫生组织关于"一带一路"卫生领域合作的谅解备忘录》	共同致力于与"一带一路"沿线国家在卫生应急、传染病防治、传统医学等有关领域加强合作,共建"健康丝绸之路"

续表

时间	名称	相关文件	相关内容
2017年3月17日	联合国安理会	第2344号决议	呼吁国际社会凝聚援助阿富汗共识，通过"一带一路"建设等加强区域经济合作
2017年5月13日	世界卫生组织	《中华人民共和国政府与世界卫生组织关于"一带一路"卫生领域合作的执行计划》	双方约定加强合作，促进我国及沿线国家卫生事业发展，携手打造"健康丝绸之路"
2017年5月14日	世界知识产权组织	《中华人民共和国政府和世界知识产权组织加强"一带一路"知识产权合作协议》	双方将围绕"一带一路"建设开展全面深入合作，促进"一带一路"沿线国家和地区知识产权发展
2017年5月14日	联合国儿童基金会	"一带一路"倡议下加强合作的谅解备忘录	
2017年5月14日	联合国人口基金	"一带一路"倡议下加强合作的谅解备忘录	
2017年5月14日	联合国贸易与发展会议	"一带一路"倡议下加强合作的谅解备忘录	
2017年5月14日	联合国人居署	"一带一路"倡议下加强合作的谅解备忘录	
2017年5月15日	世界银行、亚洲基础设施投资银行、金砖国家新开发银行、亚洲开发银行、欧洲投资银行、欧洲复兴开发	《关于加强在"一带一路"倡议下相关区域合作的谅解备忘录》	共同加大对基础设施和互联互通项目的支持力度，努力为"一带一路"构建稳定、多元、可持续的融资机制

续表

时间	名称	相关文件	相关内容
2017年5月	联合国欧洲经济委员会	"一带一路"PPP合作《谅解备忘录》	帮助"一带一路"沿线的联合国欧洲经济委员会成员国建立健全PPP法律制度和框架体系、筛选PPP项目典型案例、建立"一带一路"PPP国际专家库、建立"一带一路"PPP对话机制等
2017年5月	联合国工业发展组织	关于共建"一带一路"等合作的谅解备忘录	
2017年5月	世界经济论坛	"一带一路"合作文件	
2017年5月	国际道路运输联盟	"一带一路"倡议合作文件	就共同推动国际道路运输事业发展，促进国际物流大通道建设，进一步发挥"一带一路"倡议下互联互通的潜力制定了行动计划
2017年5月	国际贸易中心	"一带一路"合作文件	
2017年5月	国际电信联盟	《关于加强"一带一路"框架下电信和信息网络领域合作的意向书》	
2017年5月	国际民航组织	"一带一路"合作文件	
2017年5月	联合国文明联盟	"一带一路"合作文件	
2017年5月	国际发展法律组织	"一带一路"合作文件	
2017年5月	世界气象组织	《中国气象局与世界气象组织关于推进区域气象合作和共建"一带一路"的意向书》	根据意向书，中国气象局与世界气象组织将通过加强区域气象交流合作，积极推进"一带一路"建设的气象服务保障工作，开展减轻灾害风险、气候服务、综合观测、研究与能力发展等多领域的合作，提升区域气象灾害监测预测预警和应对气候变化能力

续表

时间	名称	相关文件	相关内容
2017年5月	国际海事组织	"一带一路"合作文件	
2017年5月13日	国际刑警组织	《中华人民共和国政府和国际刑警组织战略合作的意向宣言》	宣言指出,中国政府与国际刑警组织将在维护边境和贸易安全,打击非法市场、金融犯罪和网络犯罪活动,保护关键基础设施安全等领域开展合作,为参与"一带一路"的国际刑警组织成员国的安全和稳定积极创造机会。中国政府愿为国际刑警组织与"一带一路"倡议直接相关的能力建设和合作计划提供支持

资料来源:根据相关数据资料整理得出。

表3-23 丝绸之路经济带沿线国家同中国签订共建"一带一路"合作文件

国家	相关新闻	链接
俄罗斯	《中华人民共和国与俄罗斯联邦关于丝绸之路经济带建设和欧亚经济联盟建设对接合作的联合声明》	https://www.yidaiyilu.gov.cn/zchj/sbwj/2427.htm
哈萨克斯坦	发改委与哈萨克斯坦共和国国民经济部签署关于共同推进丝绸之路经济带建设的谅解备忘录	https://www.yidaiyilu.gov.cn/xwzx/bwdt/77007.htm
吉尔吉斯斯坦	中华人民共和国和吉尔吉斯共和国关于建立全面战略伙伴关系联合声明	https://www.yidaiyilu.gov.cn/zchj/sbwj/57311.htm
塔吉克斯坦	中塔签署《关于编制中塔合作规划纲要的谅解备忘录》	https://www.yidaiyilu.gov.cn/xwzx/bwdt/77051.htm
乌兹别克斯坦	中乌签署共建"丝绸之路经济带"合作文件	https://www.yidaiyilu.gov.cn/xwzx/hwxw/77004.htm
格鲁吉亚	中国与格鲁吉亚启动自贸区可行性研究 并签署共建"丝绸之路经济带"合作文件	https://www.yidaiyilu.gov.cn/xwzx/hwxw/77005.htm
阿塞拜疆	习近平同阿塞拜疆总统阿利耶夫会谈	https://www.yidaiyilu.gov.cn/xwzx/xgcdt/7024.htm
亚美尼亚	中华人民共和国和亚美尼亚共和国关于进一步发展和深化友好合作关系的联合声明	https://www.yidaiyilu.gov.cn/zchj/sbwj/7972.htm

资料来源:根据中国一带一路网的相关资料整理得出。

并且，中国政府与丝绸之路经济带沿线各国也相继将丝绸之路经济带建设及其核心理念写入双方联合声明，从联合声明中的措辞及务实合作成果也体现了对丝绸之路经济带建设不断增强的认同感与参与度，如表 3–24 所示。

表 3–24　中国与沿线国家关于丝绸之路经济带建设的联合声明

时间	联合声明	关于丝绸之路经济带建设的认同及务实合作声明
中国与俄罗斯		
2014 年 5 月 20 日	《中俄关于全面战略协作伙伴关系新阶段的联合声明》	俄方认为，中方提出的建设丝绸之路经济带倡议非常重要，高度评价中方愿在制定和实施过程中考虑俄方利益。双方将寻找丝绸之路经济带项目和将建立的欧亚经济联盟之间可行的契合点。为此，双方将继续深化两国主管部门的合作，包括在地区发展交通和基础设施方面实施共同项目
2015 年 5 月 8 日	《中华人民共和国和俄罗斯联邦关于深化全面战略协作伙伴关系、倡导合作共赢的联合声明》	俄方高度评价中方建设丝绸之路经济带和 21 世纪海上丝绸之路的倡议，认为这是一个旨在发展地区经贸与投资合作的重要构想。双方将继续在丝绸之路经济带和欧亚经济联盟框架内寻找地区经济一体化进程的契合点，在加强平等合作与互信基础上确保欧亚地区经济的可持续增长。双方欢迎中国与欧亚经济联盟启动经贸合作方面的协议谈判
2016 年 6 月 25 日	《中华人民共和国和俄罗斯联邦联合声明》	双方强调，落实中俄 2015 年 5 月 8 日《联合声明》中确定的丝绸之路经济带建设与欧亚经济联盟建设对接合作的共识具有重大意义。中俄主张在开放、透明和考虑彼此利益的基础上建立欧亚全面伙伴关系，包括可能吸纳欧亚经济联盟、上海合作组织和东盟成员国加入。鉴此，两国元首责成两国政府相关部门积极研究提出落实该倡议的举措，以推动深化地区一体化进程
2017 年 7 月 5 日	《中华人民共和国和俄罗斯联邦关于进一步深化全面战略协作伙伴关系的联合声明》	双方继续开展"一带一路"建设与欧亚经济联盟对接，推动签署《中华人民共和国与欧亚经济联盟经贸合作协议》。双方将在开放、透明和考虑彼此利益的基础上，为推动地区一体化进程，继续就构建"欧亚经济伙伴关系"制定相关措施。双方欢迎签署《中华人民共和国商务部与俄罗斯联邦经济发展部关于欧亚经济伙伴关系协定联合可行性研究的联合声明》，期待有关联合可行性研究尽快取得积极进展

续表

时间	联合声明	关于丝绸之路经济带建设的认同及务实合作声明
中国与俄罗斯		
2018年6月8日	《中华人民共和国和俄罗斯联邦联合声明》	通过共同实施2018年5月17日在阿斯塔纳签署的《中华人民共和国与欧亚经济联盟经贸合作协定》等,继续推进"一带一路"建设和欧亚经济联盟对接;将在开放、透明和考虑彼此利益的基础上,探讨构建"欧亚伙伴关系",促进地区一体化进程
2019年6月6日	《中华人民共和国和俄罗斯联邦关于发展新时代全面战略协作伙伴关系的联合声明》	俄方支持"一带一路"倡议,中方支持在欧亚经济联盟框架内推动一体化进程。双方在推进"一带一路"建设与欧亚经济联盟对接方面加强协调行动。中方支持建设大欧亚伙伴关系倡议。双方认为,"一带一路"倡议同大欧亚伙伴关系可以并行不悖,协调发展,共同促进区域组织、双多边一体化进程,造福欧亚大陆人民。 积极推进"一带一路"建设与欧亚经济联盟对接。推动在中华人民共和国政府同欧亚经济委员会间建立有效对话机制。切实推动符合中国、欧亚经济联盟及其成员国利益的优先项目
中国与哈萨克斯坦		
2015年8月31日	《中华人民共和国和哈萨克斯坦共和国关于全面战略伙伴关系新阶段的联合宣言》	双方强调,中国"丝绸之路经济带"倡议和哈萨克斯坦"光明之路"新经济政策相辅相成,有利于深化两国全面合作……双方将本着开放精神和协商、协作、互利原则,共同就"丝绸之路经济带"倡议和"光明之路"新经济政策进行对接开展合作……双方同意在上述倡议框架内加强区域间互联互通,基础设施建设、贸易、旅游和投资领域合作
2017年6月8日	《中华人民共和国和哈萨克斯坦共和国联合声明》	双方强调,中方倡议的"一带一路"建设和哈萨克斯坦"光明之路"新经济政策相辅相成,将促进两国全面合作深入发展……"一带一路"建设和"光明之路"新经济政策对接合作规划具有重大意义……双方同意在上述倡议框架内深化产能与投资合作,加强互联互通,深化基础设施建设、交通物流、贸易、制造业、农业、旅游领域合作
2018年6月7日	《中华人民共和国和哈萨克斯坦共和国联合声明》	双方高度评价中哈共建"一带一路"合作取得的丰硕成果……中国建设"丝绸之路经济带"倡议和哈萨克斯坦"光明之路"新经济政策对接合作意义重大……双方欢迎阿斯塔纳国际金融中心于2018年1月开始运行。双方支持丝路基金、中国-欧亚经济合作基金与阿斯塔纳国际金融中心建立战略合作伙伴关系……哈方支持中方2019年举办第二届"一带一路"国际合作高峰论坛……中方支持哈方2018年秋天在阿斯塔纳举办中哈商务论坛,庆祝"一带一路"倡议提出五周年

续表

时间	联合声明	关于丝绸之路经济带建设的认同及务实合作声明
中国与吉尔吉斯斯坦		
2014年5月18日	《中华人民共和国和吉尔吉斯共和国关于进一步深化战略伙伴关系的联合宣言》	双方表示,实现共建丝绸之路经济带倡议对双边合作全面发展具有重要意义。双方愿密切协作确定优先实施的大项目,采取具体落实措施,并为此制定完善双边合作的路线图
2018年6月6日	《中华人民共和国和吉尔吉斯共和国关于建立全面战略伙伴关系的联合声明》	吉方支持中方提出的共建"一带一路"倡议。双方认为,共建"一带一路"合作对推动双边关系发展和加强地区合作具有重要意义
2019年6月13日	《中华人民共和国和吉尔吉斯共和国关于进一步深化全面战略伙伴关系的联合声明》	吉方支持中方"一带一路"倡议。双方认为,"一带一路"倡议通过实施重大合作项目对促进双边关系发展、巩固地区合作具有重要意义。双方指出,中方提出的共建"一带一路"倡议和吉尔吉斯斯坦《2018-2040年国家发展战略》对接合作潜力巨大,将本着互利共赢的原则寻找更多利益交汇点,努力实现共同发展。双方将充分落实中吉共建"一带一路"安全保障联合工作组机制的任务,为达成目标,将在上述机制框架内加强安全保障情报信息交流
中国与乌兹别克斯坦		
2014年8月19日	《中华人民共和国和乌兹别克斯坦共和国联合宣言》	双方支持并愿共同落实中方关于建设"丝绸之路经济带"的倡议,将确定新的、具有前景的经济合作方向,进一步推动重点项目……双方将加强铁路、公路、航空领域合作,为两国提升过货量和发挥过境运输潜力创造良好条件。双方将继续实施交通领域的大型基础设施项目,积极推动建立高效交通走廊的区域合作项目,包括建设连接两国的最短的铁路和公路通道
2016年6月22日	《中华人民共和国和乌兹别克斯坦共和国联合声明》	双方将促进落实两国业已签署的各项合作文件和共同商定的合作项目,加强互利经济合作,继续推动实施互利项目,特别是高科技领域合作项目,全力支持共建丝绸之路经济带……双方强调加强区域交通基础设施互联互通的重要意义,将继续致力于推动建立连接两国的高效交通走廊,包括建设连接两国的最便捷的铁路和公路通道

续表

时间	联合声明	关于丝绸之路经济带建设的认同及务实合作声明
中国与乌兹别克斯坦		
2017年5月12日	《中华人民共和国和乌兹别克斯坦共和国关于进一步深化全面战略伙伴关系的联合声明》	双方一致认为，务实合作是中乌全面战略伙伴关系的重要组成部分。双方将全面落实两国现有双边各项合作文件和共同商定的合作项目，在共建"一带一路"框架内扩大贸易、投资、经济技术和交通、通信、农业、园区等优先领域合作
中国与塔吉克斯坦		
2014年9月13日	《中华人民共和国和塔吉克斯坦共和国关于进一步发展和深化战略伙伴关系的联合宣言》	双方指出，共同建设丝绸之经济带的伟大倡议为中塔开展全方位合作提供了新的历史机遇。双方愿密切合作，共同推动丝绸之路经济带建设，开辟中塔合作新的广阔前景
2017年8月31日	《中华人民共和国和塔吉克斯坦共和国关于建立全面战略伙伴关系的联合声明》	双方全力支持并积极参与"一带一路"倡议，欢迎签署并认真落实中塔合作规划纲要。双方商定开展"一带一路"建设同塔吉克斯坦"2030年前国家发展战略"对接合作，实现优势互补和共同发展繁荣
2019年6月15日	《中华人民共和国和塔吉克斯坦共和国关于进一步深化全面战略伙伴关系的联合声明》	双方将继续落实《中塔合作规划纲要》，推动"一带一路"倡议同塔吉克斯坦"2030年前国家发展战略"深入对接，致力于逐步构建中塔发展共同体。基于上述，双方将继续全面、切实落实现有双边共识和共同合作项目……双方将进一步加强中塔共建"一带一路"安全保障合作，确保重大合作项目安全……双方愿加强在上海合作组织等多边机制下的灾害防治合作，并共同推动建立"一带一路"自然灾害防治和应急管理国际合作机制
中国与土库曼斯坦		
2014年5月12日	《中华人民共和国和土库曼斯坦关于发展和深化战略伙伴关系的联合宣言》	努力实现中华民族伟大复兴的"中国梦"同土库曼斯坦建设"强盛幸福时代"发展战略的对接，实现共同发展繁荣。双方将共同推动"丝绸之路经济带"建设，研究开展合作的方式并启动具体合作项目

续表

时间	联合声明	关于丝绸之路经济带建设的认同及务实合作声明
中国与阿塞拜疆		
2015年12月10日	《中华人民共和国和阿塞拜疆共和国关于进一步发展和深化友好合作关系的联合声明》	双方支持并愿共同落实中方关于建设丝绸之路经济带的倡议,认为两国开展全方位合作面临新的机遇。双方愿以签署《中华人民共和国政府和阿塞拜疆共和国政府关于共同推进丝绸之路经济带建设的谅解备忘录》为契机,积极开展产能合作,加强基础设施建设、能源、化工、轻工、机械制造、农业、交通及通信等领域合作
中国与亚美尼亚		
2015年3月25日	《中华人民共和国和亚美尼亚共和国关于进一步发展和深化友好合作关系的联合声明》	双方指出,共同建设丝绸之路经济带的倡议为两国开展全方位合作提供了新的历史机遇。双方将积极落实已签署的相关协议,共同推动丝绸之路经济带建设,开辟双方合作新的广阔前景

资料来源:根据相关数据资料整理得出。

2. 在设施联通方面,新亚欧大陆桥经济走廊、中蒙俄经济走廊、中国－中亚－西亚经济走廊在设施互联互通领域的合作不断加深,已初见成效,如表3-25所示。

表3-25　　丝绸之路经济带建设在设施联通方面的进展

名称	简介	进展情况
《上海合作组织成员国政府间国际道路运输便利化协定》	《协定》核心内容是赋予各当事方道路运输承运人和车辆在许可证制度下,按商定的线路从事跨境和过境运输的权利,倡导各方协调和简化国际道路运输文件、程序和要求,并成立国际道路运输便利化联合委员会,协调处理合作中出现的问题。《协定》规定非上合组织成员国也可申请加入	2003年,我国在上海合作组织峰会上提出商签《上海合作组织成员国政府间国际道路运输便利化协定》(以下简称《协定》)的倡议 2014年9月,就《协定》文本达成一致 2014年9月12日,中国、哈萨克斯坦、吉尔吉斯斯坦、俄罗斯、塔吉克斯坦、乌兹别克斯坦六国政府代表共同签署了《协定》 2016年10月28日,国务院决定核准《协定》

续表

名称	简介	进展情况
《关于深化中欧班列合作协议》	协议主要内容：一是推动铁路基础设施发展规划衔接，打造中欧铁路运输大通道，共同组织安全、畅通、快速、便利和有竞争力的中欧铁路运输；二是加强全程运输组织，加快集装箱作业，采用信息技术，提高班列在各自国家境内的旅行速度；三是推动服务标准统一、信息平台统一，实现全程信息追踪，建立突发情况通报和处理合作机制，保障货物运输安全；四是加强中欧班列营销宣传，扩大班列服务地域，开发新的运输物流产品，推进跨境电商货物、国际邮包、冷链运输，促进中欧班列运量持续增长；五是协调沿线国家海关等联检部门，简化班列货物通关手续，优化铁路口岸站作业，压缩通关时间；六是成立中欧班列运输联合工作组及专家工作组，及时协商解决班列运输过程中的问题	2017年4月，中国、俄罗斯、哈萨克斯坦、白俄罗斯、蒙古国、波兰、德国七国铁路部门签署《关于深化中欧班列合作协议》 2017年10月，中欧班列运输联合工作组第一次会议在中国郑州举行 2018年4月，中欧班列运输联合工作组第二次会议在白俄罗斯明斯克市举行 2018年9月，中欧班列运输联合工作组第三次会议在德国波茨坦市举行 2019年4月，中欧班列运输联合工作组第四次会议在哈萨克斯坦阿拉木图市举行
《关于建立中蒙俄经济走廊联合推进机制的谅解备忘录》		2018年，中蒙俄三国签署《关于建立中蒙俄经济走廊联合推进机制的谅解备忘录》，进一步完善了三方合作工作机制
《关于沿亚洲公路网国际道路运输政府间协定》		2016年12月，中蒙俄三国政府签署《关于沿亚洲公路网国际道路运输政府间协定》 2018年9月21日，《协定》正式生效 2019年7月3日至4日，《关于沿亚洲公路网国际道路运输政府间协定》联委会第一次会议顺利召开

续表

名称	简介	进展情况
"西欧－俄罗斯－哈萨克斯坦－中国西部"国际公路运输走廊	"西欧－俄罗斯－哈萨克斯坦－中国西部"国际公路运输走廊，又称"双西公路"。它东起中国连云港，西至俄罗斯圣彼得堡，途经中哈俄三国数十座城市，总长8445公里。主要保障中国－哈萨克斯坦、中国－中亚、中国－哈萨克斯坦－俄罗斯－西欧三条走向的公路运输	2018年9月27日，"西欧－俄罗斯－哈萨克斯坦－中国西部"高速公路中国－哈萨克斯坦联结点"碰头"连通。至此，加上此前境外已经开通的部分，"双西公路"全线贯通，中国至欧洲实现全程高速
中俄同江－下列宁斯阔耶铁路界河桥	中俄同江－下列宁斯阔耶铁路界河桥位于黑龙江省同江市与俄罗斯犹太自治州下列宁斯阔耶之间，该桥将连通向阳川－哈鱼岛铁路与俄罗斯西伯利亚铁路列宁斯阔耶支线，进而将中国东北铁路网与俄罗斯西伯利亚铁路网连通，形成一条新的国际铁路通道。中俄同江－下列宁斯阔耶铁路界河桥	2014年2月26日，中俄同江－下列宁斯阔耶铁路界河桥开工奠基。2018年10月，中方侧工程已完工
中俄黑河－布拉戈维申斯克界河公路桥	中俄黑河－布拉戈维申斯克界河公路桥是跨黑龙江（阿穆尔河）界河公路桥，将中国黑河市和俄罗斯布拉戈维申斯克市真正"连"到一起	2015年9月，中俄黑河－布拉戈维申斯克界河公路大桥正式开工建设 2019年5月31日，中俄黑河－布拉戈维申斯克界河公路大桥合龙
莫喀高铁	莫斯科－喀山高铁西起俄罗斯首都莫斯科，向东南延伸到鞑靼（Tatarstan）共和国的喀山，中间穿过弗拉基米尔州首府弗拉基米尔、俄罗斯联邦州首府下诺夫哥罗德和楚瓦什自治共和国首府切博克萨雷等重要城市，全长约770公里	初步设计基本完成
中蒙俄（二连浩特）跨境陆缆系统		已建成
双边国际道路运输协定	中国－哈萨克斯坦、中国－乌兹别克斯坦、中国－塔吉克斯坦	已签署
多边国际道路运输协议或协定	中巴哈吉、中哈俄、中吉乌	已签署

第三章　构建丝绸之路经济带自由贸易区网络的现实基础 119

续表

名称	简介	进展情况
跨境光缆信息通道建设	中国－吉尔吉斯斯坦、中国－俄罗斯	进展明显
丝路光缆合作项目	中国－吉尔吉斯斯坦、中国－塔吉克斯坦	2017年11月，中国电信与吉尔吉斯斯坦、塔吉克斯坦签署"丝路光缆合作协议"，启动"丝路光缆项目"

资料来源：根据相关数据资料整理得出。

3. 在贸易畅通方面，随着丝绸之路经济带建设的扎实推进，沿线国家贸易和投资自由化便利化水平不断提升，如表3－26所示，交易成本和营商成本不断降低。

表3－26　　　丝绸之路经济带建设在贸易畅通方面的进展

名称	简介	进展情况
《推进"一带一路"贸易畅通合作倡议》	主要内容：一、促进贸易增长，支持以世贸组织为基石的多边贸易体制，参与方中的世贸组织成员愿推动世贸组织第11届部长级会议取得积极成果。二、振兴相互投资，加强投资合作，探索创新投资合作模式，促进更多富有质量和效率的投资。三、促进包容可持续发展，共同履行推进联合国2030年可持续发展议程的承诺，加强贸易投资领域的经济技术合作和能力建设，全面均衡地促进经济、社会和环境的包容和可持续发展	2017年5月14日，正式发布
中国与哈萨克斯坦开通农产品快速通关"绿色通道"	中哈双方在口岸设置专用农产品进出口报关报检窗口，第一时间对进出口农产品报关报检单据进行审核；对符合条件的农产品进出口企业和运输车辆发放"绿色通道"标识，运输车辆通过口岸专用"绿色通道"验放，尽量缩短货物在口岸的停留时间	2013年12月23日，正式开通

续表

名称	简介	进展情况
中国和塔吉克斯坦农产品快速通关"绿色通道"	在卡拉苏－阔勒买口岸，开通张贴专门标识的"绿色通道"专用窗口，对张贴有"绿色通道"标识的载运农产品车辆，予以全程给予通关便利。"绿色通道"标识限一车一证，一次性使用	2015年11月25日，正式开通
中国和吉尔吉斯斯坦农产品快速通关"绿色通道"	中国和吉尔吉斯斯坦农产品快速通关"绿色通道"包括伊尔克什坦－伊尔克什坦、吐尔尕特－图鲁噶尔特两个口岸，列入中吉农产品快速通关"绿色通道"的产品的清单包括63个出口品种、35个进口品种，进出境的农产品运输车辆张贴"绿色通道"标识后，双方海关会优先办理相关手续，沿途都将给予快速通行的待遇	2015年12月16日，正式开通
《中华人民共和国政府和格鲁吉亚政府自由贸易协定》	《协定》涵盖货物贸易、服务贸易、原产地规则、海关程序和贸易便利化、卫生与植物卫生措施、技术性贸易壁垒、贸易救济、知识产权和合作领域等共17个章节	2018年1月1日，《协定》正式生效并实施
《中华人民共和国与欧亚经济联盟经贸合作协定》	《协定》范围涵盖海关合作和贸易便利化、知识产权、部门合作以及政府采购等13个章节，包含了电子商务和竞争等新议题。双方同意通过加强合作、信息交换、经验交流等方式，进一步简化通关手续，降低货物贸易成本	2016年6月25日，签署《关于正式启动中国与欧亚经济联盟经贸合作伙伴协定谈判的联合声明》 2017年10月1日，签署《关于实质性结束中国与欧亚经济联盟经贸合作协议谈判的联合声明》 2018年5月17日，签署《中华人民共和国与欧亚经济联盟经贸合作协定》 2018年12月6日《协定》正式生效

资料来源：根据相关资料整理得出。

4. 在资金融通和民心相通方面，中国与沿线国家间的合作与交流不断深入，早期收获多多。丝绸之路经济带建设的融资渠道越来越多样化，投融资模式不断创新，资金支持越来越稳定透明。中国与丝绸之路经济带沿线国家间的公共外交和文化交流形式多样、领域广泛。相互理解和认同感不断增进，夯实了丝绸之路经济带建设的民意基础。如，2014年6月22日中国与哈萨克斯坦和吉尔吉斯斯坦的"丝绸之路：长安-天山廊道的路网"联合申遗成功。

第六节　丝绸之路经济带沿线各国强烈的区域经济一体化诉求

20世纪90年代以来，区域经济一体化快速发展。截至2016年底，向WTO通报生效的区域贸易协定（RTA）共有286件，其中以自由贸易协定（FTA）为主，占83.57%。在全球区域经济一体化浪潮中，丝绸之路经济带沿线国家的区域经济一体化诉求也随之不断增强。

一、中国的区域经济一体化诉求

中国作为区域贸易协定起步较晚的国家，直到2001年，才正式缔结第一个区域贸易协定——亚太贸易协定，该协定于2002年1月1日开始生效。随后，中国区域贸易协定快速稳步发展。截至2019年7月，中国区域贸易协定包括15个已生效区域贸易协定、1个未生效的自由贸易协定以及4个自由贸易协定升级协议，除了亚太贸易协定以外，其他区域贸易协定类型均为FTA&EIA，伙伴国遍及亚洲、欧洲、拉美、大洋洲等地区，涉及20多个国家和地区，如表3-27所示。与此同时，中国还在积极推动13个自由贸易协定谈判，包括RCEP、中国-巴基斯坦自由贸易协定第二阶段、中日韩、中国-斯里兰卡、中国-挪威、中国-海湾合作委员会、中国-马尔代夫、中国-以色列、中国-新西兰自贸协定升级谈判、中国-毛里求斯、中国-摩尔多瓦、中国-巴拿马、中国-韩国自贸协定第二阶段谈判、中国-巴勒斯坦、中国-秘鲁自贸协定升级谈判等，这些自贸协定一旦签署，中国自由贸易协定伙伴将达到近40个，占中国对外贸易额的50%以上。而中国与哥伦比亚、斐济、尼泊尔、巴布亚新几内亚、加拿大、孟加拉国、蒙古国、瑞士自贸协定升级联合研究等区域贸易协定正处于联合可行性研究阶段。并且，中国在自由贸易区谈判中逐步加入更多的国际经贸新规则，如知识产权、竞争政策、政府采购、环境保护、电子商务等，并积极推动以负面清单方式进行服务贸易和投资谈判。

表3-27　　　　　　　　　中国区域贸易协定情况

序号	RTA名称	成员	范围	类型	生效（签署）日期	区域范围
已生效或签署的自由贸易协定							
1	中国－格鲁吉亚	中国；格鲁吉亚	货物及服务	FTA&EIA	2018年1月1日	东亚－南高加索
2	中国－韩国	中国；韩国	货物及服务	FTA&EIA	2015年12月20日	东亚
3	中国－澳大利亚	中国；澳大利亚	货物及服务	FTA&EIA	2015年12月20日	东亚－大洋洲
4	中国－冰岛	中国；冰岛	货物及服务	FTA&EIA	2014年7月1日	东亚－欧洲
5	中国－瑞士	中国；瑞士	货物及服务	FTA&EIA	2014年7月1日	东亚－欧洲
6	中国－哥斯达黎加	中国；哥斯达黎加	货物及服务	FTA&EIA	2011年8月1日	东亚－中美洲
7	中国－秘鲁	中国；秘鲁	货物及服务	FTA&EIA	2010年3月1日	东亚－南美洲
8	中国－新加坡	中国；新加坡	货物及服务	FTA&EIA	2009年1月1日	东亚
9	中国－新西兰	中国；新西兰	货物及服务	FTA&EIA	2008年10月1日	东亚－大洋洲

续表

序号	RTA 名称	成员	范围	类型	生效（签署）日期	区域范围
已生效或签署的自由贸易协定							
10	中国－巴基斯坦	中国；巴基斯坦	货物及服务	FTA&EIA	2007年7月1日－G 2009年10月10日－S	东亚－欧洲
11	中国－智利	中国；智利	货物及服务	FTA&EIA	2006年10月1日－G 2010年8月1日－S	东亚－南美洲
12	中国－东盟	中国；马来西亚；新加坡；菲律宾；印度尼西亚；泰国；文莱；越南；老挝；缅甸；柬埔寨	货物及服务	FTA&EIA	2005年1月1日－G 2007年7月1日－S	东亚
13	亚太贸易协定	中国；孟加拉国；印度；韩国；老挝；斯里兰卡	货物	PSA	2002年1月1日	东亚－西亚
14	中国－马尔代夫	中国；马尔代夫	货物及服务	FTA&EIA	2017年12月7日（签署）	东亚－南亚
已生效或签署的自由贸易协定升级协议							
15	中国－智利自贸协定升级	中国；智利	货物及服务	FTA&EIA	2019年3月1日	东亚－南美洲
16	中国－东盟自贸协定（"10+1"）升级	中国；东盟10国	货物及服务	FTA&EIA	2018年11月14日	东亚
17	中国－巴基斯坦自贸协定第二阶段	中国；巴基斯坦	货物及服务	FTA&EIA	2019年4月28日（签署）	东亚－欧洲
18	中国－新加坡自贸协定升级	中国；新加坡	货物及服务	FTA&EIA	2018年11月12日（签署）	东亚

注：G 代表货物贸易协定生效时间；S 代表服务贸易协定生效时间。
资料来源：根据 WTO 和中国商务部的相关数据资料整理得出。

加快自由贸易区建设已成为中国新一轮对外开放的重要内容。"逐步构筑起以周边为基础，辐射'一带一路'、面向全球的高标准自由贸易区网络"是我国适应经济全球化新趋势的客观要求，是全面深化改革、构建开放型经济新体制的必然选择。

二、俄罗斯的区域经济一体化诉求

俄罗斯区域经济一体化起步较早，发展迅速，并从双边向多边、从自由贸易区向关税同盟、从独联体区域内向跨区域等不同层次逐步向纵深发展。在20世纪90年代，俄罗斯区域贸易协定以双边为主，其贸易伙伴国均为独联体国家。自1997年欧亚经济共同体生效以来，俄罗斯的区域贸易协定以多边为主，并且，其区域经济一体化的发展已超越自由贸易区阶段，达到统一市场的高度，由俄罗斯主导的欧亚经济联盟已于2015年1月1日正式生效，现已有俄罗斯、白俄罗斯、哈萨克斯坦、亚美尼亚和吉尔吉斯斯坦五个成员国。俄罗斯并未停止其区域贸易协定建设步伐，而是将其区域贸易协定的空间范围拓展到了独联体以外的国家，2015年5月，欧亚经济联盟与越南签署了自由贸易协定，该协定于2016年10月5日生效，如表3-28所示。与此同时，欧亚经济联盟不断加快向外拓展的脚步，在与塞尔维亚和以色列开展自由贸易区谈判的同时，欧亚经济联盟成员国元首业已批准与伊朗、印度、埃及和新加坡等国家的自贸区谈判。2018年5月17日，欧亚经济联盟与伊朗签署了《建立自由贸易区》的临时协定。这份协定将减少或免除部分商品的进口关税，并且有望在未来三年内，达成永久自由贸易协定。[①] 并且，2015年5月，俄罗斯同中国签署了《中华人民共和国与俄罗斯联邦关于丝绸之路经济带建设和欧亚经济联盟建设对接合作的联合声明》，将建立自由贸易区作为长远目标。俄罗斯总统普京于2016年6月接受

---

① 谷士欣：《伊朗和欧亚经济联盟签署临时自贸协议》，百度－国际在线，2018年5月18日，https://baijiahao.baidu.com/s?id=1600784212741544603&wfr=spider&for=pc。

表 3-28　　　　　　　　俄罗斯区域贸易协定情况

序号	RTA 名称	成员国	范围	类型	生效日期	区域范围
1	俄罗斯－阿塞拜疆	俄罗斯；阿塞拜疆	货物	FTA	1993年2月17日	独联体
2	俄罗斯－土库曼斯坦	俄罗斯；土库曼斯坦	货物	FTA	1993年4月6日	独联体
3	俄罗斯－塔吉克斯坦	俄罗斯；塔吉克斯坦	货物	FTA	1993年4月8日	独联体
4	俄罗斯－白俄罗斯	俄罗斯；白俄罗斯	货物	FTA	1993年4月20日	独联体
5	俄罗斯－乌兹别克斯坦	俄罗斯；乌兹别克斯坦	货物	FTA	1993年5月25日	独联体
6	俄罗斯－格鲁吉亚	俄罗斯；格鲁吉亚	货物	FTA	1994年5月10日	独联体
7	欧亚经济共同体	俄罗斯；哈萨克斯坦；白俄罗斯；塔吉克斯坦；吉尔吉斯斯坦	货物	CU	1997年10月8日	独联体
8	俄白哈关税同盟	俄罗斯；白俄罗斯；哈萨克斯坦	货物	CU	1997年12月3日	独联体
9	统一经济空间	俄罗斯；白俄罗斯；哈萨克斯坦；乌克兰	货物	FTA	2004年5月20日	独联体
10	俄罗斯－塞尔维亚	俄罗斯；塞尔维亚	货物	FTA	2006年6月3日	独联体－欧洲
11	独联体自由贸易区	俄罗斯；白俄罗斯；乌克兰；亚美尼亚；哈萨克斯坦；摩尔多瓦共和国；吉尔吉斯斯坦；乌兹别克斯坦；塔吉克斯坦	货物	FTA	2012年9月20日	独联体

续表

序号	RTA 名称	成员国	范围	类型	生效日期	区域范围
12	欧亚经济联盟	俄罗斯；白俄罗斯；哈萨克斯坦；吉尔吉斯斯坦；亚美尼亚	货物服务	CU&EIA	2015年1月1日	独联体
13	欧亚经济联盟-越南	俄罗斯；白俄罗斯；哈萨克斯坦；吉尔吉斯斯坦；亚美尼亚；越南	货物	FTA	2016年10月5日	独联体-亚洲
14	欧亚经济联盟-伊朗（临时协议）	俄罗斯；白俄罗斯；哈萨克斯坦；吉尔吉斯斯坦；亚美尼亚；伊朗		FTA临时协议	2018年5月17日	独联体-亚洲

注：统一经济空间——2015年5月19日，乌克兰退出；欧亚经济联盟的生效日期分别为：俄罗斯、白俄罗斯和哈萨克斯坦（2015年1月1日），亚美尼亚（2015年1月2日），吉尔吉斯斯坦（2015年8月12日）；独联体自由贸易区的生效日期分别为：俄罗斯、白俄罗斯和乌克兰（2012年9月20日）、亚美尼亚（2012年10月17日）、哈萨克斯坦（2012年12月8日）、摩尔多瓦共和国（2012年12月9日）、吉尔吉斯斯坦（2013年12月13日）、乌兹别克斯坦（2013年12月27日）。以下同。

独联体正式成员——亚美尼亚、阿塞拜疆、白俄罗斯、摩尔多瓦、哈萨克斯坦、吉尔吉斯斯坦、塔吉克斯坦、乌兹别克斯坦、俄罗斯。非正式成员——乌克兰：未批准独联体宪章，却实际参与独联体事务；土库曼斯坦：2005年8月26日，宣布退出正式成员国，现在为"联合成员"，也参与独联体事务。退出成员——格鲁吉亚：2008年8月18日，退出独联体。虽然现在格鲁吉亚不再是独联体成员，但在 WTO 的 RTA 统计中，将有格鲁吉亚参与的 RTA 的区域范围仍划为独联体。表3-29和表3-30同此。

欧亚经济联盟——2014年5月29日，俄罗斯总统、白俄罗斯、哈萨克斯坦签署《欧亚经济联盟条约》，条约从2015年1月1日起生效；2015年1月2日，亚美尼亚加入欧亚经济联盟；2015年8月12日，吉尔吉斯斯坦加入欧亚经济联盟。表3-29和表3-30同此。

资料来源：根据 WTO 的相关数据资料整理得出。

新华社专访时就"一带一盟"对接问题明确指出："我们当然要考虑本国商品生产者的利益。但一致的看法是，世界经济发展和我们与中国合作的根本道路应该是为开放的共同事业逐步消除各种障碍。这样，可以在第一阶段建立自贸区。"[①] 2016年6月17日，俄罗斯总统普京在

---

① 朱稳坦：《俄罗斯总统普京接受新华社专访：坦诚讲述俄中合作》，环球网，2016年6月24日，https://m.huanqiu.com/article/9CaKrnJW6up。

彼得堡国际经济论坛全体会议上正式提出有关启动建立大欧亚伙伴关系的计划。① 2018年6月8日，中俄发表《中华人民共和国和俄罗斯联邦联合声明》提出，将在开放、透明和考虑彼此利益的基础上，探讨构建"欧亚伙伴关系"，促进地区一体化进程。双方欢迎签署关于完成欧亚经济伙伴关系协定联合可行性研究的联合声明，期待有关后续工作尽快取得积极进展。②

三、中亚五国的区域经济一体化诉求

中亚五国在积极与独联体国家签署自由贸易协定的基础上，也在不断推进其区域经济一体化进程。其中，哈萨克斯坦和吉尔吉斯斯坦是签署自由贸易协定最多的中亚国家，其签署并生效的自由贸易协定分别为10个和9个，区域经济一体化水平已达到统一市场的高度，如表3-29所示。作为欧亚经济联盟的成员国，哈萨克斯坦和吉尔吉斯斯坦的区域贸易协定空间已拓展到独联体之外，并将不断向前推进。而塔吉克斯坦、乌兹别克斯坦和土库曼斯坦也不断在独联体范围内推进其区域经济一体化进程。

表3-29　　　　　　　中亚五国的区域贸易协定情况

国家	序号	RTA名称	成员国	范围	类型	生效日期	区域范围
哈萨克斯坦	1	吉尔吉斯斯坦-哈萨克斯坦	吉尔吉斯斯坦；哈萨克斯坦	货物	FTA	1995年11月11日	独联体
	2	格鲁吉亚-哈萨克斯坦	格鲁吉亚；哈萨克斯坦	货物	FTA	1997年7月16日	独联体

---

① 张程：《俄媒：普京称中俄酝酿打造"大欧亚伙伴关系"》，参考消息网，2016年6月19日，http://www.cankaoxiaoxi.com/china/20160619/1197432.shtml。
② 《中华人民共和国与俄罗斯联邦联合声明（全文）》，中国政府网，2018年6月8日，http://www.gov.cn/xinwen/2016-06/26/content_5085559.htm。

续表

国家	序号	RTA名称	成员国	范围	类型	生效日期	区域范围
哈萨克斯坦	3	欧亚经济共同体	俄罗斯；哈萨克斯坦；白俄罗斯；塔吉克斯坦；吉尔吉斯斯坦	货物	CU	1997年10月8日	独联体
	4	俄白哈关税同盟	俄罗斯；白俄罗斯；哈萨克斯坦	货物	CU	1997年12月3日	独联体
	5	乌克兰-哈萨克斯坦	乌克兰；哈萨克斯坦	货物	FTA	1998年10月19日	独联体
	6	统一经济空间	俄罗斯；白俄罗斯；哈萨克斯坦；乌克兰	货物	FTA	2004年5月20日	独联体
	7	亚美尼亚-哈萨克斯坦	亚美尼亚；哈萨克斯坦	货物	FTA	2011年11月25日	独联体
	8	独联体自由贸易区	俄罗斯；白俄罗斯；乌克兰；亚美尼亚；哈萨克斯坦；摩尔多瓦共和国；吉尔吉斯斯坦；塔吉克斯坦	货物	FTA	2012年9月20日	独联体
	9	欧亚经济联盟	俄罗斯；白俄罗斯；哈萨克斯坦；吉尔吉斯斯坦；亚美尼亚	货物服务	CU&EIA	2015年1月1日	独联体
	10	欧亚经济联盟-越南	俄罗斯；白俄罗斯；哈萨克斯坦；吉尔吉斯斯坦；亚美尼亚；越南	货物	FTA	2016年10月5日	独联体-亚洲
	11	欧亚经济联盟-伊朗（临时协议）	俄罗斯；白俄罗斯；哈萨克斯坦；吉尔吉斯斯坦；亚美尼亚；伊朗	FTA临时协议		2018年5月17日	独联体-亚洲
吉尔吉斯斯坦	1	吉尔吉斯斯坦-亚美尼亚	吉尔吉斯斯坦；亚美尼亚	货物	FTA	1995年10月27日	独联体
	2	吉尔吉斯斯坦-哈萨克斯坦	吉尔吉斯斯坦；哈萨克斯坦	货物	FTA	1995年11月11日	独联体

续表

国家	序号	RTA 名称	成员国	范围	类型	生效日期	区域范围
吉尔吉斯斯坦	3	吉尔吉斯斯坦-摩尔多瓦	吉尔吉斯斯坦；摩尔多瓦	货物	FTA	1996年11月21日	独联体
	4	欧亚经济共同体	俄罗斯；哈萨克斯坦；白俄罗斯；塔吉克斯坦；吉尔吉斯斯坦	货物	CU	1997年10月8日	独联体
	5	吉尔吉斯斯坦-乌克兰	吉尔吉斯斯坦；乌克兰	货物	FTA	1998年1月19日	独联体
	6	吉尔吉斯斯坦-乌兹别克斯坦	吉尔吉斯斯坦；乌兹别克斯坦	货物	FTA	1998年3月20日	独联体
	7	独联体自由贸易区	俄罗斯；白俄罗斯；乌克兰；亚美尼亚；哈萨克斯坦；摩尔多瓦共和国；吉尔吉斯斯坦；塔吉克斯坦	货物	FTA	2012年9月20日	独联体
	8	欧亚经济联盟	俄罗斯；白俄罗斯；哈萨克斯坦；吉尔吉斯斯坦；亚美尼亚	货物 服务	CU&EIA	2015年1月1日	独联体
	9	欧亚经济联盟-越南	俄罗斯；白俄罗斯；哈萨克斯坦；吉尔吉斯斯坦；亚美尼亚；越南	货物	FTA	2016年10月5日	独联体-亚洲
	10	欧亚经济联盟-伊朗（临时协议）	俄罗斯；白俄罗斯；哈萨克斯坦；吉尔吉斯斯坦；亚美尼亚；伊朗	货物	FTA 临时协议	2018年5月17日	独联体-亚洲
塔吉克斯坦	1	俄罗斯-塔吉克斯坦	俄罗斯；塔吉克斯坦	货物	FTA	1993年4月8日	独联体
	2	欧亚经济共同体	俄罗斯；哈萨克斯坦；白俄罗斯；塔吉克斯坦；吉尔吉斯斯坦	货物	CU	1997年10月8日	独联体
	3	乌克兰-塔吉克斯坦	乌克兰；塔吉克斯坦	货物	FTA	2002年1月11日	独联体

续表

国家	序号	RTA名称	成员国	范围	类型	生效日期	区域范围
塔吉克斯坦	4	独联体自由贸易区	俄罗斯；白俄罗斯；乌克兰；亚美尼亚；哈萨克斯坦；摩尔多瓦共和国；吉尔吉斯斯坦；塔吉克斯坦	货物	FTA	2012年9月20日	独联体
土库曼斯坦	1	俄罗斯－土库曼斯坦	俄罗斯；土库曼斯坦	货物	FTA	1993年4月6日	独联体
	2	独联体协定	格鲁吉亚；土库曼斯坦；阿塞拜疆，乌兹别克斯坦	货物	FTA	1994年12月30日	独联体
	3	乌克兰－土库曼斯坦	乌克兰；土库曼斯坦	货物	FTA	1995年11月4日	独联体
	4	亚美尼亚－土库曼斯坦	亚美尼亚；土库曼斯坦	货物	FTA	1996年7月7日	独联体
	5	格鲁吉亚－土库曼斯坦	格鲁吉亚；土库曼斯坦	货物	FTA	2000年1月1日	独联体
乌兹别克斯坦	1	俄罗斯－乌兹别克斯坦	俄罗斯；乌兹别克斯坦	货物	FTA	1993年3月25日	独联体
	2	独联体协定	格鲁吉亚；土库曼斯坦；阿塞拜疆，乌兹别克斯坦	货物	FTA	1994年12月30日	独联体
	3	乌克兰－乌兹别克斯坦	乌克兰；乌兹别克斯坦	货物	FTA	1996年1月1日	独联体
	4	吉尔吉斯斯坦－乌兹别克斯坦	吉尔吉斯斯坦；乌兹别克斯坦	货物	FTA	1998年3月20日	独联体

资料来源：根据WTO的相关数据资料整理得出。

四、外高加索三国的区域经济一体化诉求

外高加索三国自独立以来，积极参加各类区域贸易协定。其中，格

鲁吉亚和亚美尼亚已签署并生效的区域贸易协定均达到了9个。亚美尼亚一直紧紧追随着俄罗斯,虽然不是欧亚经济联盟的最初创始国,但在欧亚经济联盟于2015年1月1日生效的第二天,亚美尼亚就成了欧亚经济联盟的第四个成员国。作为欧亚经济联盟的成员国,亚美尼亚区域经济一体化进程将同欧亚经济联盟的快速拓展一同向前推进。而格鲁吉亚于2008年退出独联体之后,其区域经济一体化开始走出独联体,继而走向欧洲。2008年11月1日,格鲁吉亚-土耳其自由贸易协定生效,这是格鲁吉亚与欧洲国家签署的第一个自由贸易协定,其后,2014年9月1日,格鲁吉亚-欧盟联系国协定正式生效,如表3-30所示。在此基础上,格鲁吉亚在更广阔的空间范围内选择其区域贸易协定伙伴国,在中国丝绸之路经济带倡议提出后,格鲁吉亚启动了与中国的自由贸易协定谈判,2016年10月5日,中格自由贸易协定实质性谈判结束,2017年5月13日,格鲁吉亚与中国签署《中华人民共和国政府和格鲁吉亚政府自由贸易协定》,该协定已于2018年1月1日正式生效。

表3-30　　　　　　外高加索三国的区域贸易协定情况

国别	序号	RTA名称	成员国	范围	类型	生效日期	区域范围
格鲁吉亚	1	格鲁吉亚-俄罗斯	格鲁吉亚;俄罗斯	货物	FTA	1994年5月10日	独联体
	2	独联体协定	格鲁吉亚;土库曼斯坦;阿塞拜疆,乌兹别克斯坦	货物	FTA	1994年12月30日	独联体
	3	格鲁吉亚-乌克兰	格鲁吉亚;乌克兰	货物	FTA	1996年6月4日	独联体
	4	格鲁吉亚-阿塞拜疆	格鲁吉亚;阿塞拜疆	货物	FTA	1996年7月10日	独联体
	5	格鲁吉亚-哈萨克斯坦	格鲁吉亚;哈萨克斯坦	货物	FTA	1997年7月16日	独联体
	6	格鲁吉亚-亚美尼亚	格鲁吉亚;亚美尼亚	货物	FTA	1998年11月11日	独联体

续表

国别	序号	RTA名称	成员国	范围	类型	生效日期	区域范围
格鲁吉亚	7	格鲁吉亚-土库曼斯坦	格鲁吉亚；土库曼斯坦	货物	FTA	2000.年1月1日	独联体
	8	格鲁吉亚-土耳其	格鲁吉亚；土耳其	货物	FTA	2008年11月1日	独联体-欧洲
	9	格鲁吉亚-欧盟联系国	格鲁吉亚；欧盟	货物 服务	FTA&EIA	2014年9月1日	独联体-欧洲
	10	中国-格鲁吉亚	中国；格鲁吉亚	货物 服务	FTA&EIA	2018年1月1日	东亚-南高加索
亚美尼亚	1	吉尔吉斯斯坦-亚美尼亚	吉尔吉斯斯坦；亚美尼亚	货物	FTA	1995年10月27日	独联体
	2	亚美尼亚-摩尔多瓦	亚美尼亚；摩尔多瓦	货物	FTA	1995年12月21日	独联体
	3	亚美尼亚-土库曼斯坦	亚美尼亚；土库曼斯坦	货物	FTA	1996年7月7日	独联体
	4	亚美尼亚-乌克兰	亚美尼亚；乌克兰	货物	FTA	1996年12月18日	独联体
	5	格鲁吉亚-亚美尼亚	格鲁吉亚；亚美尼亚	货物	FTA	1998年11月11日	独联体
	6	亚美尼亚-哈萨克斯坦	亚美尼亚；哈萨克斯坦	货物	FTA	2011年12月25日	独联体
	7	独联体自由贸易区	俄罗斯；白俄罗斯；乌克兰；亚美尼亚；哈萨克斯坦；摩尔多瓦共和国；吉尔吉斯斯坦；塔吉克斯坦	货物	FTA	2012年9月20日	独联体
	8	欧亚经济联盟	俄罗斯；白俄罗斯；哈萨克斯坦；吉尔吉斯斯坦；亚美尼亚	货物 服务	CU&EIA	2015年1月1日	独联体

续表

国别	序号	RTA 名称	成员国	范围	类型	生效日期	区域范围
亚美尼亚	9	欧亚经济联盟－越南	俄罗斯；白俄罗斯；哈萨克斯坦；吉尔吉斯斯坦；亚美尼亚；越南	货物	FTA	2016 年 10 月 5 日	独联体－亚洲
	10	欧亚经济联盟－伊朗（临时协议）	俄罗斯；白俄罗斯；哈萨克斯坦；吉尔吉斯斯坦；亚美尼亚；伊朗		FTA 临时协议	2018 年 5 月 17 日	独联体－亚洲
阿塞拜疆	1	俄罗斯－阿塞拜疆	俄罗斯；阿塞拜疆	货物	FTA	1993 年 2 月 17 日	独联体
	2	乌克兰－阿塞拜疆	乌克兰；阿塞拜疆	货物	FTA	1993 年 9 月 2 日	独联体
	3	格鲁吉亚－阿塞拜疆	格鲁吉亚；阿塞拜疆	货物	FTA	1996 年 7 月 10 日	独联体
	4	独联体协定	格鲁吉亚；土库曼斯坦；阿塞拜疆，乌兹别克斯坦	货物	FTA	1994 年 12 月 30 日	独联体

资料来源：根据 WTO 的相关数据资料整理得出。

第四章

构建丝绸之路经济带自由贸易区网络的约束条件

丝绸之路经济带自由贸易区网络的构建已具备较为夯实的理论基础与现实基础，但仍面临诸如沿线各国经济发展水平差异较大、各国区域经济一体化建设层次较低、美欧日等大国的"丝绸之路"博弈以及俄罗斯的竞争、沿线国家对丝绸之路经济带战略的疑虑以及丝绸之路经济带沿线的地区安全局势等诸多约束条件。

第一节 丝绸之路经济带沿线各国经济发展水平差异较大

丝绸之路经济带沿线国家虽然同属发展中国家，但各国的经济发展水平差异却非常大。2015年，中国和俄罗斯作为新兴经济体，其国内生产总值（GDP）分别为11.01万亿美元和1.33万亿美元，中国成为仅次于美国的第二大经济体，俄罗斯排名第13；而哈萨克斯坦的GDP仅为1.84千亿美元，排名第49；乌兹别克斯坦、阿塞拜疆、土库曼斯坦、格鲁吉亚和亚美尼亚的GDP仅达到百亿美元，分别为667亿美元、530亿美元、359亿美元、140亿美元和105亿美元；而塔吉克斯坦和吉尔吉斯斯坦的GDP仅为数十亿美元，如表4-1所示。

表4-1　2015年丝绸之路经济带各国的国内生产总值（GDP）及排名

国家	GDP（亿美元）	排名
中国	110077.21	2
俄罗斯	13312.08	13
哈萨克斯坦	1843.88	49
乌兹别克斯坦	667.33	67
阿塞拜疆	530.47	76
土库曼斯坦	358.55	90
格鲁吉亚	139.65	115
亚美尼亚	105.29	129
塔吉克斯坦	78.53	139
吉尔吉斯斯坦	65.72	142

资料来源：根据世界银行相关数据资料整理计算得出。

虽然经济发展水平差异大并不会成为自由贸易区建立的决定性因素，但经济发展水平差异过大，则会直接导致利益诉求存在较大的差异。因此，中国要推进丝绸之路经济带自由贸易区网络的建设，而作为丝绸之路经济带重要节点国家的俄罗斯、中亚五国、外高加索三国与中国间巨大的经济发展水平差异，将导致沿线国家在与中国进行区域贸易协定谈判时利益诉求差别过大，进而导致区域贸易协定谈判成本增加。

第二节　丝绸之路经济带沿线各国区域贸易协定建设层次较低

在全球区域经济一体化浪潮中，中国、俄罗斯、中亚五国和外高加索三国的区域经济一体化进程不断加速，诉求不断增强。但从第3章的表3-16、表3-17、表3-18和表3-19的各国区域贸易协定签署情况来看，区域内的区域经济一体化进程中仍存在诸多不利于中国丝绸之路经济带自由贸易区网络建设的因素。

一、中国在区域内的自由贸易区覆盖率极低

从表3-21、表3-22、表3-23和表3-24可以看到，俄罗斯、中亚五国和外高加索三国已签署并生效的区域贸易协定主要集中在独联体范围内，这9个国家几乎都融合在彼此间的双边和多边自由贸易协定中，已形成独联体范围内的自由贸易区"面碗"。而俄罗斯、中亚五国和外高加索三国与独联体以外的国家签署并生效的自由贸易协定却极其有限，现在只有俄罗斯与欧洲国家塞尔维亚、欧亚经济联盟成员国与亚洲国家越南、格鲁吉亚与土耳其、欧盟和中国签有区域贸易协定。到目前为止，除格鲁吉亚与中国签署自由贸易协定以外，俄罗斯、中亚五国、外高加索的阿塞拜疆和亚美尼亚尚未与中国签订任何形式的区域贸易协定。而中国与俄罗斯虽然签署了欧亚经济联盟与丝绸之路经济带建设对接声明，但也仅将建立自由贸易区作为其长远目标。可以这样说，中国与区域内国家间的自由贸易区建设仅仅迈出了小半步，而俄罗斯、中亚地区和外高加索地区等沿线国家作为中国丝绸之路经济带沿线重要国家，其与中国间极度匮乏的贸易制度化建设，必然成为中国推进丝绸之路经济带自由贸易区网络建设的极大挑战。

二、沿线其他国家的区域经济一体化建设层次较低

从中国区域贸易协定情况显示，中国签署的区域贸易协定，除了亚太贸易协定以外，其类型均为FTA&EIA，这意味中国的区域贸易协定实现了商品贸易和服务贸易自由化。而俄罗斯、中亚五国和外高加索三国缔结的区域贸易协定中，除了欧亚经济联盟、格鲁吉亚-欧盟联系国区域贸易协定和中国-格鲁吉亚自由贸易协定的类型为FTA&EIA，其他均为FTA，也就是说，在区域内9个国家中，仅有俄罗斯、哈萨克斯坦、吉尔吉斯斯坦、亚美尼亚和格鲁吉亚的区域贸易协定实现了商品和

服务贸易自由化。按照 2015 年国务院发布的《关于加快实施自由贸易区战略的若干意见》中"要逐步构筑起立足周边、辐射'一带一路'、面向全球的高标准自由贸易区网络"的要求，中国要建立的不仅仅是辐射丝绸之路经济带的一般自由贸易区网络，而是要建立高标准的自由贸易区网络。但从俄罗斯、中亚五国和外高加索三国现有的区域贸易协定类型来看，中国要与其建立高标准的区域贸易协定将是一个较为漫长而复杂的过程。

第三节　美国、欧盟、日本、俄罗斯的"丝绸之路"博弈

中亚五国和外高加索三国分别位于欧亚大陆的"心脏地带"和"大十字路口"，具有重要的地缘战略地位，并拥有丰富的油气和矿产资源。自 20 世纪 90 年代初以来，随着中亚与外高加索地区国家的独立，该地区重新获得国际社会的高度重视，成为世界大国力量的集聚地。地区内的俄罗斯和区域外的美国、欧盟、日本均涉足于此，美国、欧盟和日本相继提出关于"丝绸之路"的发展规划和策略，以谋求对中亚和外高加索地区的影响力，而中亚和外高加索地区又是俄罗斯传统的政治和经济利益核心，俄罗斯致力于在该区域推行区域经济一体化。其中，美国的"新丝绸之路战略"、欧盟的"新丝绸之路计划"、日本的"丝绸之路外交"和俄罗斯的"欧亚经济一体化"等，必将与中国推进丝绸之路经济带自由贸易区网络建设形成竞争。

一、美国的"新丝绸之路战略"

伴随着哈萨克斯坦和阿塞拜疆所属的里海大陆架丰富油气资源的相继发现，中亚和外高加索地区在美国对外战略中的地位也随之不断提升。1996 年 10 月 21 日，美国约翰·霍普金斯高级国际学院成立了一个

新的研究所——中亚研究所。1997 年 3 月 27 日，中亚和外高加索地区被美国国家安全事务特别助理伯杰明确列为美国特别关注的地区。①1997 年 10 月，美国参议员布朗巴克与霍普金斯大学中亚和外高加索研究所负责人弗雷德·斯坦尔教授合作提出了有关"新丝绸之路"的提案。1999 年 5 月，美国国会通过"丝绸之路战略法案"（Silk Road Strategy Act of 1999），该法案旨在帮助新独立的中亚和外高加索国家，恢复"古丝绸之路"，以利用里海地区的油气资源。2005 年 8 月，斯塔尔教授在《外交》杂志上撰文提出"大中亚计划"，对"新丝绸之路"的想法进行了进一步阐述，主张以阿富汗为中心，推动中亚和南亚在各领域的合作，强调大中亚地区在美国对外战略中的重要性。2010 年，斯坦尔教授在《新丝绸之路计划：阿富汗成功的关键》（The key to Success in Afghanistan: A Modern Silk Road Strategy）中又提出，"新丝绸之路"是覆盖欧亚大陆，从南亚经中亚通往欧洲大陆的贸易网络，拟订优先发展和建设公路、铁路、天然气管道等交通网络计划，将"新丝绸之路"上升为计划内容。

　　随后，斯坦尔教授的"大中亚计划"和"新丝绸之路"计划被美国政府提高到战略构想层面。2011 年 7 月 20 日，美国国务卿希拉里·克林顿在印度举行的第二次美印战略对话上首次确认"新丝绸之路战略"。此后，美国不断推介其"新丝绸之路战略"。2011 年 9 月 22 日，希拉里在联合国大会期间向国际社会描述了美国的"新丝绸之路战略"，称该战略将使中亚和南亚地区经济走向繁荣和稳定。② 之后，希拉里对巴基斯坦、阿富汗、塔吉克斯坦、乌兹别克斯坦四国进行访问。2011 年 9~10 月，美国阿富汗和巴基斯坦特别代表马克·格罗斯曼历时半个月访问了包括中亚五国在内的 11 个国家，与各国专门讨论"新

---

① 胡尚哲：《美国的中亚和外高加索战略演变》，载《俄罗斯中亚东欧研究》2006 年第 2 期，第 66~74 页。
② Hillary Rodham Clinton, *Remarks at the New Silk Road Ministerial Meeting*, STILL4HILL, September 22, 2011. https://still4hill.com/2011/09/23/secretary-clintons-remarks-at-the-new-silk-road-ministerial-meeting/.

丝绸之路战略"问题。2011年10月,美国国务院要求驻相关国家的大使馆将其中亚、南亚政策重新命名为"新丝绸之路战略",标志着"新丝绸之路战略"已正式成为美国的新政策。① 美国希望通过"新丝绸之路战略"复兴中亚通往欧洲的贸易往来,以获取在中亚地区经济事务的主动权。

自"新丝绸之路战略"正式提出以来,美国一直大力推进一系列"新丝绸之路战略"项目,以加快"新丝绸之路战略"的实施步伐。如,2014年2月20日,吉尔吉斯斯坦、巴基斯坦、塔吉克斯坦和阿富汗四国能源部部长在华盛顿签署实施"CASA-1000项目(中亚-南亚高压输电项目)"的政府间协议。根据该协议,将建设从吉尔吉斯斯坦和塔吉克斯坦向阿富汗和巴基斯坦输送电力的输变电线。② 2010年12月,土库曼斯坦、巴基斯坦和阿富汗三国总统、印度石油部部长和亚洲开发银行行长在土库曼斯坦签署协议,规划修建一条自土库曼斯坦东部气田,经阿富汗坎大哈和巴基斯坦木尔坦最终到达印度法兹卡的天然气管道。③ 2011年6月,巴基斯坦和阿富汗两国政府发布《伊斯兰堡宣言》,宣布自6月12日起执行《阿巴过境贸易协定》,以进一步改善两国关系,提升双边贸易和经济关系。2015年1月,巴基斯坦将三边过境贸易协议草案提交给阿富汗和塔吉克斯坦。2015年4月,巴基斯坦、塔吉克斯坦和阿富汗三国在杜尚别进一步商讨三边过境贸易协议的签署。2015年3月,阿富汗与乌兹别克斯坦续签铁路项目协议,乌兹别克斯坦将为阿富汗运营、维护和管理从海拉顿至马扎里沙里夫铁路线,

---

① 赵华胜:《美国新丝绸之路战略探析》,载《新疆师范大学学报(哲学社会科学版)》2012年第6期,第15~24、115页。
② 《"CASA1000"项目协议在华盛顿签署》,中华人民共和国驻吉尔吉斯共和国大使馆经济商务参赞处,2014年2月21日,http://kg.mofcom.gov.cn/article/qyhz/201402/20140200495299.shtml。
③ 陈志新、牟宗琮、廖政军:《土库曼斯坦阿富汗巴基斯坦印度签天然气协议》,搜狐新闻网,2010年12月13日,http://news.sohu.com/20101213/n278266660.shtml。

协议有效期三年。①

并且,"新丝绸之路战略"的重要程度不断提升。2014年10月28日,美国中南亚事务办公室副助理苏马尔发表了关于"中亚区域一体化前景"的讲话,再次强调了"新丝绸之路战略"以及2014年以后该战略的相关规划。② 2015年3月底,美国常务副国务卿安东尼·布林肯和分管南亚与中亚事务的助理国务卿理查德·霍格兰德在一周内两次发表对中亚政策演讲,其中都提到了"新丝绸之路战略"。③ 2015年12月13日,"新丝绸之路战略"框架下的TAPI项目已正式开工建设。

"新丝绸之路战略"涉及中亚五国、巴基斯坦、阿塞拜疆、阿富汗和印度等国家,强调提升包括减少贸易壁垒、简化通关手续、开展政策协调等的贸易自由化和便利化水平,加强包括道路、铁路和管网等基础设施和能源管道建设,旨在通过线路建设,实现对区域的辐射,其中包括北部交通网络,即塔吉克斯坦、乌兹别克斯坦、土库曼斯坦一线,也包括南部交通网络,即印度和巴基斯坦,尤其重视"北部交通网络",其中既有与美国关系密切的乌兹别克斯坦,也有美国极力想要争取的中亚核心国家——哈萨克斯坦。④ 而"新丝绸之路战略"虽然涉及中国和俄罗斯等国家的利益,但实际上却排斥这些国家的参与,⑤ 其战略目标仍然是在中亚地区遏制俄罗斯和中国。"新丝绸之路战略"推动欧亚腹地南北向物流的发展,特别是限制东西向能源、铁路项目的建设,对中国进一步走向中亚和中东地区构成无形的阻断。中国已经在中亚国家投

---

① 《阿富汗与乌兹别克斯坦续签铁路项目协议》,世界轨道交通资讯网,2015年3月22日,http://rail.ally.net.cn/html/2015/haiwaidongtai_0323/34388.html。

② Fatema Z. Sumar, *Prospects for Regional Integration in Central Asia*. SCOOP INDEPENDENT NEWS, 3 November 2014. http://www.scoop.co.nz/stories/WO1411/S00044/prospects-for-regional-integration-in-central-asia.htm.

③ 邵育群:《美国"新丝绸之路"计划的实施前景》,载《南亚研究》2016年第3期,第38~52,157页。

④ 王志远:《"后苏联空间"与"丝绸之路经济带"一个分析框架》,载《俄罗斯研究》2006年第1期,第53~78页。

⑤ Geoffrey Pyatt, *Next Steps on the Silk Road*. http://www.state.gov/p/sca/rls/rmks/2011/177179.htm.

资建设了多条公路、输变电线路项目及油气管道,这些运输网络都与美国"新丝绸之路战略"中的运输线路存在着竞争关系。"新丝绸之路战略"将遏制中国向中亚、中东地区发展。[1]

二、欧盟的"新丝绸之路计划"

20世纪90年代,欧盟为了保障能源供给和优化能源进口结构,积极参与中亚地区的能源开发,介入中亚事务。1993年,欧盟启动"欧洲-高加索-亚洲运输走廊(TRACECA)"计划。TRACECA的成员国包括土耳其、亚美尼亚、伊朗、塔吉克斯坦、乌兹别克斯坦、哈萨克斯坦、吉尔吉斯斯坦、阿塞拜疆、罗马尼亚、乌克兰、保加利亚、格鲁吉亚和摩尔多瓦13个国家,旨在建设一条由亚洲通过里海、高加索和黑海地区通往欧洲的运输走廊。此后,欧盟不断加快其在中亚和外高加索地区的能源外交步伐。2007年6月22日,欧盟理事会通过了《欧盟与中亚:新伙伴关系战略》,这是自中亚五国独立以来的第一份欧盟关于中亚战略的文件,旨在深化与中亚国家的安全合作,加强与中亚的能源合作。2009年5月8日,欧盟在捷克首都布拉格召开"南部走廊-新丝绸之路"能源峰会,哈萨克斯坦、土库曼斯坦、乌兹别克斯坦、阿塞拜疆和格鲁吉亚等国家出席,提出了"新丝绸之路计划"。欧盟轮值主席国捷克总理托波拉内克指出,"南部走廊"并不是一条只为油气管线的单行道,我们把它设想成一条新的"丝绸之路",在信息、货物、人员和能源方面双向流通。[2] 其中,欧盟"南部走廊-新丝绸之路"计划的重要项目之一的"纳布卡天然气管线"始于里海和中亚地区,穿过土耳其、保加利亚、罗马尼亚、匈牙利通到奥地利,全长3300多公里。欧盟旨在通过修建"纳布卡天然气管线",将里海、中亚的天然气输送

---

[1] 杨雷:《美国"新丝绸之路"计划的实施目标及其国际影响》,载《新疆社会科学》2012年第5期,第70~75页。

[2] 朱稳坦:《欧盟召开"南部走廊"能源峰会,要建"新丝绸之路"》,环球网,2009年5月8日,https://world.huanqiu.com/article/9CaKrnJlUAh。

到欧洲，开辟新的油气供应来源和输送渠道，加强与中亚及周边相关国家的能源合作，降低对俄罗斯油气资源的依赖。2011年1月，欧盟委员会主席巴罗佐和能源专员欧廷格再次访问土库曼斯坦和阿塞拜疆，并与两国分别签署供气意向协议。2011年9月12日，欧盟委员会获得成员国授权，代表27个欧洲国家就建设跨里海天然气管道项目同土库曼斯坦和阿塞拜疆进行谈判。欧盟能源专员欧廷格将其称为"里程碑式的决定"，并在一份声明中说："整个欧洲将用一个声音说话，跨里海天然气管道项目是欧盟天然气南部走廊计划的关键项目，它将为欧洲带来全新的天然气供应。"①

三、日本的"丝绸之路外交"

1997年7月24日，时任首相桥本龙太郎在日本经济同友会发表题为"今后我国外交政策的理想状态——以对俄外交为中心"的演讲中提出了"丝绸之路外交"构想，将中亚五国和外高加索三国称为"丝绸之路地区"。自此，丝绸之路地区成为日本新外交战略的重要组成部分，日本将与"丝绸之路地区"的国家开展政治、经济、安全等方面的对话、交流与合作。②

"丝绸之路外交"构想出台后，日本大藏省、通产省和外务省均开始制订对丝绸之路地区的具体外交计划。1998年，日本政府决定在丝绸之路地区实施积极推进政治与经济交流的外交行动计划。1999年，日本政府决定进一步加强丝绸之路地区外交，并开始有重点地拉紧与中亚国家的经济联系。2003年修订的日本《政府开发援助大纲》，将日本援助重点区域从"以东亚、东南亚为中心的亚洲地区"延伸到"包括南亚、中亚的亚洲地区"。2004年8月28日，首届"日本+中亚"外

---

① 于欢：《欧盟"一个声音"谈跨里海管道项目》，载《中国能源报》2011年9月19日。
② Prime Minister of Japan and His Cabinet, *Address by Prime Minister Ryutaro Hashimoto to the Japan Association of Corporate Executive* (*Provisional Translation*), http://www.kantei.go.jp/foregn/0731douyukai.html.

长级会议在哈萨克斯坦举行,并形成了"日本+中亚"对话机制。2005年,日本外务省把欧洲局的"新独立国家室"改编成"中亚-外高加索室",以加强中亚和外高加索地区在日本外交中的地位。2006年11月30日,麻生太郎外相发表《建立"自由与繁荣之弧"——拓宽的日本外交地平面》演讲,提出日本外交的新基轴观点——把中亚、外高加索和中东欧等连成"自由与繁荣之弧"。

为了稳固和加强"丝绸之路外交",日本确立以经济援助为主导的中亚外交政策。从1993年到1997年,日本对中亚的援助额度从250万美元上升到1.56亿美元,并于1997年首次超过美国。2003年,日本对中亚五国各类官方开发援助(official development assistance, ODA)项目的总额度达到了2.42亿美元,其中用于无偿援助的总额为2853万美元,用于技术合作方面的资金达3163万美元,而贷款援助的总额度达到1.82亿美元,占日本整个ODA计划年度项目总额的4%。① 截至2012年,日本向丝绸之路地区投入的官方发展援助累计36.7亿美元,其中无偿捐助及技术援助13.8亿美元,货款22.9亿美元。② 2015年,日本首相安倍出访中亚期间,表明将对塔吉克斯坦、乌兹别克斯坦、吉尔吉斯斯坦分别提供约9亿日元、127亿日元、136亿日元的政府开发援助,并与土库曼斯坦在基础设施建设等项目上达成高达2.2万亿日元协议。

日本的"丝绸之路外交"希望增强日本在中亚和高加索地区的影响力,增加能源进口渠道,保障日本能源安全,制衡中国和俄罗斯在中亚地区的影响,防止上海合作组织独占中亚地区的能源资源。③

---

① 周洪波、肖立国:《日本对中亚外交的思考:从战术到战略的演变》,载《世界经济与政治论坛》2007年第4期,第65~70页。
② 冯维江:《丝绸之路经济带战略的国际政治经济学分析》,载《当代亚太》2014年第6期,第73~98,157~158页。
③ 赫尔曼:《日本开展〈新丝绸之路外交〉》,贯通日本网,2006年6月8日,http://news.kantsuu.com/zhengzhi/200606/35042.html。

四、俄罗斯的竞争

尽管美国、欧盟、日本相继提出了不同的"丝绸之路"战略，但美国、欧盟、日本远离欧亚地区，不是"古丝绸之路"沿线国家，不具备与欧亚地区开展区域经济合作的地缘、历史和文化优势，加之其对欧亚地区的关注度和投入力度均无法与亚太地区相比。因此，美国、欧盟、日本的"丝绸之路"战略尚未取得任何实质性进展。从目前来看，美国、欧盟、日本的"丝绸之路"战略在近期内不会对我国丝绸之路经济带自由贸易区网络建设构成的明显挑战，但两者之间的竞争关系不可能消失，并且随着丝绸之路经济带自由贸易区网络建设的不断推进，势必会影响到美国、欧盟、日本在中亚和外高加索地区的利益，两者之间的竞争也将会随之加剧。而中国和俄罗斯在中亚和外高加索地区的实际利益重叠甚至矛盾。因此，在近期内，丝绸之路经济带自由贸易区网络建设主要竞争将来自俄罗斯的欧亚经济一体化建设；在长期内，美国、欧盟、日本的"丝绸之路"战略和俄罗斯的"欧亚经济一体化"都将成为丝绸之路经济带自由贸易区网络的建设约束。

俄罗斯与中亚和外高加索国家间具有很深的历史渊源。传统上，中亚五国和外高加索三国都是苏联加盟共和国，在苏联时期，成员国之间经济依赖性非常大。即使在独立之后，中亚五国和外高加索三国在政治、外交和经济上仍然主要受俄罗斯的影响。而俄罗斯也一直在不断强化其在中亚和外高加索地区的影响力。即使美国曾不止一次地设想在中亚和外高加索地区建立没有俄罗斯参与的地区合作计划，例如由亚洲开发银行倡导的中亚区域经济合作机制（CAREC）以及"古阿姆"集团，但均没取得预期效果。可见，俄罗斯在中亚和外高加索地区仍具有的重要影响与主导力量。[①]

[①] 王志远:《"丝绸之路经济带"的国际背景、空间延伸与战略内涵》，载《东北亚论坛》2015年第5期，第24~35、127页。

并且，俄罗斯一直将中亚和外高加索地区视为自身传统的地缘政治和经济利益的核心，不断努力扩大其在该地区的影响，积极推动由其主导的区域经济一体化。

1995年1月，俄白哈关税同盟成立，其成员包括俄罗斯、白俄罗斯和哈萨克斯坦；1996年3月，吉尔吉斯斯坦加入，建立四国关税联盟；1998年11月，塔吉克斯坦加入，至此，该关税同盟已拥有5个成员国；2000年10月，五国决定将关税联盟改组为欧亚经济共同体，签署关于建立欧亚经济共同体协议，该协议于2001年5月31日正式生效。鉴于"俄白哈"关税同盟和欧亚经济共同体进展缓慢，2007年10月，俄罗斯、白俄罗斯和哈萨克斯坦三国在欧亚经济共同体框架下签署新的《关税同盟条约》，重新启动"俄白哈"关税同盟。欧亚共同体框架下重新启动的"俄白哈"关税同盟取得的成效远远高于1997年生效的"俄白哈"关税同盟。为了通向更高层次的一体化合作，俄罗斯、白俄罗斯和哈萨克斯坦三国于2009年11月27日签署了包括《关税同盟海关法典》等一系列文件。2010年1月1日，欧亚共同体框架下的"俄白哈"关税同盟正式启动，实施统一关税；2010年7月6日，《关税同盟海关法典》生效；2011年7月1日，俄罗斯、白俄罗斯和哈萨克斯坦三国统一关境，建立共同对外关税。2011年11月18日，"俄白哈"统一经济空间成立，该统一经济空间于2012年1月1日正式生效。2012年7月1日，欧亚经济共同体跨国委员会这个超国家机构正式取代关税同盟委员会，负责协调"俄白哈"关税同盟和统一经济空间的发展。2014年5月29日，俄罗斯、白俄罗斯和哈萨克斯坦三国总统签署《欧亚经济联盟条约》。2015年1月1日，欧亚经济联盟正式启动，2015年1月2日，亚美尼亚成为欧亚经济联盟成员国，而吉尔吉斯斯坦则于2015年5月21日正式加入欧亚经济联盟。俄罗斯区域经济一体化已达到共同市场的高度。根据《欧亚经济联盟条约》，欧亚经济联盟将于2025年前建成一个拥有1.7亿人口的统一市场，其最终目标是建成一个类似于欧盟的经济联盟。① 并且，俄罗斯主导的欧亚经济联盟不断向独联体外的区域拓展。2015年5月29日，欧亚经济联盟与越南正式签署了自由贸易协定，这是俄罗斯主导的欧亚经济联盟与第三方签署的首个自由贸易区协定，该协定于2016年10月5日正式生效。并且，欧亚经济联盟成员国元首已批准了与以色列、伊朗、印度、埃及和新加坡等国家的自贸区谈判。而由俄罗斯主导的欧亚经济联盟洲际交通运输走廊发展战略不断加快陆上交通网络的部署，旨在通过传统纽带——跨西伯利亚大铁路东-西走廊和波罗的海到波斯湾的北-南走廊——强化俄罗斯在欧亚地区的主导势力范围。此外，俄罗斯于2015年将开发北极航道纳入了欧亚经济联盟交通运输战略。②

中亚地区和外高加索地区正处在丝绸之路经济带自由贸易区网络建设的核心区域。虽然中俄两国签署了《中华人民共和国与俄罗斯联邦关于丝绸之路经济带建设与欧亚经济联盟建设对接合作的联合声明》，但两国在中亚地区和外高加索地区的合作中不可避免地存在矛盾和竞争。

五、"欧洲-高加索-亚洲运输走廊"计划

中亚五国和外高加索三国也一直在积极参与和推动"欧洲-高加索-亚洲运输走廊（TRACECA）"③建设。1993年5月，中亚五国、外高加索三国和欧盟成员国在布鲁塞尔会议上将重建"丝绸之路"的思想具体化为"欧洲-高加索-亚洲运输走廊"计划（TRACECA，又称"新丝绸之路"），该运输走廊计划旨在建立一条绕过俄罗斯，从西欧通

---

① 包艳、崔日明：《俄罗斯区域经济一体化：进程、问题及前景》，载《首都经济贸易大学学报》2016年第2期，第61~67页。
② 李建民：《"一带一路"建设的新挑战与对策》，载《董事会》2016年第5期，第34~38页。
③ TRACECA成员国为阿塞拜疆、亚美尼亚、保加利亚、格鲁吉亚、伊朗、哈萨克斯坦、吉尔吉斯斯坦、摩尔多瓦、罗马尼亚、塔吉克斯坦、土耳其、乌克兰、乌兹别克斯坦。

过黑海和里海将欧洲、外高加索和中亚地区连接起来的运输通道,以复兴古丝绸之路,加强该区域内的经济、贸易和运输联系。此后,中亚五国和外高加索三国一直在积极参与和推动 TRACECA 计划。1996 年,土库曼斯坦、乌兹别克斯坦、阿塞拜疆和格鲁吉亚四国在谢拉赫斯市签署了《整合相关国家过境运输和铁路交通活动的协议》,随后不断有其他国家加入该协议。① 1998 年 9 月在阿塞拜疆巴库召开"欧亚运输走廊 - 复兴古丝绸之路"国际会议,参加会议的有:阿塞拜疆、保加利亚、格鲁吉亚、吉尔吉斯、摩尔多瓦、罗马尼亚、土耳其、乌兹别克斯坦、乌克兰等国总统,12 个国际组织代表及 32 个国家的专家,会议取得重要成果,签署了发展新欧亚大陆桥国际运输的多边协议及技术附件。② 2012 年 11 月,TRACECA 成员国在摩尔多瓦召开常设秘书处会议,讨论制定"欧洲 - 高加索 - 亚洲"运输走廊、2025 年前运输通道发展战略构想,以及实施"丝绸之风(silk wind)"项目的可行性。③

第四节　丝绸之路经济带沿线各国对丝绸之路经济带建设的疑虑

自习近平主席在 2013 年 9 月 7 日提出建设丝绸之路经济带倡议以来,该倡议得到了沿线国家各界的广泛认可。但同时,一些国家对丝绸之路经济带倡议仍然存有不同程度的担忧、质疑和疑虑,主要体现在以下两个方面:

一是对丝绸之路经济带建设对本国经济、就业和环境等将产生负面

---

① 侯艾君:《"丝绸之路经济带":地缘构想的当代起源及其再认识》,载《俄罗斯学刊》2016 年第 4 期,第 54~61 页。
② 《"欧亚运输走廊"计划(TRACEKA)开展的有关情况》,中华人民共和国商务部网站,2002 年 9 月 3 日,http://uz.mofcom.gov.cn/article/ztdy/200209/20020900039131.shtml。
③ 《欧洲 - 高加索 - 亚洲运输走廊组织讨论建设通往中国的快速铁路》,中华人民共和国商务部网站,2012 年 11 月 10 日,http://md.mofcom.gov.cn/article/jmxw/201211/20121108428018.shtml。

影响的疑虑。中亚五国和外高加索三国均为发展中国家，其经济发展滞后，技术水平较低，当丝绸之路经济带倡议提出之后，这些国家均表示认同并积极参与，这主要是因为中亚五国和外高加索三国希望通过参与丝绸之路经济带的建设能够得到更多中国的技术、资金和无偿援助等，以加快本国经济的发展，改善其国内较为落后的铁路、公路等基础设施，也希望能够将本国的产品出口到中国这个巨大的消费市场。但同时，伴随着中国经济的飞速发展，在中亚地区和外高加索地区的影响力不断上升，导致俄罗斯、中亚国家和外高加索国家对丝绸之路经济带建设持有不同程度的疑虑和担忧，尤以"中国扩张论""中国威胁论""原材料附庸论""中国移民论"为多。这些国家主要担忧物美价廉的中国产品对本国市场和产业链造成冲击；担忧大量流向能源和资源的中国投资将本国变成中国的原料和材料附庸地；担忧随着国家间在产能和基础设施等领域的合作不断加深，大量技术和工作人员伴随建设项目不断走进这些国家，中国移民会不断增多，而合法与非法的中国劳动移民挤压了当地人的就业机会，本国居民就业机会减少，对当地劳动力市场构成压力；担忧本国经济对中国的依赖度越来越高；担忧中国将大量产能过剩的企业转移到这些国家，造成这些国家的环境污染加重等问题；担忧中国与中亚的能源合作增强了中亚国家经济对能源出口的依赖，损害了其国家利益。中亚国家的一些官员和学者就曾提出，中国对中亚政策的核心目标是获取中亚国家的能源及矿产资源，如不加以警惕，中亚将会沦为中国的"能源附庸"；① 并且，2006年哈萨克斯坦曾发生过一次有议员参加的抗议活动，抗议者认为中国在能源领域的参与已经威胁到了本国的利益，要求政府将中国能源公司的控股权限制在40%在下。② 而俄罗斯的"中国威胁论"主张者甚至担心俄罗斯远东成为中国"经济殖民地"和中国"移民国家（地区）"，并提出"后苏联地区并

---

① 强晓云：《人文合作与"丝绸之路经济带"建设——以俄罗斯、中亚为案例的研究》，载《俄罗斯东欧中亚研究》2014年第5期，第26~33、95页。

② 周明：《地缘政治想象与获益动机——哈萨克斯坦参与丝绸之路经济带构建评估》，载《外交评论》2014年第3期，第136~156页。

不是欧洲和亚洲的郊区,而是全球发展的一个独立中心,中俄合作政策应以'介入和防备'为主"。①

二是对中国可能会谋求地区事务主导权的疑虑。西方国家对"中国威胁论"炒作加剧了沿线国家对丝绸之路经济带建设的疑虑,担心中国可能会在该地区经营自己的势力范围,谋求地区事务主导权,推行"霸权主义"。即使习近平主席在纳扎尔耶夫大学的演讲中明确指出:"中国不谋求地区事务主导权,不经营势力范围。"② 但一些国家的认知却有所不同。如一部分俄罗斯和中亚学者与官员认为,丝绸之路经济带构想是一个区域经济一体化概念,借助基础设施建设推进沿线各国的经济发展,强化亚洲国家的经济地位,促进欧亚大陆国家间的商品、资金、人员的交流,发展与巩固正在进行中的区域经济一体化进程,其目标是通过巩固中国在中亚地区的经济存在以扩大并加强中国在该地区的政治安全影响力,最终达到掌控中亚的目标。③ 中国在中亚的文化扩张具有长期性和系统性,其势头日益增强,其中包括在全球各地设立的孔子学院,用经济和文化网络将中亚与中国"捆绑"在一起。④ 还有一些俄罗斯学者提出,丝绸之路经济带不可能成功,原因在于丝绸之路经济带要经过十几个国家,地理条件复杂、政治障碍较为严重,彼此的政策很难协调。丝绸之路经济带是一个新的一体化方案,目的是帮助中国确立优势的地缘政治。⑤ 俄罗斯《独立报》2015 年 10 月 16 日的一篇报道指出,通过丝绸之路经济带倡议的实施,中国已经取代俄罗斯成为中亚五

---

① 项义军、张金萍:《中俄区域经济合作战略对接的障碍与冲突》,载《国际贸易》2016 年第 1 期,第 33~38 页。

② 杨丽娜、常雪梅:《弘扬人民友谊 共同建设"丝绸之路经济带"国家主席习近平在哈萨克斯坦纳扎尔巴耶夫大学作重要演讲》,人民网,2013 年 9 月 8 日,http://politics.people.com.cn/n/2013/0908/c1024-22842900.html。

③ 强晓云:《人文合作与"丝绸之路经济带"建设——以俄罗斯、中亚为案例的研究》,载《俄罗斯东欧中亚研究》2014 年第 5 期,第 26~33,95 页。

④ Сыроежкин К. Экономический Пояс Нового Шелкового пути: возможности для Центральной Азии. http://euravzitiye.org/publication/20151219。

⑤ 孙壮志:《"丝绸之路经济带":打造区域合作新模式》,载《新疆师范大学学报(哲学社会科学版)》2014 年第 6 期,第 36~41 页。

国最大的贸易伙伴,俄罗斯在中亚地区的经济主导优势已被中国代替了。俄罗斯《新报》2015年8月7日一篇报道更加直接地指出,俄罗斯为恢复其世界大国地位而选择的丝绸之路经济带、上海合作组织等各种一体化项目最终将使俄罗斯陷入"非西方"一体化的死胡同。① 俄罗斯《公报》则以"俄罗斯正在被拖入一带一路"为标题发表俄专家对"一带一盟"对接的评论,其副标题是:"中国是如何从俄罗斯手中夺走中亚的?为此中国不需要使用武器,只用数以十亿的投资即可。"俄罗斯汉学家阿列克谢·马斯洛夫则称,俄罗斯应努力保护自己的利益,不允许丝绸之路无限制地扩张到自己的领土上。② 俄罗斯地缘政治学家弗拉基米尔·杰尔加切夫则认为,中国的丝绸之路经济带倡议与古典地缘政治学说"谁控制了欧亚大陆,谁就控制了世界"相符。③ 由于俄罗斯和其他欧亚经济联盟国家对中国丝绸之路经济带建设的担心,欧亚经济联盟对中国商品的限制相当严重。截至2015年9月30日,欧亚经济联盟正在执行的11项反倾销措施中有7项是针对中国的,制裁措施均是征收反倾销税。中国成了欧亚经济联盟贸易保护制裁措施的主要实施对象国。④

而中-吉-乌铁路项目曾几度被搁置是对丝绸之路经济带建设担忧的又一例证。2012年4月17日,吉尔吉斯斯坦交通和通信部与中国路桥工程责任有限公司就中-吉-乌铁路项目签署了合作备忘录。2013年3月14日,中国路桥公司与吉尔吉斯铁路公司共同如期完成中-吉-乌铁路项目的可行性研究报告,并交付吉尔吉斯斯坦交通与通信部。但是,吉尔吉斯斯坦对建设中-吉-乌铁路的态度却发生了转变,

---

① 李锡奎、严功军:《俄罗斯媒体视角下"一带一盟"研究》,载《东北亚论坛》2016年第1期,第115~125,128页。
② 王宪举:《俄罗斯对"欧亚经济联盟和丝绸之路经济带"建设对接的态度以及我国应采取的策略》,载《北方经济》2016年第8期,第8~11页。
③ 秦放鸣、冀晓刚:《丝绸之路经济带建设与欧亚经济联盟对接合作研究》,载《俄罗斯东欧中亚研究》2015年第4期,第34~40页。
④ 徐向梅:《欧亚经济联盟反倾销措施的法律解读》,载《欧亚经济》2016年第2期,第40~53,125~128页。

该项目被搁置。吉尔吉斯斯坦的一些专家认为，即便中国为落实中－吉－乌铁路项目提供额外的贷款或投资，但该项目对吉尔吉斯斯坦也没有好处，还可能带来严重损失。反对派则称中国可能借为中－吉－乌铁路出资的方式来换取吉尔吉斯斯坦的银、铜、铝、煤等矿产资源的开采权。吉尔吉斯斯坦总统阿坦巴耶夫对这些观点持认同态度，据俄罗斯之声电台网站2013年12月19日的报道，阿坦巴耶夫总统在新闻发布会上表示，中－吉－乌铁路项目对中国和乌兹别克斯坦更有用，却不能解决吉尔吉斯斯坦的任何问题，吉尔吉斯斯坦拒绝修筑中－吉－乌铁路项目。① 而俄罗斯的分析家则认为，中－吉－乌铁路项目将损害俄罗斯的地缘政治利益，中－吉－乌铁路的建设标准是按照欧洲宽轨，这将破坏苏联的交通系统。就在2013年5月举行的独联体集体安全条约组织元首峰会上，俄罗斯提出建设"俄哈吉塔铁路"倡议。吉尔吉斯斯坦总统阿坦巴耶夫则认为，"俄哈吉塔铁路"更符合吉尔吉斯斯坦的需要。②

第五节　丝绸之路经济带沿线各国复杂的地区安全局势

丝绸之路经济带沿线国家多处于地缘政治破碎带，由于历史、边界、民族、宗教等问题，俄罗斯、中亚和外高加索各国彼此间的摩擦、纷争时有发生，冲突不断。导致该区域不稳定的另一个主要因素是非传统安全因素，即该区域内存在的宗教极端主义、民族分裂主义和恐怖主义"三股势力"。这都将对丝绸之路经济带自由贸易区网络建设产生不利的影响。

---

① 张欣：《俄媒：吉尔吉斯斯坦拒绝参与中吉乌铁路项目》，参考消息网，2013年12月21日，https://world.cankaoxiaoxi.com/2013/1221/320652.shtml。
② 左凤荣：《共建"丝绸之路经济带"面临的机遇与挑战》，载《当代世界》2014年第5期，第12~15页。

中亚五国自独立以来，五国间均在不同程度上存在边界争议。在共享水资源的问题上，乌兹别克斯坦、塔吉克斯坦和吉尔吉斯斯坦更是互不妥协，剑拔弩张。

多年来，由于水资源的利用问题，塔吉克斯坦和乌兹别克斯坦两国纷争不断，关系不能正常化，并极有可能爆发新的冲突。作为阿姆河和锡尔河发源地的塔吉克斯坦希望通过建设水电站来解决本国电力供应短缺问题，以满足本国生产和生活用电需要，还可向吉尔吉斯斯坦等国出口电力，以促进本国经济发展。因此，塔吉克斯坦多次启动罗贡水电站项目，但由于乌兹别克斯坦等下游国家的反对而未能实施，并由此引发了塔吉克斯坦与乌兹别克斯坦的纷争。乌兹别克斯坦认为罗贡水电站建设项目存在诸多问题，可能会导致位于下游的乌兹别克斯坦水资源紧缺，由此导致乌兹别克斯坦农业灌溉用地将减少约 50 万公顷，农业每年将损失 6 亿美元，国内生产总值下降 2%，并造成 30 万人口失业;[①]而塔吉克斯坦则认为乌兹别克斯坦水资源紧缺的真正原因是乌兹别克斯坦建立的 200 多个人工湖和每年 400 万吨的棉花产量。[②] 而乌兹别克斯坦为阻止罗贡水电站建设项目的实施，中断与塔吉克斯坦的铁路交通。塔吉克斯坦的铁路是中亚各国中干线最短的，仅为 547 千米，且多与乌兹别克斯坦铁路连通。因此，乌兹别克斯坦中断与塔吉克斯坦的铁路交通导致塔吉克斯坦一些地区的交通陷入困境。

外高加索地区领土面积仅有 18 万平方千米，但存在民族、领土严重争议的南奥塞梯、阿布哈兹和纳卡等地区的面积就高达 3 万多平方千米。[③] 阿塞拜疆与亚美尼亚因纳卡问题而冲突不断，就在 2016 年 4 月 1 日，阿塞拜疆和亚美尼亚又一次发生军事冲突。由于俄罗斯在纳卡问题

---

① 李宁:《"丝绸之路经济带"区域经济一体化的成本与收益研究》，载《当代经济管理》2014 年第 5 期，第 53~56 页。

② 王雅婧:《连接亚欧大陆，实现水电输出 塔吉克斯坦在"丝绸之路经济带"构建中的定位及实现途径》，载《中亚信息》2014 年第 4 期，第 24~25 页。

③ 李亚龙、吴丽坤:《欧亚国际运输走廊问题及中国的应对之策》，载《俄罗斯学刊》2011 年第 6 期，第 50~63 页。

上支持亚美尼亚，导致阿塞拜疆与俄罗斯两国间的关系恶化。并且，由于俄罗斯支持阿布哈兹和南奥塞梯的独立，俄罗斯与格鲁吉亚两国间的关系也不断恶化，最终于2008年8月8日爆发了俄罗斯与格鲁吉亚之间的"5日战争"，导致了外高加索地区甚至包括石油、天然气管道临时停运的危机状况。而在俄格战争结束后，格鲁吉亚退出独联体，并断绝了与俄罗斯的外交关系。至今，俄罗斯与格鲁吉亚尚未恢复外交关系。

第五章

构建丝绸之路经济带自由贸易区网络的路径选择

丝绸之路经济带自由贸易区网络建设虽然面临诸多约束条件，但同时也具备了夯实的理论基础和现实基础。鉴于丝绸之路经济带沿线国家众多，情况复杂多变，丝绸之路经济带自由贸易区网络构建必然不是一蹴而就的事，而是一个需要分阶段逐步推进的过程，构建路径的选择将直接影响丝绸之路经济带自由贸易区网络建设的进程、成本和收益等。因此，应在确立构建丝绸之路经济带自由贸易区网络总体战略布局的基础上，近期以建立双边自由贸易区为突破，构建丝绸之路经济带自由贸易区网络"线"；中期以建立多边自由贸易区为主要任务，构建丝绸之路经济带自由贸易区网络"面"；而远期则将丝绸之路经济带自由贸易区网络"面"连接起来，形成自由贸易区"网"，再将"小网"编织成"大网"，最终建成辐射整个丝绸之路经济带的自由贸易区网络。

第一节 构建丝绸之路经济带自由贸易区网络的总体布局

丝绸之路经济带自由贸易区网络的构建面临经济约束、政治约束和地区安全局势约束等诸多障碍。因此，构建丝绸之路经济带自由贸易区网络，需要在《推动共建丝绸之路经济带和21世纪海上丝绸之路的愿景与行动》和《关于加快实施自由贸易区战略的若干意见》指导下，进行全方位的布局：按照先易后难、逐步推进的基本原则，"连横"与"合纵"并举的总体框架思路，以贸易投资便利化、道路畅通、次区域合作为先导的主要内容，率先在中亚地区和外高加索地区形成丝绸之路经济带自由贸易区网络的"点""线""面"，最终建成以中国为"轮轴"的丝绸之路经济带自由贸易区"网"。

在基本原则上，要先易后难，逐步推进。出于对中国"威胁"论的担忧，沿线国家在支持和参与丝绸之路经济带建设的同时，仍存有疑虑。并且，沿线国家经济发展水平差异较大，产业互补程度不尽相同，对与中国建立自由贸易区的意愿程度差别较大。因此，按照先易后难、逐步推进的原则，率先与积极参与丝绸之路经济带建设并愿意与中国建立自由贸易区的国家启动自由贸易区谈判。

在总体框架思路上，"连横"与"合纵"并举。以双边自由区为突破、连"点"成"线"、以"线"成"面"、组"面"成"网"。将丝绸之路经济带划分为若干区域，在各次区域内，根据区域内国家对丝绸之路经济带的支持和参与程度、对与中国建立自由贸易区的意愿程度、建立自由贸易区的现实条件等，选择优先进行自由贸易协定谈判的重要"节点"国家，以双边自由贸易区为突破，构建丝绸之路经济带自由贸易区网络"线"，以"线"成"面"，最终形成丝绸之路经济带自由贸易区"网"。

在主要内容上，以道路畅通、贸易投资便利化、次区域合作为先导。加快建设以航空、高压电网、信息传输为重点的"空中丝绸之路"、以客运铁路专线、货运铁路专线、高等级公路为重点的"地面丝绸之路"、以原油管道、天然气管道、成品油管道为重点的"地下丝绸之路"[①] 和穿越北极圈以海运航道为重点的"冰上丝绸之路"的立体综

[①] 白永秀、王颂吉：《丝绸之路经济带的纵深背景和地缘战略》，载《改革》2014年第3期，第64~73页。

合交通运输网络,将中国与中亚地区、外高加索地区、俄罗斯等丝绸之路经济带沿线国家连通起来,不断扩大经贸往来;积极推动世界贸易组织《贸易便利化协定》,通过简化通关手续,推进跨国监管程序协调,推动检验检疫的标准化,以降低贸易成本,提高贸易便利化水平,不断拓展贸易领域,优化贸易结构,在扩大传统贸易的同时,大力发展现代服务贸易,加快投资便利化进程,将贸易和投资结合起来,相互促进,共同发展;不断推进不同层次、多种形式的次区域经济合作,加快贸易便利化制度性建设。

第二节 构建丝绸之路经济带自由贸易区网络的路径选择详述

丝绸之路经济带自由贸易区网络建设虽然面临诸如政治、经济和地区安全局势等的约束,但同时也具备了坚实的理论和现实基础。鉴于丝绸之路经济带沿线各国众多,情况复杂多变,丝绸之路经济带自由贸易区网络构建必然不是一蹴而就的事,而是一个需要分阶段逐步推进的过程。因此,构建路径的选择将直接影响丝绸之路经济带自由贸易区网络建设的进程、成本和收益等。

本书在基本原则、总体框架思路和主要内容的基础上,对丝绸之路经济带自由贸易区网络的构建路径进行选择。近期,以加快基础设施建设和对接、提升贸易投资的便利化和自由化水平、扩大次区域经济合作为基础,以建立双边自由贸易区为突破,选择重要"节点"国家,构建丝绸之路经济带自由贸易区网络"点",连"点"成"线",形成丝绸之路经济带自由贸易区网络的"线";中期,以已建立的丝绸之路经济带自由贸易区网络"线"为基础,建立多边自由贸易区,构建丝绸之路经济带自由贸易区网络"面";远期,将丝绸之路经济带自由贸易区网络"面"连接起来,形成自由贸易区"网",再将"小网"编织成"大网",最终建成辐射整个丝绸之路经济带的自由贸易区网络。

一、近期路径——构建丝绸之路经济带自由贸易区网络"线"

截至2018年底，中国与俄罗斯建立全面战略协作伙伴关系，与哈萨克斯坦、乌兹别克斯坦、吉尔吉斯斯坦、塔吉克斯坦建立了全面战略伙伴关系，与土库曼斯坦建立了战略伙伴关系。伙伴关系的确立为中国与伙伴国间自由贸易区的构建奠定了良好的政治基础，但中国"伙伴关系"的确立是以两国最高领导人的联合声明为标志，在声明中确定合作领域，双方不签署任何条约。这意味着中国的"伙伴关系"在实际执行过程中具有高度的灵活性。目前，中国与俄罗斯和中亚五国建立的伙伴关系处于不同层次上，并且，即使是同一层次的伙伴关系，根据两国联合声明的不同，双方在合作领域、合作内容、合作重点、合作机制上都存在一定的差异。虽然丝路基金和亚洲基础设施投资银行的组建能够在一定程度上提升多边整合的力度，但在近期内推进多边区域经济合作的可能性仍较小。并且，丝绸之路经济带沿线国家众多，经济发展水平、与中国间的政治和经贸的紧密关系、对丝绸之路经济的支持与参与程度、各国区域经济一体化诉求等方面差异均较大。因此，丝绸之路经济带自由贸易区网络的构建不是一蹴而就的事，应以优先建立双边自由贸易区作为的突破口，构建丝绸之路经济带自由贸易区网络"点"，连"点"成"线"，夯实丝绸之路经济带自由贸易区网络的基石。因此，如何选择优先建立双边自由贸易区的"节点"国家则成为构建丝绸之路经济带自由贸易区网络的关键所在。

根据前面对中国与丝绸之路经济带沿线国家间友好而稳定的政治关系、密切的经贸往来、契合的国家发展战略、对丝绸之路经济带倡议的认同、较强的能源和产业互补等现实条件进行论述的基础上，从中国的地缘政治和地缘经济利益出发，依据丝绸之路经济带沿线国家的地理位置、政策环境和在区域内的战略地位等条件，本书认为应优先选择格鲁吉亚、哈萨克斯坦、吉尔吉斯斯坦和阿塞拜疆四个国家作为优先建立双边自由贸易区的"节点"国家，构建丝绸之路经济带自由贸易区网络

"线",为丝绸之路经济带自由贸易区网络的构建"牵线搭桥"。

(一) 第一个"节点"国家——格鲁吉亚

格鲁吉亚国土面积仅为 6.97 万平方公里,但却具有特殊的地理位置。格鲁吉亚位于里海和黑海之间,高加索山脉南部,北与俄罗斯接壤,西南与土耳其为邻,东南和南部分别与阿塞拜疆和亚美尼亚共和国毗邻,是欧亚大陆的咽喉部位,扼守高加索和中亚通往欧洲的门户,是连接欧亚间距离最短的运输走廊之必经之地。作为世界上第 22 大最自由经济体的格鲁吉亚,其对外贸易政策自由度非常高,除少数特殊商品外,对进出口没有任何限制,绝大多数商品为零关税,且没有数量限制。并且,格鲁吉亚 - 欧盟联系国协议于 2014 年 9 月 1 日生效,在该协议下,格鲁吉亚所有商品进入欧盟市场都免除关税。[①] 同时,格鲁吉亚还拥有良好的政治环境和投资环境。格鲁吉亚基本外交政策是加强地区合作,兼顾发展与东方国家关系,重视同阿塞拜疆、亚美尼亚、土耳其和乌克兰等周边国家发展友好合作关系。2012 年格鲁吉亚议会选举后的政府主张改善对俄罗斯关系。格鲁吉亚是世界上税种最少的单一税制国家之一,在美国《福克斯》杂志评选的全球税赋指数中排名第 4 位,总税赋水平 16.5。而根据世界银行《2018 年营商环境报告》,格鲁吉亚营商环境在全球 190 个国家和地区中排第 6 位,比 2017 年上升 10 位。并且,格鲁吉亚与欧盟、独联体、土耳其等国家和地区均签署了自由贸易协定,是中国进入欧亚经济体和欧盟市场的重要平台。

目前,中国 - 格鲁吉亚自由贸易区建设已取得实质性进展。自 2015 年 12 月 10 日中格自由贸易协定谈判正式启动以来,中格双方经过三轮正式谈判和三次非正式磋商,于 2016 年 10 月 5 日实质性结束自由贸易协定谈判,签署《关于实质性结束中国 - 格鲁吉亚自由贸易协定谈判的谅解备忘录》。2017 年 5 月 13 日,中国同格鲁吉亚正式签订了

---

① 包艳、崔日明:《"丝绸之路经济带"框架下中国 - 格鲁吉亚自由贸易区建设研究》,载《辽宁大学学报(哲学社会科学版)》2017 年第 1 期,第 51~57 页。

《中华人民共和国政府和格鲁吉亚政府自由贸易协定》（以下简称《协定》）。该《协定》于2018年1月1日生效并实施。中格自由贸易协定是我国与欧亚地区国家签署的第一个自贸协定，也是自丝绸之路经济带倡议提出后中国与沿线国家第一个启动并达成的自由贸易协定，构建丝绸之路经济带自由贸易区网络的第一条"线"已然出现。

（二）第二个"节点"国家——哈萨克斯坦

哈萨克斯坦是中国的传统友好邻邦，两国政治关系友好而稳定。哈萨克斯坦是世界上领土面积最大、中亚领土面积最大的内陆国家，北部与中国和俄罗斯接壤，南部毗邻乌兹别克斯坦、吉尔吉斯斯坦和土库曼斯坦。中国和哈萨克斯坦的边界线长达1700多公里。哈萨克斯坦是中国向西的重要陆路通道，是中国通向欧洲大地的"第一亚欧大陆桥""新亚欧大陆桥""渝新欧"国际铁路的第一过境国。并且，中国经过哈萨克斯坦可直达里海、外高加索和欧洲大陆。

作为中亚最大经济体的哈萨克斯坦是中国在中亚最大的贸易伙伴，在中国的中亚地区外交战略中具有重要地位和作用，中国和哈萨克斯坦两国的"全面战略伙伴关系"是中国与中亚地区国家最早确立的"全面战略伙伴关系"。在哈萨克斯坦提出共建"丝绸之路经济带"倡议，更加反映出哈萨克斯坦在中国的中亚地区战略和丝绸之路经济带建设中的重要地位。按照《推动共建丝绸之路经济带和21世纪海上丝绸之路的愿景与行动》中的丝绸之路经济带重点通道来看，有两条线路需要经过中亚国家，这就意味着，哈萨克斯坦是丝绸之路经济带建设的关键环节。

哈萨克斯坦是中国的传统友好邻邦，两国政治关系友好而稳定，经贸往来密切，贸易便利化和自由化水平不断提升，并取得了实质性进展。目前，中国已成为哈萨克斯坦最大的贸易伙伴，2015年中哈贸易额占中国与中亚五国贸易总额的43.76%。哈萨克斯坦总统在2016年度国情咨文中指出：当前，哈萨克斯坦对外合作的目标是"优先建立可直达中国、俄罗斯和中亚国家市场"。① 2004 年 9 月 24 日签订的《中华人民共和国政府和哈萨克斯坦共和国政府关于建立中哈霍尔果斯国际边境合作中心的框架协议》，2005 年 7 月 4 日签订的《中华人民共和国与哈萨克斯坦共和国关于中哈霍尔果斯国际边境合作中心活动管理的协定》和国务院于 2006 年 3 月下发了《国务院关于中国 – 哈萨克斯坦霍尔果斯国际边境合作中心有关问题的批复》，对合作中心及其配套区的功能定位、优惠政策等方面作了明确的批复。至此，"合作中心"申请工作全部完成进入建设阶段。② 中哈霍尔果斯国际边境合作中心是世界上第一个跨境自由贸易体，合作中心的建立将有效促进中哈两国贸易便利化，中心内将实现货物、人员、车辆自由跨境流动和贸易自由化。而在 2015 年 8 月 31 日签署的《中华人民共和国政府与哈萨克斯坦共和国政府关于加强产能与投资合作的框架协议》进一步加深中哈两国在基础设施建设、交通物流、冶金矿产、能源、工业园区、机械制造、化工建材、医药合作、生物技术等多个领域的合作。并且，哈萨克斯坦已于 2016 年 11 月 30 日正式成为世界贸易组织成员，这将进一步提升哈萨克斯坦的贸易便利化和自由化水平。

与此同时，哈萨克斯坦具有较好的营商环境。据有关资料统计，2014 年在独联体国家中哈萨克斯坦已经成为仅次于俄罗斯的最具投资吸引力的国家。③2015 年，哈萨克斯坦总统纳扎尔巴耶夫提出，哈萨克斯坦应创造优越的投资环境，大力吸引个人投资者，尤其是吸引大型跨国公司。根据世界银行《2018 年营商环境报告》，哈萨克斯坦营商环境排名持续上升，2016 年哈萨克斯坦营商环境在全球 190 个国家和地区中名列第 36 位。

并且，哈萨克斯坦是俄罗斯最为重要的战略伙伴之一，两国在政治、经济、军事、文化等方面全面发展，经济一体化合作不断深化，是

---

①③ 徐海燕：《一带一路视域下哈萨克斯坦经济发展战略及中哈合作》，载《俄罗斯学刊》2016 年第 2 期，第 38～46 页。

② 王雅静：《对中哈霍尔果斯国际边境合作中心协调管理机制建设的思考》，载《俄罗斯中亚东欧市场》2012 年第 4 期，第 22～28 页。

最为紧密的区域经济合作伙伴。哈萨克斯坦自 1993 年与俄罗斯签订自由贸易协定以来，一直积极参与俄罗斯所推动的区域经济一体化，是俄罗斯主导的欧亚经济共同体、俄白哈关税同盟、独联体自由贸易区和欧亚经济联盟的创始成员国之一。

因此，中国应尽快启动中国－哈萨克斯坦自由贸易区可行性研究和自由贸易协定谈判，使其成为丝绸之路经济带自由贸易区网络的第二条"线"，为中国与中亚其他国家自由贸易区、中国－中亚自由贸易区的建立打下基础，成为中国与欧亚经济联盟自由贸易区的纽带。

(三) 第三个"节点"国家——吉尔吉斯斯坦

吉尔吉斯斯坦是中国传统友好邻邦，两国政治关系友好而稳定，经贸往来密切。吉尔吉斯斯坦位于中亚的东北部，北和东北与哈萨克斯坦相接，南与塔吉克斯坦相邻，西南与乌兹别克斯坦毗连，东南和东面与中国接壤。

吉尔吉斯斯坦是中亚和外高加索地区最早加入 WTO 的国家，是该地区最开放的经济体之一，也是最早被西方国家承认为市场经济的国家之一。吉尔吉斯斯坦的经济自由化程度、市场开放程度较高，关税税率较低，非关税贸易壁垒也较少。并且，吉尔吉斯斯坦的外贸和关税政策较为稳定和透明，大批从事边境贸易的商人将货物出口到吉尔吉斯斯坦，然后利用吉尔吉斯斯坦的两个国际性 Dordoi（位于比什凯克）和 Karasuu（位于奥什）"大巴扎"[①] 将货物分销到其他中亚国家。[②] 与此同时，吉尔吉斯斯坦拥有良好的营商环境，世界银行最新公布的《2018

[①] 巴扎贸易即集市贸易，是中亚地区独有的贸易方式。中亚各国的边境贸易以不同的巴扎为平台连接成贸易网络。中亚地区有四个国际级别的巴扎：Barakholka（位于阿拉木图）、Dordoi（位于比什凯克）、Karasuu（位于奥什）和 Korvon（位于杜尚别）。其中，Dordoi 和 Karasuu 都位于吉尔吉斯斯坦，这两大巴扎已经成为对俄、哈、乌、塔再出口的重要平台。转引自：赵青松：《吉尔吉斯斯坦加入俄白哈关税同盟的利弊及其影响》，载《国际经济合作》2014 年第 10 期，第 63~67 页。

[②] 赵青松：《吉尔吉斯斯坦加入俄白哈关税同盟的利弊及其影响》，载《国际经济合作》2014 年第 10 期，第 63~67 页。

年营商环境报告》显示，吉尔吉斯斯坦营商环境在全球 190 个国家和地区中名列第 77 位。

吉尔吉斯斯坦与中国在丝绸之路经济带建设上的合作不断加深。曾几度被搁置的中－吉－乌铁路项目又将启动就是一个最好的例子。据吉尔吉斯斯坦《比什凯克晚报》报道，2015 年 3 月 23 日，吉尔吉斯斯坦交通与通讯部部长苏尔坦诺夫在接受专访时称，吉尔吉斯斯坦高层经过多年斟酌，最终在 2014 年底决定修建"中国－吉尔吉斯斯坦"铁路项目。① 而据吉尔吉斯斯坦"卡巴尔"国家通讯社报道，2015 年 12 月 23 日，刚刚从中国访问归来的吉尔吉斯斯坦总理萨里耶夫表示，中－吉－乌铁路的修建将为吉尔吉斯斯坦打开出海口，使吉尔吉斯斯坦转变为物流运输中转国，一旦建成，每年从吉尔吉斯斯坦过境的货物量可达 1500 万~2000 万吨，同时可以推动吉国整体经济发展，带动沿线基础设施建设，此外，未来还有望将该铁路延伸至伊朗等国。目前，吉尔吉斯斯坦正与中国就轨距等问题进行磋商，中国国内各地区已通过高速铁路相互联通，相信中国有足够的资金和能力在短期内实施该项目。②

吉尔吉斯斯坦自独立以后，一直积极参加各种国际区域组织，并于 2015 年 8 月 21 日加入欧亚经济联盟。吉尔吉斯斯坦也将成为丝绸之路经济带与欧亚经济联盟对接的重要纽带。据吉尔吉斯斯坦"卡巴尔"国家通讯社报道，2016 年 4 月 8 日，俄罗斯国家杜马主席纳雷什金在比什凯克市举行的"欧亚经济前景"论坛表示，哈萨克斯坦总统纳扎尔巴耶夫提议将 2016 年宣布为欧亚经济联盟的"与第三国合作年"，该提议得到了广泛支持。尤其是与中国"丝绸之路经济带"的对接合作，可以推动欧亚经济联盟与中国及其他亚洲国家建立自由贸易区。考虑到

---

① 《吉尔吉斯交通部长称吉已决定修建"中国－吉尔吉斯"铁路》，中华人民共和国驻吉尔吉斯共和国大使馆经济商务参赞处，2015 年 3 月 24 日，http://kg.mofcom.gov.cn/article/zxhz/201503/20150300921044.shtml。

② 《吉尔吉斯总理萨里耶夫希推动中吉乌铁路建设项目》，中华人民共和国驻吉尔吉斯共和国大使馆经济商务参赞处，2015 年 12 月 23 日，http://kg.mofcom.gov.cn/article/zxhz/201512/20151201217514.shtml。

吉尔吉斯斯坦与中国毗邻的地理位置及其与中国的密切联系，吉尔吉斯斯坦可以在欧亚经济联盟与中国合作中发挥相当重要的作用。①

因此，中国应尽快启动中国-吉尔吉斯斯坦自由贸易区可行性研究和自由贸易协定谈判，使其成为丝绸之路经济带自由贸易区网络的第三条"线"，成为中国-中亚自由贸易区、中国和欧亚经济联盟自由贸易区的纽带。

（四）第四个"节点"国家——阿塞拜疆

阿塞拜疆地处欧亚大陆东西和南北走向的交通走廊交汇处，外高加索地区的东南部，北接俄罗斯，南邻伊朗和土耳其（纳希切万自治共和国是阿塞拜疆位于亚美尼亚境内的飞地，由此阿塞拜疆同土耳其有15公里边界），西北部和西部分别是格鲁吉亚和亚美尼亚，东临里海。阿塞拜疆作为外高加索地区领土面积最大、人口最多的国家，拥有丰富的石油和天然气资源，其首都巴库以石油业著称，被誉为"石油城"。美国当代著名地缘政治学家布热津斯基在其所著的《大棋局》一书中将阿塞拜疆列为地缘政治支轴国家，"它可以被形容为一个至关重要的'软木塞'，控制着进入一个装着里海和中亚地区富饶资源的'瓶子'的通道"。②

阿塞拜疆是中亚和外高加索地区中一个"独特"的国家。在苏联时期，阿塞拜疆是除了俄罗斯以外唯一不需要中央财政补贴的加盟共和国。阿塞拜疆自1991年10月18日独立以后，凭借其丰富的油气资源，阿塞拜疆的经济实力在中亚和外高加索地区位居前列。③ 同时，阿塞拜疆具有重要的地缘战略位置，是中亚国家减少对俄罗斯依赖的一个重要

---

① 《俄杜马主席称吉尔吉斯可在欧亚经济联盟与中国合作中起重要作用》，中华人民共和国驻吉尔吉斯共和国大使馆经济商务参赞处，2016年4月8日，http://kg.mofcom.gov.cn/article/jmxw/201604/20160401292578.shtml。

② 欧阳焱：《三言两语话阿塞拜疆》，人民网，2014年5月21日，http://world.people.com.cn/n/2014/0521/c1002-25043872.html。

③ 张晓芳：《阿塞拜疆总统：复兴丝绸之路 阿是战略要点》，环球网，2014年5月14日，https://world.huanqiu.com/article/9CaKrnJEXcR。

节点，是里海能源西输的最佳通道。① 并且，阿塞拜疆拥有良好的营商环境，世界银行最新公布的《2018年营商环境报告》显示，阿塞拜疆营商环境在全球190个国家和地区中排名升至第57位，比2017年上升8位。

阿塞拜疆和中国并不相邻，但两国政治关系友好，经贸往来密切，古老的"丝绸之路"早就将两国紧密地联系在一起。阿塞拜疆作为"古丝绸之路"上的重要节点国家，早在20世纪90年代就提出重建"丝绸之路"的倡议，以恢复阿塞拜疆在"古丝绸之路"上的地位，将阿塞拜疆打造成连接欧亚大陆的能源、交通和物流枢纽。而自中国提出丝绸之路经济带倡议以来，阿塞拜疆大力支持并积极参与，将与中国共建丝绸之路经济带作为该国地区政策的最优先位置。阿塞拜疆总统阿利耶夫表示，与中国开展合作是阿塞拜疆对外政策优先发展方向之一，阿塞拜疆重视与中国在开展丝绸之路基础设施项目合作，为中国向欧洲运输货物发挥中转过境作用。② 在阿塞拜疆与格鲁吉亚、哈萨克斯坦三方的共同努力下，阿塞拜疆的 ADY Express 公司、ACSC Logistics 公司与哈萨克斯坦的 KTZ Express 公司、格鲁吉亚的 Trans Caucasus Terminals 公司成立了跨里海国际运输集团公司，该集团的主要任务是提高三国过境货物运量，加强运输线路竞争力，实行统一运价，扩大中国和东南亚等国家货物经里海地区运往欧洲。③ 并且，阿塞拜疆国家铁路公司与德国 DHL 公司计划在阿塞拜疆组建物流中心，专门从事中国发往土耳其、欧洲、俄罗斯及沿线国家的货物转运业务。④

中国应尽快启动中国 – 阿塞拜疆自由贸易区可行性研究和自由贸易

---

① 道明：《试析阿塞拜疆在俄美对外战略中的地位》，载《俄罗斯学刊》2011年第4期，第11~18页。
② 《阿塞拜疆总统高度评价对华合作》，中国日报中文网，2016年6月2日，http://caijing.chinadaily.com.cn/2016-06/02/content_25592405.htm。
③ 《跨里海国际运输集团公司正式成立》，中国财经网，2016年4月14日，http://finance.china.com.cn/roll/20160415/3678949.shtml。
④ 《〈独联体国家商情月报〉2016年05月》，中国国际贸易促进委员会四川省委员会，2016年5月30日，https://www.ccpit-sichuan.org/newshow.aspx?id=2532。

协定谈判，构建丝绸之路经济带自由贸易区网络的第四条"线"，成为中国－外高加索自由贸易区的纽带。

二、中期路径——形成丝绸之路经济带自由贸易区网络"面"

在与"节点"国家建立双边自由贸易区以形成丝绸之路经济带自由贸易区网络"线"的同时和基础上，应加紧推进多边自由贸易区的建立，以构建丝绸之路经济带自由贸易区网络"面"，确立中国在丝绸之路经济带自由贸易区网络中的"轮轴"国地位，为构建丝绸之路经济带自由贸易区网络"铺路"。

（一）第一个自由贸易区网络"面"——中国－中亚FTA

中亚地区是中国从陆上通往欧洲的必经之路，丝绸之路经济带建设离不开中亚，中亚各国的经济发展也需要丝绸之路经济带。中亚丰富的油气资源有助于中国减少对中东和非洲的石油依赖，破解"马六甲困境"。而中国巨大的油气需求也为中亚提供了稳定的出口市场，有助于稳定油气价格。中国与中亚是互促互进的、相辅相成的关系，早已具备了建立自由贸易区的"地利""政合""略同""益符""经密"等诸多条件。

"地利"。中亚东接中国，西至里海，北临俄罗斯，南与伊朗、阿富汗等国接壤，是欧亚大陆"心脏地带"，是"古丝绸之路"的必经之地，是中国丝绸之路经济丝带建设的核心区域。中国与中亚在地理上的联系最为紧密，拥有得天独厚的地缘优势。中国与哈萨克斯坦、吉尔吉斯斯坦和塔吉克斯坦接壤，有长达3300多公里的边界线，铁路、公路、航空和油气管道已将各国紧密地联系在一起。

"政合"。自中亚五国独立以来，中国同中亚五国间的政治关系友好而稳定。2013年9月12日，中国与吉尔吉斯斯坦建立战略伙伴关系。至此，中国与中亚五国均建立了具有长期性、全局性的不同层次战略伙伴关系。

"略同"。哈萨克斯坦的"2050年发展战略"和"光明之路"新经济政策、吉尔吉斯斯坦"国家稳定发展"战略、土库曼斯坦"强盛幸福时代"、乌兹别克斯坦"复兴古丝绸之路"计划和塔吉克斯坦"能源交通粮食"三大战略均致力于将本国打造成连接欧亚的交通运输走廊和物流中心。这与丝绸之路经济带优先建设互联互通的基础设施、逐步形成连接欧亚之间的基础设施网络目标高度契合。

"益符"。丝绸之路经济带建设符合中亚国家的利益。中亚五国是"古丝绸之路"的重要通道,自独立以来,为了将自身内陆国的劣势转化为连接欧亚大陆枢纽的优势,发展对外经济合作,参与全球经济一体化,均曾提出过复兴"丝绸之路"的设想。如乌兹别克斯坦总统卡里莫夫早在20世纪90年代就曾提出复兴"丝绸之路";哈萨克斯坦总统纳扎尔巴耶夫于2012年6月正式提出复兴"丝绸之路"倡议。而在2013年初,"丝绸之路复兴"国家研讨会在土库曼斯坦召开。但这些倡议要么无人回应,要么进展缓慢。而丝绸之路经济带倡议自提出以来,不仅得到了沿线国家的积极响应、支持和参与,并已取得实质性进展。这主要是因为丝绸之路经济带建设符合沿线国家的利益诉求,对于作为内陆国的中亚国家来说,丝绸之路经济带建设有助于中亚国家将其内陆国的劣势转化为连接亚欧大陆的交通枢纽中心。

"经密"。中国与中亚的经贸往来密切,中国已成为中亚国家最重要的贸易伙伴和投资伙伴。2015年,中国成为土库曼斯坦第一大贸易伙伴,同时是哈萨克斯坦、吉尔吉斯斯坦、塔吉克斯坦和乌兹别克斯坦第二大贸易伙伴国。

中亚五国中除了永久中立国土库曼斯坦以外,其他四个国家以及中国均为上海合作组织成员国。因此,中国应利用上合组织这个合作平台,积极推进中国-中亚FTA的建立,以构建第一个丝绸之路经济带自由贸易区网络"面"。

(二)第二个自由贸易区网络"面"——中国-外高加索FTA

外高加索地处欧亚大陆的"大十字路口",是连接欧亚大陆的重要交通枢纽。外高加索地区仅有三个国家,分别是格鲁吉亚、亚美尼亚和阿塞拜疆。虽然这三个国家的领土面积较小,人口较少,经济发展水平较低,但格鲁吉亚、亚美尼亚和阿塞拜疆三国却凭借其极其有利的地理位置,成为古今丝绸之路沿线非常重要的国家。

作为丝绸之路沿线重要国家的外高加索三国对于中国所提出的丝绸之路经济带倡议均表示热烈欢迎和全力支持。格鲁吉亚、亚美尼亚和阿塞拜疆三国都与中国签署了关于加强共建丝绸之路经济带合作的备忘录。因为丝绸之路经济带倡议不仅与格鲁吉亚的"国际大通道"战略和阿塞拜疆的"大丝绸之路"计划高度契合,而且也符合亚美尼亚大力发展国内经济的诉求。中国与外高加索地区的自由贸易区建设已初见实效。中国和格鲁吉亚两国于2017年5月13日签订了《中华人民共和国政府和格鲁吉亚政府自由贸易协定》。该《协定》于2018年1月1日生效并实施。并且,中国与外高加索三国间政治关系友好而稳定,经贸往来越来越密切,产业互补性较强。这些条件均为中国与外高加索三国建立自由贸易区奠定了坚实的基础。

而中国与作为欧亚"大十字路口"的外高加索三国建立自由贸易区对于中国加强与欧洲和欧亚经济联盟间的联系也至关重要。外高加索三国与土耳其和独联体国家(格鲁吉亚与俄罗斯之间除外)均实行自由贸易,三国的产品可辐射独联体、土耳其、中东欧,尤其是格鲁吉亚与欧盟签署了联系国协议,在该协议下,格鲁吉亚所有商品都可免税进入欧盟市场。因此,中国-外高加索FTA将为中国的企业和产品提供一个不仅可以开拓外高加索三国市场、还有助于开拓欧盟、独联体等国家市场的有利环境。并且,格鲁吉亚和阿塞拜疆与横跨欧亚的土耳其之间的道路也越来越畅通。2007年11月,格鲁吉亚、阿塞拜疆和土耳其三国总统为巴库-第比利斯-卡尔斯铁路开工剪彩,巴库-第比利斯-卡尔斯铁路的建设不仅对于绕开俄罗斯的欧洲-高加索-亚洲运输走廊来说具有重大意义,而且对于畅通中国通往欧洲大陆的陆路通道也具有极其重要的现实意义。而亚美尼亚作为欧亚经济联盟的成员国,将助力丝绸之路经济带建设与欧亚经济联盟的对接。

因此，中国应在中国－格鲁吉亚自由贸易区建设经验的基础上，加快推进中国－外高加索 FTA 的建立，以加强与欧洲国家、欧盟和欧亚经济联盟间的联系。

（三）第三个自由贸易区网络"面"——中国－欧亚经济联盟 FTA

欧亚经济联盟各国（俄罗斯、白俄罗斯、哈萨克斯坦、吉尔吉斯斯坦、亚美尼亚）均位于欧亚大陆腹地，是丝绸之路经济带沿线重要国家。丝绸之路经济带重点打造的新亚欧大陆桥、中蒙俄经济走廊和中国－中亚－西亚经济走廊均经过欧亚经济联盟区域。并且，欧亚经济联盟与丝绸之路经济带倡议的发展目标高度契合。2015 年 10 月 16 日，欧亚经济理事会通过了至 2030 年前欧亚经济联盟经济发展战略的《欧亚经济联盟经济发展基本方针》（以下简称《基本方针》）。该《基本方针》确定了基础设施建设的发展规划，通过发展铁路、公路、航空和水上运输等基础设施，为商品、资本、服务和劳动力自由流动创造有利条件。把各成员国的运输线路发展成为运输走廊，实现欧业经济联盟运输系统与世界运输系统一体化，推动建立统一的运输空间和共同的运输服务市场。①《基本方针》与丝绸之路经济带"五通"建设的目标高度契合。

自 2013 年丝绸之路经济带倡议提出以来，欧亚经济联盟各国都纷纷表示热烈的欢迎和积极地参与。2015 年 6 月 20 日，俄罗斯总统普京指出，欧亚经联盟与丝绸之路经济带两大发展战略的对接不仅有助于加强双方在交通、基础设施和高科技等领域的合作，而且将极大推动俄罗斯远东地区的发展，是促进欧亚地区一体化迈出的关键步伐。② 欧亚经济委员会一体化发展司副司长萨达特·阿桑谢多娃在第六届欧亚经济论

---

① 刘清才、支继超：《中国丝绸之路经济带与欧亚经济联盟的对接合作——基本架构和实施路径》，载《东北亚论坛》2016 年第 4 期，第 49~59、127 页。
② 岳连国、鲁金博：《普京：两大战略对接对俄中意义极为重要》，搜狐网，2015 年 6 月 21 日，https://www.sohu.com/a/19628377_117503。

坛上表示，在欧亚经济联盟和丝绸之路框架下可以在投资、贸易、交通能源、基础设施等方面开展目标明确的合作。这意味着欧亚经济联盟与中国的伙伴关系走向新的水平，开辟了建立共同经济空间的可能性。[1]而 2015 年 5 月 9 日中俄两国签署的《中华人民共和国与俄罗斯联邦关于丝绸之路经济带建设和欧亚经济联盟建设对接合作的联合声明》是由俄罗斯主导的欧亚经济联盟积极参与丝绸之路经济带最有力的证明。该《联合声明》指出，俄罗斯支持丝绸之路经济带建设，愿与中国密切合作，推动落实该倡议；中国支持俄罗斯积极推进欧亚经济联盟框架内一体化进程，并将启动与欧亚经济联盟经贸合作方面的协议谈判。双方将共同协商，努力将丝绸之路经济带建设和欧亚经济联盟建设相对接，确保地区经济持续稳定增长，加强区域经济一体化，维护地区和平与发展。[2] 同时，中国商务部部长高虎城表示，通过中国与欧亚经济联盟的经贸合作伙伴关系协定谈判建立贸易便利化的制度性安排，并最终建立自由贸易区。[3] 2015 年 5 月，欧亚经济委员会获得与中国进行经贸合作伙伴协定谈判授权，贸易委员尼基什娜认为"这是一个至关重要的决定，可以使我们立即与中国开始直接谈判"。2016 年 6 月，中国商务部与欧亚经济委员会签署了《关于正式启动中国与欧亚经济联盟经贸合作伙伴协定谈判的联合声明》，该协议经历五轮谈判、三次工作组会和两次部长级磋商，范围涵盖了海关程序与贸易便利化、知识产权、部门合作和政府采购等 10 个章节，包含了电子商务和竞争等新议题。2017 年 10 月 1 日，中国与欧亚经济联盟实质性结束经贸合作协议谈判并签署

---

[1] 刘清才、支继超：《中国丝绸之路经济带与欧亚经济联盟的对接合作——基本架构和实施路径》，载《东北亚论坛》2016 年第 4 期，第 49~59、127 页。
[2] 周光杨：《中华人民共和国与俄罗斯联邦关于丝绸之路经济带建设和欧亚经济联盟建设对接合作的联合声明（全文）》，中国政府网，2015 年 5 月 9 日，http://www.gov.cn/xinwen/2015-05/09/content_2859384.htm。
[3] 勾雅文：《商务部：中国和欧亚经济联盟最终将建自贸区》，中国经济网，2015 年 10 月 20 日，http://intl.ce.cn/specials/zxxx/201510/20/t20151020_6754261.shtml。

《关于实质性结束中国与欧亚经济联盟经贸合作协议谈判的联合声明》。① 2018年5月17日，中国与欧亚经济联盟及其成员国签署《中华人民共和国与欧亚经济联盟经贸合作协定》。作为中国与欧亚经济联盟首次达成的经贸方面重要制度性安排——《中华人民共和国与欧亚经济联盟经贸合作协定》已于2018年12月6日正式生效。该《协定》范围涵盖海关合作和贸易便利化、知识产权、部门合作以及政府采购等13个章节，包含了电子商务和竞争等新议题。双方同意通过加强合作、信息交换、经验交流等方式，进一步简化通关手续，降低货物贸易成本。②

欧亚经济联盟市场巨大，油气资源丰富。欧亚经济联盟国家的地理面积超过2000万平方公里，2015年人口为1.64亿人，国内生产总值为1.59万亿美元。据《2016年BP世界能源统计年鉴》的统计数据显示，欧亚经济联盟国家的石油探明储量179亿吨，占全球探明储量的7.8%；天然气探明储量33.2万亿立方米，占全球探明储量的17.8%；2015年，欧亚经济联盟国家石油产量为6.2亿吨，占世界石油总产量的14.2%；天然气产量为5857亿立方米，占世界天然气总产量的17.4%。并且，中国早已成为欧亚经济联盟重要的贸易伙伴。2015年，中国为俄罗斯第一大贸易伙伴，是哈萨克斯坦、吉尔吉斯斯坦和亚美尼亚的第二大贸易伙伴，是白俄罗斯第三大贸易伙伴。

鉴于中国、俄罗斯、哈萨克斯坦和吉尔吉斯斯坦是上海合作组织成员国。因此，中国应借助上合组织平台，在中国与欧亚经济联盟经贸合作协定的基础上，加快启动中国与欧亚经济联盟自由贸易区谈判，以"N+1"模式来推动中国与欧亚经济联盟自由贸易区的建立。

---

① 《中国与欧亚经济联盟实质性结束经贸合作协议谈判》，中国政府网，2017年10月2日，http://www.gov.cn/xinwen/2017-10/02/content_5229183.htm。
② 周良：《中国与欧亚经济联盟签署经贸合作协定》，中国政府网，2018年5月18日，http://www.gov.cn/xinwen/2018-05/18/content_5291745.htm。

三、远期路径——建成丝绸之路经济带自由贸易区网络

在经过短期的自由贸易区网络"点""线"和中期的自由贸易区网络"面"的构建过程,丝绸之路经济带的贸易便利化和自由化程度将显著提升,沿线国家间的政治经济互信将更加牢固。在此基础上,整合中蒙俄、中国–中亚–西亚以及中国–中南半岛等国际经济合作走廊,吸纳更多沿线国家加入丝绸之路经济带自由贸易网络,不断将"小网"织成"大网",形成"点状密集""线性延伸""网面辐射"的丝绸之路经济带自由贸易区网络。与此同时,促进已建立的自由贸易区升级谈判,以加快构筑高标准的、辐射丝绸之路经济带的自由贸易区网络,提升中国对丝绸之路经济带沿线的影响力,增强在国际经济与贸易新规则制定中的话语权。

第六章

构建丝绸之路经济带自由贸易区网络的推进策略

为加快推进丝绸之路经济带自由贸易区网络构建的进程，降低构建成本，最大化构建收益等，应加强政治互信，协调与丝绸之路经济带沿线各国的竞合关系；充分发挥上合组织的平台作用，推进框架内相关自由贸易区建设；加快基础设施建设与对接，畅通道路；改善营商环境，降低贸易成本；提升贸易投资便利化水平，扩大贸易投资规模；推进次区域合作，加快贸易便利化制度性建设；加强国内自贸试验区建设，夯实贸易便利化基础。

第一节 加强政治互信，协调与沿线各国的竞合关系

中国与丝绸之路经济带沿线国家间政治关系稳定，国家发展战略契合，经贸往来密切，产业互补，区域经济一体化诉求强烈，沿线各国对丝绸之路经济带建设的认同感与参与度不断增强。丝绸之路经济带自由贸易区网络构建已具备坚实基础。但同时，由于丝绸之路经济带沿线各国经济发展水平差异大，区域经济一体化建设层次低，美日欧俄等大国在丝绸之路沿线国家的政治、经济利益博弈，沿线各国对丝绸之路经济带建设的疑虑，以及该区域复杂的地区安全局势等约束条件，丝绸之路

经济带自由贸易区网络构建不可能一蹴而就,必将是一个长期渐进的过程。因此,在推进丝绸之路经济带自由贸易区网络建设的过程中,必须从国家战略高度出发,加强与沿线国家间的政治互信,协调与沿线各国的竞合关系。

首先,要加强与沿线国家间的政治互信。自由贸易区是指两个或两个以上的国家或地区通过签订自由贸易协定实现相互之间的贸易自由化所作的区域性贸易安排,是具有法律约束力的一种制度性安排。因此,丝绸之路经济带自由贸易区网络的建设与发展必须建立在坚实的政治互信基础之上。虽然中国与丝绸之路经济带沿线国家间的政治关系稳定,沿线各国对于丝绸之路经济带倡议的认同感和参与度不断增强。习近平主席在丝绸之路经济带倡议提出之初,就明确指出,"中国不谋求地区事务主导权,不经营势力范围"。① 以及之后我国多次强调"一带一路"旨在弘扬古丝绸之路和平友好、包容开放的精神,不针对第三方,不搞排他性制度设计,不谋求地区事务主导权,不经营势力范围,沿线任何国家有合作意愿都可以参加。② 但是,沿线国家对丝绸之路经济带建设仍然存有不同程度的担忧、疑虑和质疑,主要是对丝绸之路经济带建设对本国经济、就业和环境等可能产生的负面影响以及中国可能会谋求地区事务主导权等。这主要还是由于国家间政治信任度不够。因此,中国应该与丝绸之路经济带沿线各国加强沟通和协调,构建多层次、多轨道的沟通交流机制,就经济发展策略及对策进行交流与对接,尊重各国发展道路和模式的选择,加强务实合作,存异求同,妥善处理自由贸易区建设过程中遇到的各种阻碍,以不断夯实彼此间的政治互信。

其次,协调与沿线各国的竞合关系。作为欧亚大陆的"心脏地带"和"大十字路口"的中亚五国和外高加索三国,拥有丰富的油气和矿

---

① 杨丽娜、常雪梅:《弘扬人民友谊 共同建设"丝绸之路经济带"习近平在哈萨克斯坦纳扎尔巴耶夫大学发表重要演讲》,人民网,2013 年 9 月 8 日,http://cpc.people.com.cn/n/2013/0908/c64094 - 22843681.html。

② 郑楠:《"一带一路":对外开放新高度》,中华人民共和国国务院新闻办公室网,2016 年 2 月 26 日,http://www.scio.gov.cn/ztk/wh/slxy/31200/Document/1469979/1469979.htm。

产资源,早已成为世界大国力量的集聚地。美国、欧盟、日本相继提出关于"丝绸之路"的发展规划和策略,以谋求对中亚和外高加索地区的影响力,而俄罗斯则一直将中亚和外高加索地区视为其政治和经济利益范围。中国推进的丝绸之路经济带建设不可避免地与各方的利益产生重叠甚至矛盾。尤其是与俄罗斯间的利益冲突将直接影响到丝绸之路经济带自由贸易区网络的建设与发展。因此,为推动丝绸之路济带自由贸易区网络建设,应大力传承和弘扬丝绸之路文化和精神,广泛开展文化交流,妥善协调与沿线各国尤其是与俄罗斯间的竞合关系。

第二节 充分发挥上合组织的平台作用,推进框架内相关自由贸易区建设

上海合作组织成立于2001年6月15日,是一个永久性政府间国际组织。上合组织成员国中的俄罗斯、哈萨克斯坦、吉尔吉斯斯坦、塔吉克斯坦和乌兹别克斯坦,对话伙伴国中的阿塞拜疆和亚美尼亚,以及上合组织参会客人中的土库曼斯坦,均是丝绸之路经济带建设的核心区域。

虽然上海合作组织的合作领域多限于安全、反恐等政治军事范畴,但也不仅限于该领域。2002年6月,上海合作组织成员国签署的《上海合作组织宪章》已明确指出,鼓励开展政治、经贸、国防、执法、环保、文化、科技、教育、能源、交通、金融信贷及其他共同感兴趣领域的有效区域合作;支持和鼓励各种形式的区域经济合作,推动贸易和投资便利化,以逐步实现商品、资本、服务和技术的自由流通。[①] 上海合作组织还先后签署了有关推动贸易和投资便利化等一系列区域经济合作文件,确立了区域经济合作的法律基础,明确了区域经济合作的目标、

[①] 《上海合作组织宪章》(2002年6月),新浪网,2006年6月12日,https://news.sina.com.cn/c/2006-05-31/094210022141.shtml。

任务和措施。如，2001年9月签署的《上海合作组织成员国政府间关于区域经济合作的基本目标和方向及启动贸易和投资便利化进程的备忘录》，2003年9月签署的《上海合作组织成员国多边经贸合作纲要》，2004年9月签署的《关于〈上海合作组织成员国多边经贸合作纲要〉落实措施计划》、2009年10月签署的《上海合作组织成员国关于加强多边经济合作、应对全球金融危机、保障经济持续发展的共同倡议》、2012年6月签署的《上海合作组织中期发展战略规划》、2014年9月签署的《上合组织成员国政府间国际道路运输便利化协定》、2015年7月签署的《上海合作组织至2025年发展战略》、2016年10月签署的《2017—2021年上合组织进一步推动项目合作的措施清单》等。而2018年6月发表的《上合组织成员国元首关于贸易便利化的联合声明》是上海合作组织首次专门发表的有关经济方面的成果，经贸议题已成为上海合作组织合作的重要内容。该《声明》也是上海合作组织成员国第一次在经贸合作领域提出贸易便利化，根据声明，上海合作组织成员国将简化海关程序，减少与货物进口、出口和过境相关的手续，提高透明度和加强包括海关在内的边境机构合作，加快货物的流动、放行和结关，① 以便促进上海合作组织各成员国间相互贸易便利化和贸易额增长。

并且，上海合作组织与丝绸之路经济带倡议在建设的基本原则、目标、重点合作等领域高度契合。目前，上海合作组织已成为丝绸之路经济带与欧亚经济联盟对接的重要平台。2015年12月签署的《中俄总理第十二次定期会晤联合公报》强调，上海合作组织是实现丝绸之路经济带建设与欧亚经济联盟建设对接的最有效平台，愿同其他国家一道，最大限度利用上海合作组织的现有发展潜力。② 而自丝绸之路经济带倡议提出以来，上海合作组织对于该倡议持欢迎、支持的态度。如，2014

---

① 史亚会：《习近平：反对任何形式贸易保护主义》，大公网，2018年6月11日，http://news.takungpao.com/mainland/focus/2018-06/3576888_print.html。
② 《中俄总理第二十次定期会晤联合公报（全文）》，人民政协网，2015年12月18日，http://www.rmzxb.com.cn/c/2015-12-18/652390_1.shtml。

年 12 月,上海合作组织第一次表示欢迎丝绸之路经济带倡议,认为成员国就此进行协商与合作具有重要意义。① 2015 年 7 月,上海合作组织首次表示支持丝绸之路经济带倡议,认为成员国相关主管部门开展相互磋商和信息交流具有重要意义。② 2015 年 12 月,上海合作组织第一次将成员国、观察员和对话伙伴的经济合作纳入丝绸之路经济带倡议框架下③。2018 年 10 月,上海合作组织成员国重申支持中国提出的"一带一路"倡议。④

因此,应充分发挥上海合作组织的平台作用,在现有框架内推进多边经贸合作,展开机制化建设,构建双多边自由贸易区,逐步推进丝绸之路济带自由贸易区建设。

第三节 加快基础设施建设与对接,提高运输便利化

中亚地区和外高加索地区是连接亚欧大陆的交通枢纽。从中国连云港通过中亚直达荷兰鹿特丹和比利时安特卫普的新亚欧大陆桥全长 1.09 万公里,比走西伯利亚铁路近 2000 多公里,比绕道马六甲海峡走印度洋近约 1 万公里,使得从中国东部沿海到西欧的行程从 50 天降低为 12 天左右。⑤

俄罗斯、中亚国家和外高加索国家与中国的铁路轨距存在差异。如

---

① 钱中兵:《上海合作组织成员国政府首脑(总理)理事会第十三次会议联合公报(全文)》,新华网,2014 年 12 月 16 日,http://www.xinhuanet.com/world/2014-12/16/c_1113652309.htm。
② 钱中兵:《上海合作组织成员国元首乌法宣言(全文)》,新华网,2015 年 7 月 11 日,http://www.xinhuanet.com//world/2015-07/11/c_1115889128.htm?rsv_upd=1。
③ 《上海合作组织成员国政府首脑(总理)理事会第十四次会议联合公报(全文)》,新华网,2015 年 12 月 15 日,http://www.xinhuanet.com/world/2015-12/15/c_1117471017.htm。
④ 《上海合作组织成员国政府首脑(总理)理事会第十七次会议联合公报(全文)》,中国政府网,2018 年 10 月 13 日,http://www.gov.cn/xinwen/2018-10/13/content_5330155.htm。
⑤ 赵卫华:《新丝绸之路经济带建设的机遇与挑战——一种基于地缘政治视角的思考》,载《武汉科技大学学报(社会科学版)》2015 年第 10 期,第 513~518 页。

连接中国与俄罗斯、中亚、外高加索等国贸易往来的重要通道——新亚欧大陆桥,中国采取国际铁路协会规定的1435毫米间距的国际通用标准,而俄罗斯、中亚和外高加索国家则采用1520毫米的宽轨。因此,经新亚欧大陆桥运输的进出口货物需要进行车皮换装,导致运输时间的延长和运输成本的增加。这些问题制约了中国与俄罗斯、中亚国家、外高加索国家间的贸易往来,进而制约了中国与欧洲国家间的贸易规模。而轨道标准的差异仅是畅通丝绸之路经济带道路诸多困难的一个缩影。中亚和外高加索国家地处亚欧大陆的"心脏地带"和"大十字路口",是连接亚欧大陆陆路交通的重要枢纽。但由于中亚国家和外高加索国家在独立之前均为苏联加盟共和国,包括铁路在内的国内交通基础设施建设主要完成于苏联时期,至今,其交通基础设施已严重老化和落后。虽然中亚国家和外高加索国家自独立后,致力于将自身打造成连接欧亚大陆的交通和物流枢纽,不断加大投资力度以改善其落后的交通和运输基础设施,但由于受到资金等条件的约束,并没有取得显著的成效。世界经济论坛《2016-2017年全球竞争力报告》显示,在全球基础设施状况排名中,俄罗斯排名第35位,阿塞拜疆排名第55位,哈萨克斯坦排名第63位,格鲁吉亚排名第65位,亚美尼亚排名第82位,塔吉克斯坦和吉尔吉斯斯坦排名分别为第103位和第113位,而土库曼斯坦和乌兹别克斯坦的排名则在140位之后。由此可以看出,中亚国家的基础设施状况尤为落后,除了哈萨克斯坦以外,排名均在100名以后。并且,各国间的运输壁垒较多,缺少跨界协调,通关、换装和多式联运衔接较差,交通运输便利化程度比较低。道路交通基础设施等方面的相关问题已成为制约丝绸之路经济带贸易和投资规模扩大的主要"瓶颈"之一。

丝绸之路经济带发展战略建设的优先领域是基础设施互联互通。要在尊重相关国家主权和安全问题的基础上,加强基础设施建设规划、技术标准体系的对接,共同推进国际骨干通道建设,优先打通缺失路段,畅通瓶颈路段,提升道路通达水平,推进建立统一的全程运输协调机制,促进国际通关、换装、多式联运有机衔接,逐步形成连接亚欧之间的基础设施网络。① 丝绸之路经济带基础设施的互联互通不仅仅要改善已有的铁路和公路等骨干通道的建设,而是要形成连接亚欧的基础设施网络。即,建设以航空、信息传输、高压电网为重点的"空中丝绸之路",建设以客运、货运铁路专线和高等级公路为重点的"地面丝绸之路",建设以原油、成品油管道和天然气管道为重点的"地下丝绸之路"。显然,俄罗斯、中亚和外高加索国家与中国一起推动丝绸之路经济带基础设施的互联互通是符合其发展的现实利益。并且,就中亚国家和外高加索国家而言,丝绸之路经济带交通基础设施建设还有利于其摆脱过于依赖于本地区和俄罗斯的交通运输线路。

丝绸之路经济带基础设施的建设与对接、基础设施网络的形成是丝绸之路经济带贸易畅通和自由贸易区网络建设的先导。因此,我国政府应积极推动 2014 年 9 月签署的《上合组织成员国政府间国际道路运输便利化协定》的落实,推进与其他国家签署《国际道路运输便利化协定》,加强基础设施建设规划、技术标准体系的对接,提高运输便利化程度;积极推动"高铁外交",通过高铁将我国与俄罗斯、中亚国家和外高加索国家联通起来;加快推进和启动中–吉–乌铁路项目。

第四节 改善营商环境,降低贸易成本

世界银行集团公布的营商环境报告显示(见表 6 – 1),2015 ~ 2019 年,丝绸之路经济带沿线国家的营商环境均有大幅度提升。2019 年,在全球 190 个经济体中,丝绸之路经济带沿线国家营商环境排名依次为:格鲁吉亚第 6 位、阿塞拜疆第 25 位、哈萨克斯坦第 28 位、俄罗斯第 31 位、亚美尼亚第 41 位、中国第 46 位、吉尔吉斯斯坦第 70 位、乌兹别克斯坦第 76 位、塔吉克斯坦第 126 位。但从作为影响经贸合作的

---

① 杨婷:《授权发布:推动共建丝绸之路经济带和 21 世纪海上丝绸之路的愿景与行动》,新华网,2015 年 3 月 28 日,http://www.xinhuanet.com/world/2015 – 03/28/c_1114793986.htm。

关键性指标——跨境贸易指标来看，丝绸之路经济带沿线国家跨境贸易成本虽然有大幅度地下降，但贸易成本仍较高。如，2019年，俄罗斯跨境贸易进口成本约为中国进口成本的2倍，即使营商环境排名位列第6位的格鲁吉亚，其进口成本也高于中国的进口成本。而过高的贸易成本不利于丝绸之路经济带沿线国家间贸易规模的扩大。因此，丝绸之路经济带沿线国家应不断加强彼此间在营商环境方面的合作，加快贸易方式创新进程，以不断改善、优化跨境贸易环境，降低贸易成本。

表6-1　　丝绸之路经济带沿线国家营商环境主要指标

国别	年份	综合排名	跨境贸易排名	跨境贸易成本（美元）	
				出口成本	进口成本
中国	2015	90	98	823	800
	2016	84	96	813	1267.1
	2017	78	96	607	947.5
	2018	78	97	568.7	915.9
	2019	46	65	387.6	448.3
俄罗斯	2015	62	155	2401	2595
	2016	51	170	2369.1	2369.1
	2017	40	140	857	1277.5
	2018	35	100	757	740
	2019	31	99	672	740
哈萨克斯坦	2015	77	185	5285	5265
	2016	41	122	1285	1595
	2017	35	119	894	0
	2018	36	123	894	0
	2019	28	102	670	0
吉尔吉斯斯坦	2015	102	183	4760	6000
	2016	67	83	685	792
	2017	75	79	590	712
	2018	77	84	590	712
	2019	70	70	120	712

续表

国别	年份	综合排名	跨境贸易排名	跨境贸易成本（美元）	
				出口成本	进口成本
乌兹别克斯坦	2015	141	189	5090	6452
	2016	87	159	1635	628
	2017	87	165	570	570
	2018	74	168	570	570
	2019	76	165	570	570
坦吉克斯坦	2015	166	188	9050	10650
	2016	132	132	1076	916
	2017	128	144	643	483
	2018	123	149	643	483
	2019	126	148	643	483
格鲁吉亚	2015	15	33	1355	1595
	2016	24	78	1043	1060
	2017	16	54	418	585
	2018	9	62	418	585
	2019	6	43	112	585
阿塞拜疆	2015	80	166	3460	3450
	2016	63	94	1175	1023
	2017	65	83	514	623
	2018	57	83	514	500
	2019	25	84	464	500
亚美尼亚	2015	45	110	1885	2175
	2016	35	29	521	471
	2017	38	48	250	200
	2018	47	52	250	200
	2019	41	46	250	100

资料来源：世界银行：《营商环境报告》（2015~2019年）。

第五节　提升贸易投资便利化水平，扩大贸易投资规模

丝绸之路经济带倡议旨在实现中国与丝绸之路经济带沿线国家间政策沟通、道路联通、贸易畅通、货币流通和民心相通的共同发展和繁荣。其中，贸易畅通是丝绸之路经济带建设的重点内容，着力解决投资贸易便利化问题，消除投资和贸易壁垒，构建区域内和各国良好的营商环境，积极同沿线国家和地区共同商建自由贸易区，激发释放合作潜力，做大做好合作"蛋糕"。① 而贸易和投资便利化水平的提升既是丝绸之路经济带贸易制度化建设的先行领域，也是构建丝绸之路经济带自由贸易区网络的重要手段和重要内容。

2011 年 11 月正式开通运行的"渝新欧"国际铁路大通道经哈萨克斯坦、俄罗斯、白俄罗斯、波兰，抵达德国的杜伊斯堡。通过"渝新欧"国际铁路联动大通道，中国商品仅 16 天就可以到达欧洲，比海运至少节省 20 天时间，"渝新欧"国际铁路大通道以安全、高效、便捷及众多综合优势，已成为中国货物快速运往欧洲的新的战略通道，被誉为"新丝绸之路"②。贸易和投资便利化水平的提升进一步缩短中欧之间的运输时间，降低贸易成本，扩大中欧间的贸易规模，推动丝绸之路经济带沿线国家间的经济合作，促进沿线各国在更高水平、更大范围、更深层次上的经济交流与整合，夯实丝绸之路经济带自由贸易区网络的建设基础。

中国与俄罗斯、中亚五国和外高加索三国一直积极推进贸易便利化合作，并取得较快的进展。目前，中国已经分别与俄罗斯、哈萨克斯

---

① 包艳、崔日明：《"丝绸之路经济带"框架下中国-格鲁吉亚自由贸易区建设研究》，载《辽宁大学学报（哲学社会科学版）》2017 年第 1 期，第 51~57 页。

② 刘政宁：《"渝新欧"，亚欧经贸新桥梁》，人民网，2013 年 9 月 15 日，http://theory.people.com.cn/n/2013/0915/c40531-22924250.html。

坦、乌兹别克斯坦、吉尔吉斯斯坦、格鲁吉亚、阿塞拜疆和亚美尼亚分别签署了双边海关互助合作协议。同时，中国与俄罗斯、哈萨克斯坦、乌兹别克斯坦、吉尔吉斯斯坦和塔吉克斯坦签署了多边海关协议，即《上合组织成员国政府海关合作与互助协定》和《2016－2021年上合组织成员国海关合作纲要》（见表6－2）。并且，中国和阿塞拜疆、哈萨克斯坦、吉尔吉斯斯坦、土库曼斯坦、塔吉克斯坦、乌兹别克斯坦等国于2002年3月建立了以发展海关现代化和开展海关间的相互合作作为贸易便利化优先领域的海关合作委员会机制。而中俄两国于2015年12月17日签署了《关于促进双边贸易的谅解备忘录》，达成了促进双边贸易的15项举措，内容包括扩大相互市场准入、开展俄罗斯进口替代政策框架下的贸易和投资合作、支持俄罗斯在华设立贸易中心、打造中俄博览会、推动两国跨境电子商务、扩大服务贸易、加大金融支持、提升便利化水平等。①

表6－2 中国与丝绸之路经济带沿线国家已签署的双边及多边海关协议情况

项目		国家（地区）	签署时间	协定名称及说明
已签署的双边协议	政府间海关互助合作协议	俄罗斯	1994年9月3日	《中华人民共和国政府和俄罗斯联邦政府海关合作与互助协定》
		哈萨克斯坦	1997年9月26日	《中国政府和哈萨克斯坦政府海关合作与互助协定》
		阿塞拜疆	2005年3月17日	《中华人民共和国政府和阿塞拜疆共和国政府关于海关事务的互助协定》
		乌兹别克斯坦	2005年5月25日	《中华人民共和国政府与乌兹别克斯坦共和国政府关于海关事务的互助协定》
		亚美尼亚	2015年3月25日	《中华人民共和国政府与亚美尼亚共和国政府海关合作与互助协定》
		格鲁吉亚	1993年6月3日	《中华人民共和国政府和格鲁吉亚共和国政府海关合作与互助协定》

---

① 陈鑫：《中俄签署谅解备忘录 达成促进双边贸易的多项举措》，中国新闻网，2015年12月18日，http://www.chinanews.com/cj/2015/12－18/7677637.shtml。

续表

项目		国家（地区）	签署时间	协定名称及说明
已签署的双边协议	海关间协议安排	俄罗斯	1996 年 4 月 18 日	《中国海关总署和俄罗斯海关委员会关于执行中华人民共和国政府和俄罗斯联邦政府间海关合作与互助协定的备忘录》
			2001 年 4 月 28 日	《中国海关总署和俄罗斯海关委员会关于对往来于中、俄两国及经第三国过境的货物开展海关估价合作的议定书》
			2001 年 4 月 28 日	《中国海关总署和俄国海关委员会关于对往来于中、俄两国间超标放射性物质监管的议定书》
			2007 年 3 月 25 日	《中华人民共和国海关总署和俄罗斯联邦海关署关于在双边贸易中开展信息交换试点的议定书》
			2009 年 10 月 13 日	《中华人民共和国海关总署和俄罗斯联邦海关署关于规范通关监管秩序的合作备忘录》 根据备忘录，中俄海关将开展双边贸易中进出境货物信息的预先交换，互换报关企业目录并通报变动情况，定期对等交换价格信息以共同打击海关估价领域内违反海关法规的行为，加强中俄海关执法合作，开展知识产权海关保护合作，加大中俄海关贸易统计合作力度。同时，双方确认，对已按规定程序办理通关手续的货物，海关向申报人签发"报关单证明联"，作为证明货物办理海关通关手续的法律凭证*
			2009 年 10 月 13 日	《中华人民共和国海关总署和俄罗斯联邦海关署关于上海海关学院与俄罗斯海关学院合作备忘录》 两国海关学院将加强合作，对进出口外贸企业开展通关业务方面的政策宣讲和知识培训**
			2013 年 10 月 22 日	《中华人民共和国海关总署和俄罗斯联邦海关署关于开展特定商品海关监管结果互认的议定书》

续表

项目		国家（地区）	签署时间	协定名称及说明
已签署的双边协议	海关间协议安排	哈萨克斯坦	2000年10月25日	《中国海关总署和哈萨克斯坦国家收入部海关委员会关于相互承认海关单证和标识的合作议定书》
			2000年12月25日	《中国海关总署和哈萨克斯坦国家收入部海关委员会关于对外贸易海关统计方法和信息合作议定书》
		吉尔吉斯斯坦	1996年7月4日	《中国海关总署和吉尔吉斯政府海关检查总局互助与合作协议》
			2004年9月22日	《中华人民共和国海关总署和吉尔吉斯共和国财政部收入委员会海关关于对外贸易统计数据交换合作议定书》
已签署的多边协议		上海合作组织成员国***	2007年11月2日	《上合组织成员国政府海关合作与互助协定》
			2015年12月17日	《2016－2021年上合组织成员国海关合作纲要》

注：*、**姜晨：《海关总署：中俄总理高度评价海关合作取得的成果》，中国政府网，2009年10月15日，http：//www.gov.cn/gzdt/2009－10/15/content_1440948.htm。

***本处上海合作组织成员国分别是中国、俄罗斯、哈萨克斯坦、吉尔吉斯斯坦、乌兹别克斯坦、塔吉克斯坦。

资料来源：根据中国海关部署网站及相关数据资料整理得出。

与此同时，中国与俄罗斯、中亚五国和外高加索三国均签订有双边投资协定（BIT）（见表6－3）。

表6－3　中国与丝绸之路经济带沿线国家已签署的双边投资协定情况

国家	签署日期	协定名称
乌兹别克斯坦	1992年3月13日	《中华人民共和国政府和乌兹别克斯坦共和国政府关于鼓励和相互保护投资协定》

续表

国家	签署日期	协定名称
乌兹别克斯坦	2011年4月19日	《中华人民共和国政府和乌兹别克斯坦共和国政府关于促进和保护投资的协定》
吉尔吉斯斯坦	1992年5月14日	《中华人民共和国政府和吉尔吉斯斯坦共和国政府关于鼓励和相互保护投资协定》
亚美尼亚	1992年7月4日	《中华人民共和国政府和亚美尼亚共和国政府关于鼓励和相互保护投资协定》
哈萨克斯坦	1992年8月10日	《中华人民共和国政府和哈萨克斯坦共和国政府关于鼓励和相互保护投资协定》
土库曼斯坦	1992年11月21日	《中华人民共和国政府和土库曼斯坦政府关于鼓励和相互保护投资协定》
塔吉克斯坦	1993年3月9日	《中华人民共和国政府和塔吉克斯坦共和国政府关于鼓励和相互保护投资协定》
格鲁吉亚	1993年6月3日	《中华人民共和国政府和格鲁吉亚共和国政府关于鼓励和相互保护投资协定》
阿塞拜疆	1994年3月8日	《中华人民共和国政府和阿塞拜疆共和国政府关于鼓励和相互保护投资协定》
俄罗斯	2006年11月9日	《中华人民共和国政府和俄罗斯联邦政府关于促进和互相保护投资协定》

注：1992年3月13日签署的《中华人民共和国政府和乌兹别克斯坦共和国政府关于鼓励和相互保护投资协定》自《中华人民共和国政府和乌兹别克斯坦共和国政府关于促进和相互保护投资的协定》生效之日起终止。

资料来源：根据中华人民共和国商务部条约法律司的相关数据资料整理得出。

虽然中国与俄罗斯、中亚五国和外高加索三国在贸易和投资便利化合作方面取得了一些进展，但从表6-2和表6-3中能够看到这些协议文件的签署时间都较早。其中，中国与俄罗斯、哈萨克斯坦、吉尔吉斯斯坦和格鲁吉亚双边海关协议签署于20世纪90年代、中国与阿塞拜疆和乌兹别克斯坦的双边海关协议于2005年签署；双边投资协议除了

2006年签署的中俄双边投资协定和2011年重新签订的中乌双边投资协定以外,均是在20世纪90年代签署的。现有的大多数合作内容过于陈旧,已无法适应经济发展的要求。中国与各国间的贸易和投资便利化水平急需进一步提升。

因此,中国应积极推动与俄罗斯、中亚五国和外高加索三国的双边海关协议和双边投资协议的重新谈判和签署,以最快的速度、最切实际的路径来加快中国与俄罗斯、中亚五国和外高加索三国间的贸易和投资便利化水平的提升。

2014年11月,世贸组织总理事会通过了《修正〈马拉喀什建立世界贸易组织协定〉议定书》,将2013年12月世贸组织第9届部长级会议通过的《贸易便利化协定》作为附件纳入《马拉喀什建立世界贸易组织协定》,开放供成员接受。《协定》将在2/3世贸组织成员(108个成员)接受《议定书》后生效。①《贸易便利化协定》在对GATT 1994第5条(过境自由)、第8条(进出口规费和手续)以及第10条(贸易法规的公布和实施)的相关内容进行澄清和改进的基础上,进一步加速包括过境货物在内的货物流动、放行和清关,促进海关之间或其他边境管理机构之间在贸易便利化和海关执行方面的有效合作。截至2017年1月10日,已有105个世贸组织成员批准TFA,再有5个成员体的批准,TFA即将生效。TFA的生效和实施将有利于各成员国营造更加便利的通关环境,降低贸易成本,进而成为丝绸之路经济带沿线国家贸易便利化水平的提升的制度基础。而本书研究对象中,除了土库曼斯坦为中立国外,中国、俄罗斯、哈萨克斯坦、吉尔吉斯斯坦、塔吉克斯坦、格鲁吉亚和亚美尼亚均为WTO成员,乌兹别克斯坦和阿塞拜疆为WTO观察员,并正在进行入世谈判。因此,中国应积极推动丝绸之路经济带沿线国家以WTO《贸易便利化协定》的内容作为各国推行贸易便利化

---

① 商务部世界贸易组织司(中国政府世界贸易组织通报咨询局):《世贸组织〈贸易便利化协定〉文本》,中华人民共和国商务部,2015年10月16日,http://sms.mofcom.gov.cn/article/wtofile/201510/20151001138374.shtml。

的参照，以切实推动沿线国家采取较为协调统一的贸易便利化措施。

并且，上海合作组织"贸易便利化工作组"于2015年9月16日在成员国经贸部长会议机制下成立。贸易便利化工作组的成立标志着上海合作组织贸易便利化进程已进入制度安排的新阶段。中国应充分发挥上合组织贸易便利化工作组的协调作用，以协调成员国（中国、俄罗斯、哈萨克斯坦、吉尔吉斯斯坦、塔吉克斯坦、乌兹别克斯坦）、观察员（亚美尼亚、阿塞拜疆）间的贸易便利化措施的制定与实施。

第六节 推进次区域合作，加快贸易便利化制度性建设

次区域合作可以说是区域经济一体化的先导，通过次区域合作可以先行推进贸易投资的便利化和自由化进程，加快贸易投资便利化的制度性建设，是向区域经济合作过渡的垫脚石。

目前，中国和哈萨克斯坦边境自由贸易区已初见成效。2003年，哈萨克斯坦总统纳扎尔巴耶夫提出建设中哈边境自由贸易区的建议，2006年3月15日，国务院下发了《国务院关于中国－哈萨克斯坦霍尔果斯国际边境合作中心有关问题的批复》。2006年6月，作为中国首个跨国建立的经济、贸易和投资合作中心的中哈霍尔果斯国际边境合作中心正式启动建设。中哈霍尔果斯国际边境合作中心位于中国与哈萨克斯坦国界线两侧毗邻接壤区域，是紧邻中哈霍尔果斯口岸的跨境经济贸易区和投资合作中心，区域总面积5.28平方公里，其中哈方区域面积1.85平方公里，中方区域面积3.43平方公里。并且，国务院批复同意在中心以南1公里处建立中方配套区域，作为支撑中心发展的产业基地。国家赋予"合作中心"及配套区空前特殊的优惠政策："由中方进入中心的基础设施建设物资和中心内企业自用设备，按照出口贸易政策，予以退税；企业从哈方进口基础设施物资和区内设施自用设备进入

中心中方区域，按照保税区政策，免征关税及进口环节增值税"。① 自2012年4月18日中哈霍尔果斯国际边境合作中心正式封关运营以来，不断推进通关便利化、交通秩序和安全管控等方面的联合执法，以提升区域贸易投资便利化水平。2016年8月18日，中哈霍尔果斯国际边境合作中心海关开关，增强了中国海关对该中心的监管服务水平。

在中哈霍尔果斯国际边境合作中心建设经验基础上，不断提升该跨境自由贸易区的贸易便利化和自由化水平，在此基础上，将跨境自由贸易区建设经验不断推广，可以考虑在伊尔克什坦口岸或吐尔尕特口岸建立中吉跨境自由贸易区，以实现通过次区域合作，加快贸易便利化制度性建设，为建立双边自由贸易区奠定基础。

第七节　加强国内自贸试验区建设，夯实贸易便利化基础

国内自由贸易试验区（Free Trade Zone，FTZ）不同于国家/地区与国家/地区之间根据自由贸易协定而建立的自由贸易区（Free Trade Agreement，FTA），实质上是采取自由港政策的关税隔离区，是在贸易和投资等方面比世贸组织有关规定更加优惠的贸易安排，在主权国家或地区的关境以外，划出特定的区域，准许外国商品豁免关税自由进出。建设自由贸易试验区是我国在新形势下全面深化改革和扩大开放的战略举措。2017年10月18日，习近平主席在党的十九大报告中指出，赋予自由贸易试验区更大改革自主权。② 2018年11月23日，国务院印发《关于支持自由贸易试验区深化改革创新若干措施的通知》，指出，积极探索通过国际贸易"单一窗口"与"一带一路"重点国家和地区开

---

① 《中哈霍尔果斯国际边境合作中心发展全面迅猛》，央广网，2014年3月22日，http://xj.cnr.cn/2014xjfw/2014xjfw_1/201403/t20140322_515135300.shtml。
② 闫妍、赵晶：《习近平在中国共产党第十九次全国代表大会上的报告》，人民网，2017年10月28日，http://cpc.people.com.cn/GB/n1/2017/1028/c64094-29613660.html。

展互联互通和信息共享,推动国际贸易"单一窗口"标准版新项目率先在自贸试验区开展试点,促进贸易便利化。①

自2013年9月至2018年4月,我国先后成立了12个自由贸易试验区,包括2013年9月18日成立的第一个自由贸易试验区——中国(上海)自由贸易试验区,2015年4月20日成立的第二批自由贸易试验区——中国(广东)自由贸易试验区、中国(天津)自由贸易试验区、中国(福建)自由贸易试验区,2017年3月31日成立的第三批自由贸易试验区——中国(辽宁)自由贸易试验区、中国(浙江)自由贸易试验区、中国(河南)自由贸易试验区、中国(湖北)自由贸易试验区、中国(重庆)自由贸易试验区、中国(四川)自由贸易试验区、中国(陕西)自由贸易试验区,以及2018年10月16日成立的中国(海南)自由贸易试验区。其中,中国(重庆)、中国(四川)、中国(陕西)等自由贸易试验区正好位于丝绸之路经济带建设核心区。丝绸之路经济带国内核心城市自由贸易试验区的成立极大地推动了这些城市与丝绸之路经济带沿线国家间的经贸合作,在基础设施、农业、能源等领域的合作项目日益增多。如中欧班列各条线路(渝新欧国际铁路、中欧班列长安号等)的开通极大增强了丝绸之路经济带国内沿线城市与沿线国家及其城市间的经贸往来;中国长江中上游地区和俄罗斯伏尔加河沿岸联邦区、中国东北和俄罗斯远东及贝加尔地区等地方合作极大地推动了丝绸之路经济带沿线国家城市间合作驶入更加快速的发展轨道。

因此,应通过大力发展国内自由贸易试验区建设,以城市间发展互动带动国家间发展互动,以城市间的经济贸易等各领域的合作不断夯实贸易便利化制度化的基础。

---

① 国务院:《国务院关于支持自由贸易试验区深化改革创新若干措施的通知》,中国政府网,2018年11月23日,http://www.gov.cn/zhengce/content/2018-11/23/content_5342665.htm.

第七章

结 束 语

截至2020年底,中国已经同26个国家和地区达成了19个自由贸易协定①,一个以自贸区网络为架构的开放型经济新格局正在形成。而积极同沿线国家和地区共同商建自由贸易区是"一带一路"贸易畅通的重点合作内容之一,构筑起立足周边、辐射"一带一路"、面向全球的高标准自由贸易区网络则是加快实施自由贸易区战略的总体要求。

丝绸之路经济带沿线大部分国家处在经济活跃的东亚经济圈和经济发达的欧洲经济圈之间的"塌陷地带",经济发展水平较低,发展经济早已成为该区域国家和地区的普遍诉求。丝绸之路经济带作为连接中国和欧洲最便捷的陆路通道,涉及沿线30多个国家,其中俄罗斯、中亚和外高加索地区拥有丰富的油气资源。共建丝绸之路经济带自由贸易区网络,不仅符合沿线各国和地区发展经济的诉求,而且有助于实现中国能源多元化,降低中欧间货物运输成本,扩大中欧贸易规模,助力中国"构筑起立足周边、辐射'一带一路'、面向全球的高标准自由贸易区网络"战略的实施,建立起以中国为"轮轴"的连接亚欧大陆的自由贸易区网络,提升在国际经济与贸易新规则制定中的话语权。

共建丝绸之路经济带倡议提出5年多以来,得到了越来越多国家和

---

① 国家发展改革委一带一路建设促进中心:《共建一带一路坚定前行》,人民网,2021年2月5日,http://ccnews.people.com.cn/n1/2021/0205/c141677-32023555.html。

国际组织的积极响应和支持,影响力日益扩大,成效明显。在政策沟通方面,形成了共建丝绸之路经济带的广泛国际合作共识。在设施联通方面,已逐渐形成以公路、铁路、航空、管道等为核心的全方位、多层次、复合型基础设施网络;在贸易畅通方面,与沿线国家和地区间的贸易投资规模持续扩大,贸易与投资自由化便利化水平不断提升;在资金融通方面,融资渠道不断拓宽,资金支持越来越稳定、透明、高质量;在民心相通方面,公共外交和文化交流形式多样、领域广泛。[①]

与此同时,丝绸之路经济带自由贸易区网络建设业已初见成效,与格鲁吉亚签署自由贸易协定,与欧亚经济联盟签署经贸合作协定,"一带一盟"对接合作务实,丝绸之路经济带自由贸易区网络逐步形成。虽然构建丝绸之路经济带自由贸易区网络面临着诸多约束条件,但更充满前所未有的发展前景。丝绸之路经济带自由贸易区网络构建需要沿线各国同心协力,不懈努力。

---

① 推进"一带一路"建设工作领导小组办公室:《共建"一带一路"倡议:进展、贡献与展望》,载《人民日报·海外版》2019年4月23日。

主要参考文献

[1] [俄] A. R. 拉林、B. A. 马特维耶夫:《俄罗斯如何看待欧亚经济联盟与"丝绸之路经济带"对接》,高晓慧译,载《欧亚经济》2016年第2期。

[2] [俄] K. Л. 瑟拉耶什金:《欧亚经济联盟与"丝绸之路经济带"的对接》,徐向梅译,载《欧亚经济》2016年第5期。

[3] [俄] E. M. 库兹米娜:《上海合作组织作为欧亚经济联盟与"丝绸之路经济带"对接平台的可能性》,农雪梅译,载《欧亚经济》2016年第5期。

[4] [俄] 谢·卢贾宁、谢·萨佐诺夫:《丝绸之路经济带:2015模式》,载《俄罗斯东欧中亚研究》2015年第4期。

[5] [俄] 谢尔盖·卡拉加夫、季莫费·博尔达切夫等:《构建中央欧亚"丝绸之路经济带"与欧亚国家协同发展优先事项》,载《俄罗斯研究》2015年第3期。

[6]《上海合作组织成员国元首乌法宣言》,载《人民日报》2015年7月11日。

[7]《上海合作组织成员国政府首脑(总理)理事会第十三次会议联合公报》,载《人民日报》2014年12月16日。

[8]《上海合作组织成员国政府首脑(总理)理事会第十四次会议联合公报》,载《人民日报》2015年12月16日。

[9]《中俄总理第二十次定期会晤联合公报》,载《人民日报》2015年12月18日。

[10]《中华人民共和国和俄罗斯联邦关于进一步深化全面战略协

作伙伴关系的联合声明（全文）》，载《人民日报》2017年7月5日。

[11]《中华人民共和国和俄罗斯联邦关于深化全面战略协作伙伴关系、倡导合作共赢的联合声明（全文）》，载《人民日报》2015年5月9日。

[12]《中华人民共和国和俄罗斯联邦联合声明》，载《人民日报》2016年6月26日。

[13]《中华人民共和国和俄罗斯联邦联合声明》，载《人民日报》2018年6月9日。

[14]《中华人民共和国与俄罗斯联邦关于全面战略协作伙伴关系新阶段的联合声明》，载《人民日报》2014年5月21日。

[15]《中华人民共和国与俄罗斯联邦关于丝绸之路经济带建设和欧亚经济联盟建设对接合作的联合声明（全文）》，载《人民日报》2015年5月9日。

[16] 白当伟、陈漓高：《区域贸易协定的非传统收益：理论、评述及其在东亚的应用》，载《世界经济研究》2003年第6期。

[17] 白联磊：《阿塞拜疆的"大丝绸之路"计划》，载《世界知识》2016年第3期。

[18] 白永秀、王颂吉：《丝绸之路经济带的纵深背景和地缘战略》，载《改革》2014年第3期。

[19] 白永秀、王颂吉：《丝绸之路经济带：中国走向世界的战略走廊》，载《西北大学学报（哲学社会科学版）》2014年第4期。

[20] 包艳、崔日明：《"丝绸之路经济带"框架下中国-格鲁吉亚自由贸易区建设研究》，载《辽宁大学学报（哲学社会科学版）》2017年第1期。

[21] 包艳、崔日明：《俄罗斯区域经济一体化：进程、问题及前景》，载《首都经济贸易大学学报》2016年第2期。

[22] 包艳：《中国自由贸易区（FTA）战略演进进程研究》，载《辽宁工业大学学报（社会科学版）》2010年第6期。

[23] 曾向红：《中亚国家对"丝绸之路经济带"构想的认知和预

期》，载《当代世界》2014年第4期。

[24] 陈雯、卢超铭：《新区域主义下中国－东盟自由贸易区的非传统收益分析》，载《国际贸易问题》2009年第11期。

[25] 陈瑶：《中吉推动经贸合作区发展》，载《人民日报海外版》2017年1月9日。

[26] 道明：《试析阿塞拜疆在俄美对外战略中的地位》载《俄罗斯学刊》2011年第4期。

[27] 东艳：《区域经济一体化新模式——"轮轴－辐条"双边主义的理论与实证分析》，载《财经研究》2006年第9期。

[28] 杜尚泽、陈效卫：《两国元首共同对中俄关系发展作出战略规划 习近平会见俄罗斯总统普京 习近平代表中国政府和中国人民祝索契冬奥会取得成功》，载《人民日报》2014年2月7日。

[29] 杜尚泽、丁伟、黄文帝：《习近平在哈萨克斯坦纳扎尔巴耶夫大学发表重要演讲 弘扬人民友谊 共同建设"丝绸之路经济带"》，载《人民日报》2013年9月8日。

[30] 杜尚泽、郝洪：《习近平会见乌兹别克斯坦总统》，载《人民日报》2014年5月21日。

[31] 杜尚泽、吴刚：《习近平出席世界经济论坛2017年年会开幕式并发表主旨演讲》，载《人民日报》2017年1月18日。

[32] 冯颂妹、周新生：《中国与中亚五国双边贸易特征及产业内贸易分析》，载《国际经济合作》2016年第5期。

[33] 冯维江：《丝绸之路经济带战略的国际政治经济学分析》，载《当代亚太》2014年第6期。

[34] 高潮：《从古"丝绸之路"到如今的"丝绸之路经济带"》，载《中国对外贸易》2016年第7期。

[35] 高新才、王一婕：《丝绸之路经济带背景下中国与中亚国家贸易互补性研究》，载《兰州大学学报（社会科学版）》2016年第2期。

[36] 高志刚、贾晓佳：《"丝绸之路经济带"核心区域关联与空间溢出效应》，载《贵州社会科学》2017年第7期。

[37] 高志刚、王彦芳、刘伟：《丝绸之路经济带背景下中国-欧亚经济联盟自贸区建设研究》，载《国际贸易问题》2017年第5期。

[38] 龚新蜀、乔姗姗、胡志高：《丝绸之路经济带：贸易竞争性、互补性和贸易潜力——基于随机前沿引力模型》，载《经济问题探索》2016年第10期。

[39] 郭爱君、毛锦凰：《丝绸之路经济带：优势产业空间差异与产业空间布局战略研究》，载《兰州大学学报（社会科学版）》2014年第1期。

[40] 何茂春、张冀兵：《新丝绸之路经济带的国家战略分析——中国的历史机遇、潜在挑战与应对策略》，载《人民论坛·学术前沿》2013年第23期。

[41] 贺艳：《建设丝绸之路经济带自由贸易协定问题研究》，载《国际经贸探索》2015年第6期。

[42] 候艾君：《"丝绸之路经济带"：地缘构想的当代起源及其再认识》，载《俄罗斯学刊》2016年第4期。

[43] 胡鞍钢、马伟、鄢一龙：《丝绸之路经济带：战略内涵、定位和实现路径》，载《新疆师范大学学报（哲学社会科学版）》2014年第2期。

[44] 胡尚哲：《美国的中亚和外高加索战略演变》，载《俄罗斯中亚东欧研究》2006年第2期。

[45] 金海、白阳：《李克强分别会见保加利亚总统拉德夫、格鲁吉亚总理巴赫塔泽、世界经济论坛主席施瓦布》，载《人民日报》2019年7月2日。

[46] 课题组：《"丝绸之路经济带"：概念界定与经济社会综述》，载《西部金融》2014年第9期。

[47] 雷建锋：《"丝绸之路经济带"和欧亚经济联盟对接下的中俄关系》，载《当代世界与社会主义（双月刊）》2017年第4期。

[48] 李海莲：《"丝路"国家贸易安全与便利化的路径选择——基于中国-中西亚国家合作的视角》，载《东北亚论坛》2016年第6期。

[49] 李建民：《"一带一路"建设的新挑战与对策》，载《董事会》2016年第5期。

[50] 李明伟：《丝绸之路研究百年历史回顾》，载《西北民族研究》2005年第2期。

[51] 李宁：《"丝绸之路经济带"区域经济一体化的成本与收益研究》，载《当代经济管理》2014年第5期。

[52] 李伟红：《李克强分别会见吉尔吉斯斯坦总统和哈萨克斯坦总统》，载《人民日报》2018年6月8日。

[53] 李伟红：《习近平与普京会谈》，载《人民日报海外版》2019年4月27日。

[54] 李锡奎、严功军：《俄罗斯媒体视角下"一带一盟"研究》，载《东北亚论坛》2016年第1期。

[55] 李向阳：《"一带一路"面临的突出问题和出路》，载《国际贸易》2017年第4期。

[56] 李向阳：《新区域主义和大国战略》，载《国际经济评论》2003年第7-8期。

[57] 李新：《丝绸之路经济带对接欧亚经济联盟：共建欧亚共同经济空间》，载《东北亚论坛》2016年第4期。

[58] 李亚龙、吴丽坤：《欧亚国际运输走廊问题及中国的应对之策》，载《俄罗斯学刊》2011年第6期。

[59] 李自国：《大欧亚伙伴关系：重塑欧亚新秩序?》，载《国际问题研究》2017年第1期。

[60] 林雪丹、陈效卫：《中企助力格鲁吉亚打造丝路明珠》，载《人民日报》2015年9月16日。

[61] 刘华芹、李钢：《建设"丝绸之路经济带"的总体战略与基本架构》，载《国际贸易》2014年第3期。

[62] 刘华芹：《借鉴上合经验建设"丝绸之路经济带"》，载《经济》2013年第12期。

[63] 刘清才、支继超：《中国丝绸之路经济带与欧亚经济联盟的对

接合作——基本架构和实施路径》，载《东北亚论坛》2016年第4期。

[64] 刘仲华、杜尚泽：《习近平同塔吉克斯坦总统拉赫蒙会谈》，载《人民日报》2019年6月17日。

[65] 卢锋、李昕等：《为什么是中国？——"一带一路"的经济逻辑》，载《国际经济评论》2015年第3期。

[66] 马远、徐俐俐：《丝绸之路经济带沿线国家石油贸易网络结构特征及影响因素》，载《国际贸易问题》2016年第11期。

[67] 彭羽、沈玉良：《一带一路沿线自由贸易协定与中国FTA网络构建》，载《国际货币评论》2017年第10期。

[68] 齐慧、张羽兵：《塔吉克斯坦瓦亚铁路通车》，载《经济日报》2016年8月25日。

[69] 强晓云：《人文合作与"丝绸之路经济带"建设——以俄罗斯、中亚为案例的研究》，载《俄罗斯东欧中亚研究》2014年第5期。

[70] 秦放鸣、冀晓刚：《丝绸之路经济带建设与欧亚经济联盟对接合作研究》，载《俄罗斯东欧中亚研究》2015年第4期。

[71] 邵育群：《美国"新丝绸之路"计划的实施前景》，载《南亚研究》2016年第3期。

[72] 孙玉红：《跨区域双边自由贸易协定的政治经济动机分析》，载《世界经济与政治》2008年第7期。

[73] 孙壮志：《"丝绸之路经济带"：打造区域合作新模式》，载《新疆师范大学学报（哲学社会科学版）》2014年第6期。

[74] 谭晶晶：《李克强分别会见巴基斯坦总理、塔吉克斯坦总统和缅甸总统》，载《经济日报》2014年11月9日。

[75] 推进"一带一路"建设工作领导小组办公室：《共建"一带一路"倡议：进展、贡献与展望》，载《人民日报海外版》2019年4月23日。

[76] 王迪：《李克强分别会见亚美尼亚总理、希腊总统、斯里兰卡总统、新加坡总统》，载《人民日报》2019年5月16日。

[77] 王海滨：《论"一带一盟"对接的现实与未来》，载《东北亚

论坛》2017年第2期。

[78] 王亮、吴浜源：《丝绸之路经济带的贸易潜力——基于"自然贸易伙伴"假说和随机前沿引力模型的分析》，载《经济学家》2016年第4期。

[79] 王蕊：《外高加索——丝绸之路上的新亮》，载《光明日报》2016年5月31日。

[80] 王四海、秦屹：《中亚国家在建设丝绸之路经济带中的重要作用——以土库曼斯坦为例》，载《俄罗斯东欧中亚研究》2016年第5期。

[81] 王习农、陈涛：《"丝绸之路经济带"内涵拓展与共建》，载《国际商务——对外经济贸易大学学报》2015年第5期。

[82] 王习农：《向西开放战略与建立中国-中亚自由贸易区》，载《实事求是》2012年第2期。

[83] 王宪举：《俄罗斯对"欧亚经济联盟和丝绸之路经济带"建设对接的态度以及我国应采取的策略》，载《北方经济》2016年第8期。

[84] 王雅婧：《连接亚欧大陆，实现水电输出　塔吉克斯坦在"丝绸之路经济带"构建中的定位及实现途径》，载《中亚信息》2014年第4期。

[85] 王彦芳、陈淑梅：《丝绸之路经济带与欧亚经济联盟对接模式研究》，载《亚太经济》2017年第2期。

[86] 王志远：《"后苏联空间"与"丝绸之路经济带"一个分析框架》，载《俄罗斯研究》2006年第1期。

[87] 王志远：《"丝绸之路经济带"的国际背景、空间延伸与战略内涵》，载《东北亚论坛》2015年第5期。

[88] 王志远：《丝绸之路经济带的国际战略内涵解析》，载《新疆财经》2014年第3期。

[89] 王志远：《中亚区域经济一体化合作探析》，载《新疆师范大学学报（哲学社会科学版）》2015年第1期。

[90] 卫玲、戴江伟：《丝绸之路经济带：超越地理空间的内涵识别及其当代解读》，载《兰州大学学报（社会科学版）》2014年第1期。

[91] 向洁、何伦志、闫海龙：《区域经济一体化："一带一盟"对接之基础、困境、模式与路径探讨》，载《俄罗斯东欧中亚研究》2017年第2期。

[92] 项义军、张金萍：《中俄区域经济合作战略对接的障碍与冲突》，载《国际贸易》2016年第1期。

[93] 徐海燕：《一带一路视域下哈萨克斯坦经济发展战略及中哈合作》，载《俄罗斯学刊》2016年第2期。

[94] 徐向梅：《欧亚经济联盟反倾销措施的法律解读》，载《欧亚经济》2016年第2期。

[95] 严双伍、[哈] Marlen Belgibayev：《中国"一带一路"与哈萨克斯坦"光明之路"对接合作的研究》，载《国际经济合作》2016年第6期。

[96] 杨雷：《美国"新丝绸之路"计划的实施目标及其国际影响》，载《新疆社会科学》2012年第5期。

[97] 殷勤、汪威毅：《东亚区域一体化的"轮轴－辐条"结构难题与中国的对策》，载《国际贸易问题》2006年第5期。

[98] 于欢：《欧盟"一个声音"谈跨里海管道项目》，载《中国能源报》2011年9月19日。

[99] 展妍男：《丝绸之路经济带与欧亚经济联盟的差异与对接》，载《国际经济评论》2017年第4期。

[100] 张猛、丁振辉：《上海合作组织自由贸易区：构想及其意义》，载《国际经贸探索》2013年第2期。

[101] 张宁：《乌兹别克斯坦何以成为"增长明星"》，载《光明日报》2015年8月28日。

[102] 张亚斌、马莉莉：《丝绸之路经济带：贸易关系、影响因素与发展潜力——基于GMS模型与拓展引力模型的实证分析》，载《国际经贸探索》2015年第12期。

[103] 张煜：《新地区主义》，载《经济学动态》1999年第7期。

[104] 赵成：《李克强同吉尔吉斯共和国总理萨里耶夫举行会谈》，

载《人民日报》2015年12月17日。

[105] 赵传君、肖文辉：《建立"大欧亚自贸区"：中俄战略对接的顶层设计》，载《北方经贸》2017年第1期。

[106] 赵传君、张肖平：《"大欧亚自贸区"的模式选择》，载《对外经贸》2017年第2期。

[107] 赵华胜：《美国新丝绸之路战略探析》，载《新疆师范大学学报（哲学社会科学版）》2012年第6期。

[108] 赵会荣：《中俄共建丝绸之路经济带问题探析》，载《俄罗斯东欧中亚研究》2015年第6期。

[109] 赵青松：《吉尔吉斯斯坦加入俄白哈关税同盟的利弊及其影响》，载《国际经济合作》2014年第10期。

[110] 赵卫华：《新丝绸之路经济带建设的机遇与挑战——一种基于地缘政治视角的思考》，载《武汉科技大学学报（社会科学版）》2015年第10期。

[111] 郑玲丽：《区域贸易协定及其新近发展的多维解析》载《世界贸易组织动态与研究》2007年第3期。

[112] 习近平：《凝心聚力 精诚协作 推动上海合作组织再上新台阶——在上海合作组织成员国元首理事会第十四次会议上的讲话》，载《中国青年报》2014年9月13日。

[113] 习近平：《习近平在上海合作组织成员国元首理事会第十三次会议上的讲话 弘扬"上海精神"促进共同发展》，载《人民日报》2013年9月14日。

[114] 周翰博：《"中国发展经验值得深入研究"——访哈萨克斯坦总统战略研究所首席研究员瑟罗耶日金》，载《人民日报》2019年2月12日。

[115] 周洪波、肖立国：《日本对中亚外交的思考：从战术到战略的演变》，载《世界经济与政治论坛》2007年第4期。

[116] 周明：《地缘政治想象与获益动机——哈萨克斯坦参与丝绸之路经济带构建评估》，载《外交评论》2014年第3期。

［117］邹雅婷：《"一带一路"：国家战略的重大创新》，载《人民日报海外版》2016年9月7日。

［118］左凤荣：《共建"丝绸之路经济带"面临的机遇与挑战》，载《当代世界》2014年第5期。

［119］何农：《今年是中国卫生领域国际合作的丰收年》，载《光明日报》2017年5月23日。

［120］李宁：《联合国安理会决议首次载入"构建人类命运共同体"重要理念反映国际社会共识》，载《人民日报》2017年3月21日。

［121］刘开雄：《两部委与国际道路运输联盟签订协议 共同推动交通与贸易便利化》，载《经济日报》2017年5月16日。

［122］Alan Philps, Dr Zbigniew Brzezinski on How to Avoid a New Middle East Explosion. *The World Today*, December 2013: 32.

［123］Alexander Libman, Linking the Silk Road Economic Belt and the Eurasian Economic Union: Mission Impossible?. *Caucasus International*, No. 1, January 2016, pp. 41 – 53.

［124］Ashizawa, Kuniko, Japan's Approach toward Asian Regional Security: from "Hub – and – Spoke" Bilateralism to "Multitiered". *Pacific Review*, 2003, 16 (3): pp. 361 – 382.

［125］Bordachev T., Skriba A. and Kazakova A. V., Conjunction of the EAEU and Silk Road Economic Belt, *Asia-Pacific News Brief: New Context and Economic Cooperation Opportunities in the Asia-Pacific Region and Eurasia*. ISS. 1 (4): RSPP, 2016, pp. 34 – 38.

［126］Camille Brugier. China's Way: The New Silk Road. *European Union Institute for Security Studies*, No. 14, July 2014, pp. 1 – 4.

［127］Gordon H. Hanson, Market Potential, Increasing Returns, and Geographic Concentration. *NBER Working Paper*, No. 6429, 1998, pp. 1 – 34.

［128］I. Makarov and A. Sokolova. Coordination of the Eurasian Economic Union and the Silk Road Economic Belt: Opportunities for Russia. *International Organizations Research Journal*, No. 2, February 2016, pp. 38 - 49.

[129] Jeanne L. Wilson, The Eurasian Economic Union and China's Silk Road: Implications for the Russian-Chinese Relationship. *European Politics and Society*, No. 1, January 2016, pp. 113 - 132.

[130] Jonathan Holslag, How China's New Silk Road Threatens European Trade. *The International Spectator*, No. 1, January 2017.

[131] Lai - Ha Chan. Soft Balancing against the US 'Pivot to Asia': China's Geostrategic Rationale for Establishing the Asian Infrastructure Investment Bank. *Australian Journal of International Affair*, No. 6, June 2017, pp. 568 - 590.

[132] Mia M. Bennett, The Silk Road Goes North: Russia's Role within China's Belt and Road Initiative. *Area Development and Policy*, No. 1, January 2016, pp. 341 - 351.

[133] Popeseu N, Eurasian Union: the Real, the Imaginary and the Likely. *Chaillot Paper*, No. 132, September 2014, pp. 5 - 45.

[134] Raquel Fernandez and Jonathan Portes, Returns to Regionalism: An Analysis of Non-Traditional Gains from Regional Trade Agreements. *The World Bank Economic Review*, Vol. 8. No. 2, February 1998, pp. 197 - 220.

[135] S. Frederick Starr and Andrew C. Kuchins with Stephen Benson, Elie Krakowski, Johannes Linn, Thomas Sanderson, *The Key to Success in Afghanistan: A Modern Silk Road Strategy*. Published by the Central Asia-Caucasus Institute & Silk Road Program In Cooperation with the Center for Strategic & International Studies, 2010, pp. 7 - 29.

[136] Wonnacott and Ronald J, Trade and Investment in a Hub-and-Spoke System Versus a Free Trade Area. *World Economy*, 1996, 19 (3): pp. 237 - 252.

[137] Yesdauletova A. and Yesdauletov A, The Eurasian Union: Dynamics and Difficulties of the Post-soviet Integration. *Trames*, No. 1, January 2014, pp. 3 - 17.

[138] Александр Ларин и Владимир Матвеев. *Россия на новом шелковом пути*. Независимая газета, 16. 3. 2015.

[139] Владимир Скосырев, РФ и КНР поделят ответственность за Центральную Азию. Независимая газета, 29. 12. 2015.

[140] Ларин A. and Матвеев В. Китайская стратегия 《продвижения наЗапад》 и 《новый Шелковый путь》. *Проблемы Дальнего Востока*, No. 5, May 2014.

[141] Сергей Караганов. *Поворот Китая на Запад крайне выгоден России*. Российская газета, 26. 10. 2015.

后　　记

　　对博士后流动站出站报告进行多次修改与完善，这本著作即将呈现在各位读者面前。积极同沿线国家和地区共同商建自由贸易区是"一带一路"贸易畅通的重点合作内容之一，构筑起立足周边、辐射"一带一路"、面向全球的高标准自由贸易区网络是加快实施自由贸易区战略的总体要求，希望本书对丝绸之路经济带自由贸易区网络构建路径的分析能为加快构建辐射"一带一路"自由贸易区网络及开放型经济新格局提供些许的参考与借鉴。

　　回顾从开始构想到最终文字落纸，个中滋味无以言表。在此期间，太多的人给予我太多的支持、帮助与关怀。

　　首先，感谢我的合作导师崔日明教授。与崔老师的师生情谊缘起于2003年，在这近14年的时间里，崔老师在学术研究上给予的指导与帮助，使我受益良多。每当迷茫彷徨之时，崔老师的指点让我又见希望；每当懒惰懈怠之时，崔老师独特的批评方式让我又奋起努力；每当想要放弃之时，崔老师的鼓励让我又信心满满。在师生情谊逐渐淡泊的时代，崔老师让我知道何为良师益友。

　　感谢程伟教授。作为我的博士导师，并未因我的毕业而结束对我指导。在站期间，程老师依旧在学术上给予了我诸多的帮助，每次我将论文拿给程老师，程老师都及时地给予指导，从框架结构、研究思路到遣词造句，总是那样细心、耐心。在这个"速食"的年代，程老师让我看到了何为学者的修养、严谨和勤奋。

　　感谢导师组的老师们，感谢你们对我的研究报告给予的指导和中肯的意见；感谢鲁东大学的徐昱东副教授、辽宁大学的李丹副教授、杜娟副教授、曹英华副教授、范铁英老师以及在此期间给予我很多帮助的其他同事和朋友们，在这里不再一一列出他们的名字。

最后，我要感谢我的家人，尤其是我的丈夫和女儿。正是你们的理解与默默地支持才使得我能静心于研究。

有你们真好！谢谢！

包　艳

2021年9月于沈阳